Hugo Staudinger

Kirchengeschichte als Interpretation der Weltgeschichte

Weltgeschichtliche Überlegungen

CHRISTIANA-VERLAG
STEIN AM RHEIN

Biographische Notizen
Prof. Dr. Hugo Staudinger, geboren 1921, studierte zunächst Theoretische Physik an der Technischen Universität Dresden, später nach Wehrdienst und Gefangenschaft Geschichte, Philosophie und Klassische Philologie in Münster. Verheiratet mit Hilde, geborene Kröger; Vater von sechs Kindern. Mitbegründer des Deutschen Instituts für Bildung und Wissen, das die Aufarbeitung der geistigen Situation der Gegenwart zur Aufgabe hat. Der Schwerpunkt seiner Arbeit liegt in interdisziplinären Forschungen, für die er auch neue Methoden entwickelte. Er ist Verfasser von nahezu zwanzig Büchern, die bis zu sieben Auflagen erreichten und zum Teil auch ins Englische, Italienische und Spanische übersetzt wurden. Ausserdem verfasste er über 300 Beiträge in Nachschlagewerken, Sammelbänden und Zeitschriften. In Anerkennung seiner Forschungsarbeit wurde er vom Papst mit dem Komturkreuz des Silvesterordens und vom Bundespräsidenten mit dem Verdienstkreuz der Bundesrepublik Deutschland ausgezeichnet.

Bildteil und Bildlegenden: Arnold Guillet
Der Bildteil umfasst 29 Bildtafeln mit insgesamt 110 Porträts von Heiligen und engagierten Christen, die deutliche Spuren in der Geschichte hinterlassen haben; Gesichter, die etwas von der Frohbotschaft Christi ausstrahlen.

Bildnachweis:
Die Bilder stammen aus dem von Prälat Wilhelm Schamoni übernommenen und vom Christiana-Verlag verwalteten Bildarchiv «Imago Sanctorum».

Bildlegenden:
1. Umschlags.: Büste Kaiser Karls des Großen, Domschatz-Kammer, Aachen
4. Umschlagseite: Kuppel der Peterskirche in Rom: Libreria Editrice Vaticana, I-00120 Città del Vaticano

1. Auflage 1998: 1. – 3. Tsd.
© 1998 CHRISTIANA-VERLAG
CH-8260 STEIN AM RHEIN/SCHWEIZ
www.christiana.ch info@christiana.ch

Satz und Layout: Christiana-Verlag
Druck: Verlagsdruckerei Josef Kral, D-93326 Abensberg
Printed in Germany

Die Deutsche Bibliothek - CIP-Einheitsaufnahme

Staudinger, Hugo:
Kirchengeschichte als Interpretation der Weltgeschichte : Weltgeschichtliche Überlegungen / Hugo Staudinger. - 1. Aufl. - Stein am Rhein : Christiana-Verl., 1998

ISBN 3-7171-1051-9

Inhaltsverzeichnis

Vorüberlegungen

Nach Überzeugung der christlichen Theologie ist Jesus Christus der Angelpunkt der Weltgeschichte. Diese schon in den Schriften des Neuen Testaments verankerte Interpretation gehört unaufgebbar zum Grundbestand christlichen Glaubens. Vielen Menschen erscheint jedoch zweifelhaft, ob sie sich beim gegenwärtigen Stand der Forschung redlicherweise noch halten läßt. Denn nach unserem heutigen Erkenntnisstand gibt das Alte Testament nur von einem kleinen Teil der vorchristlichen Menschheit Kunde und das Christentum erscheint vielen nur als *eine* der großen Weltreligionen.

Sofern Jesus Christus tatsächlich der Angelpunkt der Weltgeschichte ist, muß sich die gesamte Weltgeschichte mit Hilfe der Offenbarung in besonders überzeugender Weise interpretieren lassen.

Dies steht als Frage im Hintergrund der folgenden Darlegungen. Wenn für Jesus Christus und seine Offenbarung dabei der Begriff der «Kirchengeschichte» – im Sinne der Geschichte der Christenheit – gewählt wird, so soll damit angedeutet werden, daß es nicht um eine rein theologische Interpretation geht, sondern eher um eine Darlegung geschichtlich nachweisbarer Tatsachen und Zusammenhänge. Der Begriff der «*Welt*»geschichte wird dabei ebenso ernst genommen wie in den biblischen Schriften, die ja nicht erst mit der Erschaffung des Menschen, sondern mit der Erschaffung der Welt beginnen.

Die gesamte Untersuchung gliedert sich in drei Hauptteile. Der erste bringt die Grundüberzeugungen und -tendenzen der vorchristlichen Welt und stellt die Frage, ob und in welcher Weise sie tatsächlich auf das Erscheinen Jesu Christi hingeordnet ist. Der zweite Hauptteil, der die Christenheit als Neuen Bund kennzeichnet, beginnt mit einer Beschreibung des Auftrags und Anspruchs Jesu Christi, wobei indirekt auch moderne Versuche, Jesus Christus zu einem rein menschlichen Religionsstifter herabzustufen, kritisch bedacht werden. Im übrigen beschränkt sich dieser Hauptteil bewußt auf eine Darstellung der Christenheit und ihrer Herausforderung durch den konkurrierenden Anspruch des Islam. Erst im dritten Hauptteil wird dann Europa als Ferment der Weltgeschichte dargestellt. Er beginnt mit der Entdeckung und Kolonialisierung der Welt und endet mit der Krise der Gegenwart.

Obgleich der erste Hauptteil den weitaus größten Teil der «Weltzeit» darstellt, umfaßt er weniger Seiten als der zweite und der dritte, die in etwa die gleiche Seitenzahl haben. Daß diese Gewichtung für das Thema angemessen ist, geht aus der Darstellung selbst hervor. In ihr galt es, den Gedankengang jeweils dort besonders deutlich zu machen, wo er dem heutigen Menschen wenig geläufig ist. Das gilt insbesondere für die beiden ersten Kapitel, die von den gängigen Weltgeschichten zumeist vernachlässigt werden.

Selbstverständlich können die folgenden Darlegungen weder ein Studium der Kirchengeschichte noch ein Studium der Weltgeschichte ersetzen. Denn sie berücksichtigen nur die Tatsachen und Entwicklungen, die für das hier anstehende Thema bedeutungsvoll sind.

Angeregt wurde diese Untersuchung durch Gespräche am Rande einer Arbeitsgruppe des Deutschen Instituts für Bildung und Wissen, die unter Leitung von Carsten Peter Thiede das Thema «Methodik und Didaktik der Kirchengeschichtsschreibung» behandelt. Zu besonderem Dank für wichtige Anregungen bin ich zudem den Herren Karl Dienst, Michael Freiherr von Fürstenberg, Stephan Holthaus und Hans Walter Stork verpflichtet. Die in vieler Hinsicht mühsame bürotechnische Betreuung besorgte Frau Ursula Knüppel.

I. Grundüberzeugungen und -tendenzen der vorchristlichen Welt

1. Der Beginn und die erste Phase der «Welt»geschichte

Nimmt man den Begriff «Welt»geschichte ernst, so beginnt sie schon vor der Geschichte der Menschheit. Dabei wird freilich vorausgesetzt, daß die Welt eine «Geschichte» hat. Das ist keineswegs selbstverständlich. Eine der ältesten Weltinterpretationen, das magische Weltbild, ist davon überzeugt, daß die gesamte Welt als ein umfassender Mechanismus aufgefaßt werden muß, der nach stets gleichbleibenden inneren und äußeren Gesetzen funktioniert. Es gibt in diesem Denken keine Mächte und Kräfte, die sich in unauskalkulierbarer Spontaneität jeder Berechnung und magischen Beherrschung entziehen, und daher zwar wechselnde Konstellationen, aber keine grundlegenden Veränderungen der Welt.[1]

Aber nicht nur die Vertreter des magischen Weltbildes, sondern auch der griechische Philosoph Aristoteles, dessen Denken jahrhundertelang die geistige Elite Europas prägte, war der Überzeugung, daß die als «Kosmos» interpretierte Welt ungeworden und unvergänglich sei, «weil ein so herrliches Werk nicht aufgrund eines neugefaßten Entschlusses einen Anfang genommen haben kann, und sie ist nach allen Seiten so vollkommen, daß keine Kraft ... zustandekommen kann, wodurch jemals der Zerfall oder der Untergang dieses Weltenbaus herbeigeführt werden könnte.»[2] Es entsprach dieser Konzeption, daß Aristoteles auch von der stets gleichbleibenden Konstanz der Pflanzen- und Tierarten überzeugt war. Das bedeutet: Es gab in dieser Konzeption auch keine «Geschichte» des Lebendigen.

Bezeichnenderweise kommt nicht einmal die Geschichte der Menschheit im Wissenschaftssystem des Aristoteles vor. Er äußert vielmehr die Überzeugung, daß die menschliche Kultur jeweils nach bestimmten Zeiten in einer Katastrophe untergeht und daß die übriggebliebenen Menschen dann mit deren Entwicklung von neuem beginnen müßten. So wird eine unwiederholbare Geschichtlichkeit auf allen Ebenen zugunsten sich wiederholender zyklischer Entwicklungen überspielt. Heute jedoch wissen wir, daß nicht nur die Menschheit eine in Folge einmaliger Ereignisse und Entscheidungen unwiederholbare Geschichte hat, sondern auch das Lebendige und die Welt insgesamt. Diese Erkenntnis kann auch dahingehend formuliert werden: Wir sind davon überzeugt, daß die gesamte Welt einer irreversiblen Zeitlichkeit unterliegt bzw. durch eine Entwicklung gekennzeichnet ist, in der es, wie Ilya Prigogine formuliert, einen «Zeitpfeil» gibt, der unumkehrbar von der Vergangenheit in die Zukunft weist[3]. Es gibt also nicht nur eine Geschichte der Menschheit, sondern auch eine «Geschichte» des Lebendigen und eine «Geschichte» der Welt.

Nun kann es gewiß zunächst als eine Zumutung erscheinen, die Kirchengeschichte nicht nur als Schlüssel zur Interpretation der Weltgeschichte im Sinne der Menschheitsgeschichte zu konzipieren, sondern sogar die vormenschliche Entwicklung der Welt in diese Interpretation einzubeziehen. Geht man vom biblischen und das heißt ja auch vom christlichen Weltverständnis aus, so erweist sich dieser Einwand jedoch als unberechtigt. Immerhin beginnt die Bibel nicht mit den Anfängen der Menschheit, sondern mit dem an sich lapidaren Satz: «Im Anfang schuf Gott Himmel und Erde.» Sie beschränkt sich also keineswegs auf eine Deutung der Menschheitsgeschichte.

In der Auffassung, daß die Welt nicht schon immer so gewesen ist, wie wir sie vorfinden, trifft sich diese Aussage der Genesis mit den Bekundungen alter Mythen zahlreicher Völker, die im Gegensatz zum magischen Weltbild von der Grundüberzeugung ausgehen, daß es im Laufe der Zeit epochale Ereignisse gegeben hat, gibt und geben wird, die von personalen Mächten – Göttern oder Heroen – herbeigeführt werden und sich nicht wiederholen.

Bei der Frage, ob derartige epochale Ereignisse als «geschichtlich» bezeichnet werden können, muß allerdings auch mitbedacht werden, daß es in den historischen Wissenschaften üblich ist, zwischen «Vorgeschichte» und Geschichte zu unterscheiden, wobei alles, worüber keine schriftlichen Zeugnisse vorhanden sind, unter den Begriff der Vorgeschichte fällt[4]. Daß dies für die gesamte kosmische und biotische Entwicklung bis zum Auftreten des Menschen oder noch genauer bis zur «Erfindung» der Schrift gilt, bedarf keiner Erörterung.

Natürlich könnte man einwenden, daß die Mythen, die Aussagen über die Anfänge der Welt enthalten, schriftlich überliefert sind und daß auch der bereits erwähnte Text der Genesis schriftlich vorliegt.

Trotzdem ist jedoch evident, daß unserem Sprachempfinden entsprechend weder die Mythen noch die Genesis als schriftliches «Zeugnis» geschichtlicher Ereignisse betrachtet werden kann, da sie weder unmittelbar noch mittelbar auf Zeugen der geschilderten Ereignisse zurückgehen. Freilich bedeutet das nicht, daß sich in ihnen nicht auch frühe Menschheitserinnerungen niedergeschlagen haben könnten und sie daher bei den nachstehenden Überlegungen keinerlei Beachtung verdienten.

Da wir – wie bereits gesagt wurde – im Gegensatz zu Aristoteles bei unserem heutigen Erkenntnisstand von der Geschichtlichkeit der Welt überzeugt sind, gibt es neben den alten in vieler Hinsicht miteinander konkurrierenden mythischen Texten auch moderne wissenschaftliche Überlegungen über die Anfänge und die vergangene Entwicklung unserer Welt. Dabei handelt es sich jedoch im Gegensatz zu dem Eindruck, den sie zum Teil zu vermitteln suchen, um recht unsichere Spekulationen, da wir – wie an anderer Stelle ausführlich dargelegt wurde[5] und wie auch am Schluß dieser Überlegungen herausgestellt werden muß[6] – unseren Erkenntnishorizont nicht beliebig über unseren Erfahrungshorizont hinaus ausweiten können. Angesichts der Irreversibilität der Zeit können wir jedoch als wissenschaftlich einigermaßen gesichert[7] betrachten, daß die Welt tatsächlich irgendwann einen Anfang genommen hat. Über das Wann und das Wie gibt es keine wissenschaftlich gut begründeten Aussagen und in der Genesis finden wir nur den einen an sich lapidaren Satz: «Im Anfang schuf Gott Himmel und Erde»[8].

Über den Anfangs*zustand* sind allerdings noch einige weitere Aussagen möglich, die zwar strenggenommen auch spekulativ sind, jedoch als gut begründet betrachtet werden können. Im Anfang herrschte anscheinend ein chaotisches Miteinander und Durcheinander von Masse und Energie, das in der Genesis als Tohuwabohu bezeichnet wird[9]. Der Bericht der Genesis und unsere gegenwärtig vorherrschenden naturwissenschaftlichen Spekulationen stimmen außerdem darin überein, daß die erste einigermaßen geordnete Erscheinung das Licht ist. Im Zuge der weiteren Entwicklung entstehen dann immer geordnetere Gebilde: Im Mikrobereich die Atome und Moleküle, im Makrobereich Gestirne bzw. Himmelskörper verschiedenster Art. Dabei erfolgt der Übergang zu neuen, im Sinne der Ordnung «höheren» Gebilden jeweils in punktuellen Übergängen. Weder Atome noch Moleküle entstehen in einem allmählichen Prozeß, sondern jeweils in einem plötzlichen Geschehen.[10] Der alte und zunächst höchst plausibel scheinender Satz «natura non saltat» – die Natur macht keine Sprünge – ist nachweisbar falsch.

Das gilt auch für die Entstehung ersten Lebens und dessen weitere Entfaltung. In dieser Hinsicht hat sich die Konzeption des klassischen Darwinismus mit seiner These allmählicher Übergänge als unzutreffend erwiesen. Nach dem heutigen Erkenntnisstand muß angenommen werden, daß – wie im Bereich der unbelebten Materie – auch bei der Entfaltung des Lebendigen die entscheidenden Übergänge von einem Grundtyp zum anderen jeweils punktuell erfolgten. Hierfür spricht – abgesehen von allgemeinen wissenschaftstheoretischen Überlegungen und dem Fehlen von Übergangsexemplaren in der gegenwärtigen Tier- und Pflanzenwelt[11] – nicht zuletzt der Gesamtbefund der Fossilien[12].

Dazu kommen Beobachtungen, die wir bei Gestaltveränderungen in der heute vorhandenen Lebenswelt machen. Es gibt hier Lebewesen, die im Lauf der Zeit recht verschiedene Gestalten annehmen. Das gilt für Pflanzen im sogenannten Generationswechsel, wie er besonders deutlich bei den Moosen und Farnen zutage tritt.

Der Gestaltswechsel – bei Insekten als Metamorphose bezeichnet – kennzeichnet jedoch auch manche Tiergruppen wie etwa die Schmetterlinge. Alle diese Übergänge erfolgen nicht «ganz allmählich», sondern mit faszinierendem Tempo und Ergebnis. Daß aus

Raupen Schmetterlinge werden, ist für uns nur deshalb nicht völlig überraschend, weil wir es Jahr für Jahr erleben.

Seit einigen Jahrzehnten haben wir bei Pflanzen und Tieren zwischen dem jeweiligen Phänotyp, also dem äußeren Erscheinungsbild, und dem Genotyp, dem Träger der Erbinformationen, zu unterscheiden gelernt. Dank dieser Unterscheidung wissen wir heute: Der Genotyp jedes Lebewesens bleibt – idealtypisch betrachtet – von seinen ersten Anfängen bis zu seinem Tode jeweils gleich. Der Phänotyp dagegen kann sich erheblich ändern. Das bedeutet: Der Genotyp enthält bedeutend mehr Informationen für mögliche Gestaltungen als jeweils im Phänotyp realisiert werden.

So ist, um bei diesem Beispiel zu bleiben, im Genotyp der Raupe die Information für das Entstehen des Schmetterlings bereits enthalten und umgekehrt bleiben im Genotyp des Schmetterlings auch die Informationen für den Aufbau der Raupe. Vereinfachend kann man formulieren: Der Übergang von der Raupe zum Schmetterling erfolgt durch eine Art «Umschaltung» im Genotyp. Biologisch spricht man von einer Genexpression im weiteren Sinne. Es werden die Informationen abgeschaltet, die den Aufbau der Raupe bewirkt hatten, und es werden statt dessen die Informationen exprimiert – umgangssprachlich würde man vereinfachend sagen: aktiviert – die zum Aufbau des Schmetterlings führen. Wir haben zudem gute Gründe für die Annahme, daß es außerdem noch zahlreiche weitere Informationen im Genotyp gibt, die überhaupt nicht oder nur unter bestimmten Bedingungen ins Spiel gebracht werden.

Im Hinblick auf diese Erfahrungen läßt sich zum besseren Verständnis der «Geschichte» des Lebendigen zunächst unbestreitbar feststellen, daß bei den dabei grundlegenden Veränderungen der Genotyp eine Schlüsselstellung einnimmt. Ohne genotypische Voraussetzung sind grundlegende Veränderungen im Phänotyp nicht möglich.

Dementsprechend läßt sich dem heutigen Erkenntnisstand entsprechend ein zum klassischen Darwinismus konkurrierendes Evolutionsmodell entwickeln. Es geht davon aus, daß es allmähliche Veränderungen nur innerhalb relativ enger Grenzen gibt[13] und

Päpste

Hadrian VI. (1459-1523)
Wollte die Kirche erneuern

Paul III. (1469-1549)
Initiator des Konzils von Trient

Leo XIII. (1810-1903)
Sozialpapst: Rerum novarum

Pius IX. (1792-1878)
Initiator des I. Vatikan. Konzils

daß die für die Gesamtentwicklung entscheidenden Übergänge von einem Grundtyp zu einem anderen zunächst im Genotyp vorbereitet und erst nach dieser Vorbereitungsphase durch eine punktuelle Umschaltung im Phänotyp realisiert wurde. Das bedeutet z.B.: Bevor die ersten Vögel aus den Reptilien entstanden, wurde im Genotyp einer bestimmten Reptilienart die Voraussetzung dafür geschaffen, daß zu gegebener Zeit eine entsprechende Umschaltung erfolgen konnte.[14]

Dieses Erklärungsmodell hat gegenüber dem klassischen Darwinismus zwei Vorteile:

1. Es stimmt mit dem gesamten Befund der Fossilien und anderen deutbaren Erscheinungen besser überein.

2. Es paßt besser zur Gesamtentwicklung der Wirklichkeit, in der – wie bereits dargelegt wurde[15] – punktuelle Übergänge von einer Erscheinung zur anderen die Regel sind. Wie im folgenden Kapitel noch darzulegen ist, sprechen gewichtige Gründe dafür, daß auch das Auftreten des Menschen – entgegen gängigen Hypothesen – nicht in einem allmählichen, sondern einem punktuellen Übergang vom tierischen zum menschlichen Dasein erfolgte.

Trotz der diskontinuierlichen Entwicklung vom Tohuwabohu bis zum heutigen Stand der Welt gibt es jedoch auch eine eigenartige Kontinuität: Bereits die chaotische Materie des Anfangs war offensichtlich so beschaffen, daß aus ihr eine geordnete Wirklichkeit mit samt einer Fülle verschiedenster Lebewesen hervorgehen konnte, wie wir sie heute vorfinden.

Neue Erscheinungen kommen nicht zuletzt dadurch zustande, daß Raum und Zeit in einer je spezifischen Art und Weise eingenommen bzw. «gebändigt» werden. Das Tohuwabohu wird überwunden durch Gebilde, die einen bestimmten Raum einnehmen und die Zeit an je bestimmte Rhythmen binden. Es gibt keine materielle Erscheinung, die unabhängig von Raum und Zeit bestehen könnte.

Diese je eigene Raum- und Zeitgebundenheit der einzelnen Erscheinungen bedeutet allerdings keine völlige Verselbständigung bzw. Isolierung von den anderen. Vielmehr betrachten – im Gegensatz zum klassischen Substanz-Akzidenzienmodell[16] – alle modernen Modelle, angefangen von der Feldtheorie bis hin zur Relativitätstheorie, die Beziehungen der einzelnen Gebilde zueinander nicht nur als «Akzidenzien», sondern als wesentlich für deren Bestand.

Diese Feststellungen gelten jeweils analog für alle einzelnen Lebewesen unserer Pflanzen-, Pilz- und Tierwelt sowie für den Menschen. Auch hier haben wir Stabilisierungen, die mit raumzeitlichen Ordnungen verbunden sind. Und auch hier haben wir die Einbindung des einzelnen Lebewesens in bestimmte Relationsgefüge. Daher erforschen moderne Biologen nicht nur die einzelnen Pflanzen, Pilze und Tiere, sondern auch die jeweiligen Ökosysteme und Biotope, in denen sie leben. Auch beim Menschen haben wir die Bedeutung der Relationen erkannt, wobei sowohl die ökologische Umwelt wie auch die soziale Mitwelt ihre je eigene Bedeutung hat.

In der Reihenfolge des Entstehens und der Gestaltung der Wirklichkeit stimmt die Genesis mit unserer wissenschaftlichen Forschung weithin überein: Nachdem sich im Laufe der kosmischen Entwicklung unser Planetensystem – übrigens das einzige, das wir bislang kennen[17] – gebildet hatte und auf einem der Planeten dieses Systems, auf der Erde, die Vorbedingungen für die Möglichkeit von Leben entstanden waren, befahl Gott nach dem Bericht der Genesis der Erde und dem Meere, Pflanzen und Tiere hervorzubringen. Im Gegensatz zum ersten Schöpfungsakt, der Erschaffung des Tohuwabohu aus dem Nichts, erfolgt die Erschaffung der Pflanzen- und Tierwelt also nicht unmittelbar allein von Gott, sondern unter Einschaltung des schon Geschaffenen, indem er Befehle an Meer und Erde richtet, Pflanzen und Tiere hervorzubringen.

In der theologischen Tradition ist die Schöpfung als ein kontingentes Ereignis bezeichnet worden. Damit sollte unterstrichen werden, daß sie kein «notwendiges» bzw. zwangsläufiges Geschehen, sondern ein freier Akt Gottes ist. Ergänzend dazu hat in jüngster Zeit eine erweiternde Besinnung darauf hingewiesen, daß das Wort «kontingent» noch eine zweite Komponente enthält. Es steht nicht nur im Gegensatz zum Zwangsläufigen und Notwendigen, sondern das lateinische Verbum «contingere» bezeichnet auch in der Bedeutung «erfassen, ergreifen und etwas erreichen», daß Dinge in einem Zusammenhang zueinander stehen, von einander abhängen oder auch auf etwas hingerichtet sind. Das wurde zur Zeit der klassischen Naturwissenschaften im allgemeinen kaum bedacht. Denn damals dachte man weithin in der schroffen Alternative «determiniert kausal» oder «indeterminiert zufällig» und schlug den Begriff der Kontingenz diesem Schema entsprechend dem Indeterminiert-Zufälligen zu[18]. Seit Beginn unseres Jahrhunderts hat jedoch ein differenzierteres Denken eingesetzt: Offensichtlich gibt es nicht determinierte Geschehnisse, die dennoch nicht als zufällig bezeichnet werden können.

Am unübersehbarsten ist das in der personalen Sphäre, die man früher in allgemeine Überlegungen zur Kontingenz kaum einbezogen, sondern mehr oder weniger isoliert betrachtet hat. Wenn z.b. ein junger Mann einem Mädchen, das er liebt, eine Rose schenkt, so ist diese Handlung nicht determiniert, aber auch keineswegs zufällig. Die moderne Verhaltensforschung zeigt uns, daß es auch im Bereich der Lebewesen analoge Strukturen gibt, und die heutige Mikrophysik läßt zumindest den Gedanken zu, ja legt ihn sogar nahe, daß wir auch im physikalischen Bereich auf einer anderen Ebene der Analogie Entsprechendes vorfinden[19]. So treffen wir in allen Bereichen der Wirklichkeit auf kontingentes Geschehen.

Dadurch eröffnet sich auch eine neue Möglichkeit, die Schöpfung tiefer zu verstehen: Die Schöpfung ist einerseits eine freie Tat Gottes, wie die Theologie stets betont hat. Sie ist jedoch andererseits keine «Willkür»tat, sondern eine Tat, die dem Wesen Gottes entspricht, dessen innertrinitarische Liebe sich in der Schöpfung nach außen dokumentiert. Diese Interpretation der Schöpfung als kontingente Tat des Trinitarischen, d.h. liebe«vollen» Gottes, kann sich nicht zuletzt darauf berufen, daß Gott schon nach der Urschöpfung des Himmels und der Erde in ein dialogisches Verhältnis zu dem Geschaffenen eintritt und diesem einen gewissen Spielraum einräumt, daß also seine Schöpfungsimpulse keine starre deterministische Programmierung des Geschehens bedeuten, sondern Antwort heischende Aufforderungen, zunächst Licht und im weiteren Verlauf Pflanzen und Tiere hervorzubringen als Basis, von der aus er schließlich als krönenden Abschluß in einer unmittelbaren Zuwendung den Menschen als Person ins Dasein rief, das heißt ein Geschöpf, das seine Liebe in freier Antwort selbst liebend zu erwidern vermag.

Da Gott schon der vormenschlichen Welt bei der Beantwortung seiner Schöpfungsimpulse einen Spielraum möglicher Antworten gewährt, kann man auch formulieren, daß im Schöpfungsgeschehen insgesamt von Anfang an durch die Gewährung von Spielräumen eine Tendenz zu immer größerer Freiheit als Vorbedingung personaler Liebe wirksam ist. Das bedeutet jedoch auch: Schon die vormenschliche «Weltgeschichte» wird nicht allein durch die alles bewegende schöpferische Aktivität Gottes, sondern auch durch die von ihm ausgelöste Mitgestaltung durch das jeweils schon Geschaffene geprägt. Hierdurch ergeben sich allerdings auch Ansatzpunkte für den von Gott abgefallenen diabolischen Gegenspieler, negative Tendenzen in die Schöpfung einzubringen, so daß diese auch in der vormenschlichen Phase nicht ausschließlich durch Gottes Liebe geprägt ist.

Bezeichnenderweise bildet nach dem Bericht der Genesis das Paradies keineswegs einen die gesamte Erde erfüllenden Zustand, sondern es ist von der übrigen Erde abgeschirmt. Allerdings ist diese dialogische Interpretation des Schöpfungsgeschehens nicht unumstritten. Vielmehr hat die Tatsache, daß die Materie die Basis für das Lebendige ist, und daß der Mensch im Reiche des Lebendigen relativ spät auftaucht, zuweilen auch zu einem Kurzschluß geführt: Man glaubte, die gesamte Welt einschließlich des Lebendigen und des Menschen *allein* von der Materie her als deren Weiterentwicklung zureichend «erklären» zu können.

Einen solchen Versuch unternimmt nicht nur der von vornherein als atheistische Ideologie konzipierte Dialektische Materialismus[20], sondern vergleichbare Hypothesen finden sich auch in Spekulationen ideologisch nicht gebundener Wissenschaftler, die von einer eigenständigen Selbstorganisationskraft der Materie ausgehen und versichern, daß sich alles Lebendige einschließlich des Menschen gewissen Gesetzmäßigkeiten und einer Reihe glücklicher Zufälle verdanke.

Einer der Repräsentanten dieser Auffassung ist Jacques Monod. Allerdings stellt er sich selbst durchaus die kritische Frage: «Das Leben ist auf der Erde erschienen; wie groß war vor dem Ereignis die Wahrscheinlichkeit dafür, daß es eintreffen würde?» Er antwortet: «Aufgrund der gegenwärtigen Struktur der belebten Natur ist die Hypothese ... wahrscheinlich, daß das entscheidende Ereignis sich nur ein einziges Mal abgespielt hat. Das würde bedeuten, daß die a priori-Wahrscheinlichkeit dieses Ereignisses fast null war»[21]. Er gesteht zu: «Bei dem Gedanken an den gewaltigen Weg, den die Evolution seit vielleicht drei Milliarden Jahren zurückgelegt hat, an die ungeheure Vielfalt der Strukturen, die durch sie geschaffen wurden, und an die wunderbare Leistungsfähigkeit von Lebewesen – angefangen vom Bakterium bis zum Menschen – können einem leicht wieder Zweifel kommen, ob das alles Ergebnis einer riesigen Lotterie sein kann, bei der eine blinde Selektion nur wenige Gewinner ausersehen hat»[22]. Trotz dieser selbstkritischen Frage bleibt er jedoch letzten Endes bei der These: «Unsere «Losnummer» kam beim Glücksspiel heraus»[23].

Dabei geht Jacques Monod, der hier repräsentativ angeführt wird, von der durchaus zutreffenden These aus, daß auch das rein rechnerisch Unwahrscheinlichste irgendwann einmal eintreten kann. Er überspielt jedoch – in dieser Hinsicht unkritisch – die wissenschaftstheoretisch notwendige Vorfrage, ob eine Anwendung der Wahrscheinlichkeitsrechnung grundsätzlich bei allen Erscheinungen der Wirklichkeit angemessen ist. Die Wahrscheinlichkeitsrechnung für die das Würfelspiel – bezeichnenderweise spricht auch Jacques Monod vom «Glückspiel» – repräsentativ ist, geht jeweils davon aus, daß bestimmte Ereignisse wie einzelne Würfel zufällig zusammentreffen können, wobei diese einzelnen Ereignisse als unabhängig voneinander betrachtet werden. Ihre Anwendung ist daher nur dann berechtigt, wenn diese Voraussetzung erfüllt ist. Diese Frage wird leider sogar von Nobelpreisträgern zuweilen nicht gestellt. So errechnete z.B. Jean Perrin, daß in die Hand des darauf wartenden Maurers etwa alle 10^{10} Milliarden Jahre ein Ziegelstein von selbst nach oben fliegt, weil sich nach der Wahrscheinlichkeitsrechnung dann *alle* seine Teilchen zufällig in diese Richtung bewegen[24].

Tatsächlich ist eine Anwendung der Wahrscheinlichkeitsrechnung grundsätzlich nur dann angemessen, wenn überhaupt eine Wahrscheinlichkeit besteht. Um darüber zu entscheiden, muß bedacht werden, ob in dem vorliegenden Fall, die Gesamterscheinung bzw. der Gesamtvorgang als eine Summierung bzw. eine Resultat von Einzelerscheinungen bzw. Einzelvorgängen betrachtet werden kann. Zwischen Einzelerscheinungen und Gesamterscheinungen sowie zwischen Einzelprozessen und Gesamtgeschehen muß durchaus unterschieden werden.

Dafür ein einfaches Beispiel aus der Archäologie: Wenn Archäologen quaderförmige Steine in der gleichen Größe und in einer regelmäßigen Zuordnung zueinander vorfinden, dann folgern sie aus diesem Gesamtbefund, daß es sich um eine von Menschen planmäßig geschaffene Anlage handelt, und zwar auch dann, wenn jeder einzelne Stein durch reinen Zufall in der beschriebenen Weise abgebrochen und in seine derzeitige Lage gekommen sein könnte. Es wäre also ein Trugschluß daraus, daß jeder einzelne Stein zufällig seine Form erhalten und in seine Lage geraten sein könnte, zu folgern, daß sich vielleicht die gesamte Anlage einer Summierung von Zufällen verdanke.

Ein analoger Unterschied wie zwischen einer Gesamterscheinung und deren einzelnen Bestandteilen besteht zwischen einem Gesamtvorgang und seinen einzelnen Komponenten. So kommt es z.B. in jedem Fluß vor, daß einzelne Wassermoleküle sich stromaufwärts bewegen. Wer sein Augenmerk nur auf die einzelnen Moleküle und deren Bewegungen richtet, kann unschwer eine Wahrscheinlichkeitsrechnung darüber aufstellen, wann sich alle Moleküle einmal zufällig stromaufwärts bewegen. Eine solche Rechnung geht jedoch an der Wirklichkeit vorbei; denn bei einem Fluß handelt es sich um eine Gesamterscheinung und sein Fließen ist jeweils ein Gesamtvorgang. Entgegen den Erwartungen bzw. den Ergebnissen der Wahrscheinlichkeitsrechnung wird er als ganzer niemals «zufällig» stromaufwärts fließen.

Als weiteres Beispiel sei auf unseren Straßenverkehr hingewiesen. Es gibt auf der Autobahn hin und wieder einen Falsch-
bzw. «Geisterfahrer». Vergleichbares gilt für Einbahnstraßen. Es
wäre jedoch unsinnig, eine Wahrscheinlichkeitsrechnung darüber
anzustellen, wann einmal nur Falschfahrer unterwegs sind. Der
Verkehrsfluß insgesamt ändert sich nur dann, wenn er anders geregelt wird. Dementsprechend läßt sich der Linksverkehr in England eben nicht durch ein «Überhandnehmen von Geisterfahrern»
angemessen erklären, sondern allein damit, daß hier eine andere
Verkehrsordnung, also ein anderes System der Koordinierung
wirksam ist.

Aus diesen Erfahrungen und Überlegungen ergeben sich
Konsequenzen für eine angemessene Interpretation der Gesamtentwicklung der Welt. Es ist vom wissenschaftstheoretischen
Standpunkt aus reine Willkür, die zahlreichen dabei nachweislich
wirksamen Koordinationen durch eine bloße Summierung von einzelnen Zufällen zu erklären.

Denn es geht auch hierbei nicht um eine Erklärung von Einzel-
ereignissen und deren mehr oder weniger wahrscheinlichem
Zusammentreffen, sondern um eine Interpretation eines Gesamt-
geschehens. Es geht also z.B. darum, eine Erklärung dafür zu finden, wie es von der in der unbelebten Materie herrschenden Tendenz zum Ausgleich und zum Zerfall zu der im Bereich des Lebendigen herrschenden Tendenz zum Aufbau, das heißt zur
Entwicklung komplizierterer und höherer Strukturen gekommen
ist.[25]

Das bedeutet: Eine angemessene Interpretation der Wirklichkeit hat nicht nur die Tatsache zu bedenken, daß die Materie die
Basis für das Lebendige ist und daß der Mensch im Reich des
Lebendigen relativ spät auftaucht, sondern sie hat auch ein-
zugestehen, daß *das* nur die halbe Wahrheit ist. Denn andererseits
sind die drei großen Bereiche der Wirklichkeit – der des Materiellen, der des Lebendigen und der des Personalen – auch durch
eine gegenläufige Zuordnung zueinander gekennzeichnet: Die jeweils höheren Bereiche nehmen die niederen in ihren Dienst und
gestalten sie nach Prinzipien um, die aus den niederen nicht ab-

Vier Lateinische Kirchenlehrer

Ambrosius † 397
Bischof von Mailand

Hieronymus (347-420)
Schöpfer des latein. Bibeltextes

Augustinus (354-430)
Deuter der Weltgeschichte

Gregor I. der Große † 604
Initiator des Gregor. Chorals

leitbar sind. So wird z.B. im Bereich der Organismen die Materie samt ihren Eigenarten in eine höhere Daseinsweise aufgenommen, die ihr selbst eine neue Qualität verleiht.

Bezeichnenderweise hat man lange Zeit zwischen anorganischer und organischer Chemie unterschieden und war nicht in der Lage, «organische Stoffe» synthetisch herzustellen[26]. Obgleich in den Organismen nichts geschieht, was als physikalisch oder chemisch «undenkbar» bezeichnet werden müßte bzw., was sich physikalisch oder chemisch schlechthin nicht beschreiben läßt, ist das Lebendige allein durch Physik und Chemie nicht hinlänglich «erklärbar». So ist z.B. der Aufbau einer Pflanze aus den Stoffen des Bodens, des Wassers und der Luft mit Hilfe der Energie des Lichtes zwar physikalisch-chemisch beschreibbar jedoch ein Gesamtvorgang, dessen Zustandekommen allein von dieser Ebene her nicht zureichend verstanden und erklärt werden kann.

In der Alltagserfahrung tritt der Unterschied zwischen der Richtungstendenz chemischer Prozesse in der anorganischen Materie und der Richtungstendenz in den Organismen am deutlichsten in Erscheinung, wenn eine Pflanze eingeht oder ein Tier stirbt. Vor dem Tode dienen die zu Recht als *bio*-chemisch bezeichneten Prozesse dem Aufbau und der Erhaltung eines unter rein chemischen Gesichtspunkten unwahrscheinlichen Zustandes, den man auch als Fließgleichgewicht bezeichnet. Mit dem Tode bricht diese Koordination zusammen. Es tritt eine Umkehr des Prozeßablaufes ein, die sich im Zerfall äußert und damit endet, daß die Einheit des Pflanzen- bzw. des Tierkörpers sich auflöst und die hochkomplizierten Moleküle in ihre Bestandteile zerfallen. Mit dem Tod münden also die chemischen Prozesse wieder in die Richtung ein, die den anorganischen Bereich kennzeichnet.

Der Indienstnahme des Materiellen durch das Biologische ist die Indienstnahme des Biologischen durch das Personale im Sinne eines analogen Vorganges vergleichbar. Die dem biologischen Leben dienenden Vorgänge werden in den Dienst personaler Entfaltung und Gestaltung gestellt. Selbst so eindeutig biologische Tätigkeiten wie Essen und Trinken sind jeweils durch kulturspezifische Ausgestaltungen geprägt. Wie unsere Forschung weltweit zeigt, sind essen und trinken schon von frühesten Zeiten an mit bestimmten Sitten und Gebräuchen verbunden. Es beginnt schon damit, daß die Speisen und Getränke in einer Weise zubereitet und hergerichtet werden, die von der biologischen Ebene her unnötig ist und nicht erklärt werden kann.

Darüberhinaus ist das Mahl in den verschiedensten Kulturen eine Gemeinschaft stiftende Institution. Außerdem ist es jeweils mit spezifischen kultischen Komponenten verbunden. Es ist also zugleich eine Aktualisierung der Verbundenheit mit den in der jeweiligen Kultur verehrten Gottheiten. Eine analoge kulturspezifische Gestaltung gilt auch für sexuelle Beziehungen. Auch sie werden in bestimmten sozial legitimierten Institutionen – etwa der Ehe – geregelt und erhalten ihre Bedeutung und Ausgestaltung in einem jeweils kulturspezifischen personalen Gesamtgefüge.

Am unübersehbarsten äußert sich die Unterordnung des Biologischen unter das Personale darin, daß der Mensch aus personalen Motiven völlig anders handeln kann und in vielen Fällen auch anders handelt, als es seinen biologischen Bedürfnissen entspricht. Er vermag trotz Hungers zu fasten. Er vermag um personaler Liebe willen auf sexuelle Handlungen zu verzichten. Er vermag, aus Rücksicht auf andere Menschen Äußerungen des Schmerzes zu unterlassen und vieles andere mehr. All diese Unterlassungen, Handlungen und Verhaltensweisen lassen sich allein von der biologischen Ebene her nicht erklären. Sie werden nur von der personalen Ebene aus verständlich.

Da trotz dieser Unableitbarkeit des jeweils «Höheren» aus den «Niederen» die Materie von Anfang an so beschaffen war, daß aus ihr die Welt des Lebendigen und schließlich der Mensch hervorgehen *konnte*, haben amerikanische Wissenschaftler von einem «anthropischen Prinzip» gesprochen. Zur Kennzeichnung dieses Prinzips schreibt George Gale: «Das anthropische Prinzip setzt die Existenz des Menschen mit Gesetzen der Physik in Verbindung, die scheinbar nichts mit Biologie zu tun haben. In seiner strengsten Form postuliert es sogar, daß kein anderes Universum intelligentes Leben beherbergen könnte als dasjenige, in dem wir leben.»[27]

Zur Vermeidung von Mißverständnissen sei allerdings hervorgehoben, daß das anthropische Prinzip nicht besagt: Aus der Materie *mußte* irgendwann zwangsläufig der Mensch hervorgehen, sondern es besagt nur: Die Materie war von Anfang an so beschaffen, daß aus ihr prinzipiell der Mensch hervorgehen *konnte*[28]. In diesem Sinne heißt es im zweiten – dem zeitlich älteren – Schöpfungsbericht der Genesis, Gott habe den Menschen aus «Erde» geschaffen. Bei der liturgischen Spendung des Aschekreuzes zu Beginn der Fastenzeit erinnert die katholische Kirche eindrucksvoll an diesen Zusammenhang.

Betrachtet man die Kirchengeschichte als Hilfe zur Interpretation der Weltgeschichte, so müssen diese Bemerkungen allerdings noch ergänzt werden: Die Materie war nicht nur von Anfang an so beschaffen, daß aus ihr durch die Schöpfungsworte Gottes die Welt des Lebendigen und durch seine besondere Zuwendung schließlich der Mensch hervorgehen konnte, sondern sie wurde, wie wir aus der Offenbarung wissen, von Anfang an auf Jesus Christus, also auf die Menschwerdung Gottes, hin geschaffen d.h.: das anthropische Prinzip zielt von vornherein auf die Geburt Jesu Christi ab.

Daher formuliert der Apostel Paulus in seinem Brief an die Kolosser: «Er ist das Bild Gottes, des Unsichtbaren. Erstgeborener aller Schöpfung. In ihm wurde alles erschaffen, was im Himmel ist und auf Erden, das Sichtbare und das Unsichtbare ... alles ist durch ihn und auf ihn hin geschaffen. Er ist vor allem, und alles hat in ihm seinen Bestand.»[29]

Das jedoch bedeutet: Das anthropische Prinzip ist im Hinblick auf die Einheit aller Wirklichkeit bzw. der übergreifenden Weltgeschichte erst die vorletzte Wahrheit.

Die letzte ist Jesus Christus. Er ist nicht nur der Mittelpunkt der Menschheitsgeschichte, so daß diese mit vollem Recht nach seinem Erscheinen datiert wird, sondern auf ihn hin zielt die Schöpfung insgesamt schon von ihrem ersten Anfang an, so daß mit Recht gesagt werden kann: Nicht nur die Geschichte der Menschheit, sondern auch die «Geschichte der Welt» – also des Kosmos und des Lebendigen – hat in ihm ihren letzten Grund und ihr eigentliches Thema. Bezeichnenderweise enden nahezu alle atheistischen Spekulationen über die «Geschichte» der Welt mit der These oder zumindest der Vermutung, sie sei letzten Endes absurd. Offensichtlich gibt es zur geoffenbarten Interpretation keine positiven Alternativen.

Der hl. Benedikt übergibt Johannes, dem Abt des Klosters Montecassino, seine Ordensregel, die das abendländische Mönchstum geprägt hat.

2. Der Anfang der Menschheit
und die Uroffenbarung Gottes

Wie dargelegt wurde, sind wir im Gegensatz zu Aristoteles der Überzeugung, daß die Welt nicht immer so war, wie sie heute ist, sondern eine eigene «Geschichte» hat, und daß sich die Welt des Lebendigen erst verhältnismäßig spät in einer qualitativ neuen Art und Weise auf der Erde entwickelte.

Über die Art dieser Entwicklung wissen wir allerdings nur weniges: Dieses Geschehen läßt sich einerseits nicht mit naturgesetzlicher Notwendigkeit erklären, kann jedoch andererseits auch nicht das Ergebnis einer Häufung blinder Zufälle sein. In der Genesis erscheint es als kontingentes Handeln Gottes, das nach der Urschöpfung des Himmels und der Erde als ein dialogisches Wechselspiel zwischen schöpferischen Impulsen Gottes und deren Beantwortung durch das im ersten Schöpfungsakt aus dem Nichts ins Dasein gerufene Tohuwabohu beschrieben wird.

Danach bildet die Erschaffung des Menschen nach dem Bericht der Genesis eine eigene, von den beiden ersten deutlich unterschiedene dritte Schöpfungsphase:

a) *Im Gegensatz zur ersten Schöpfungsphase* wird der Mensch nicht aus dem Nichts ins Dasein gerufen, sondern – das wird am deutlichsten im zweiten, das heißt im älteren Schöpfungsbericht – aus «Erde», also aus bereits vorhandenem «Material», gebildet.

b) *Im Gegensatz zu dem in der zweiten Schöpfungsphase Geschaffenen*, insbesondere der Pflanzen- und Tierwelt, entsteht er jedoch nicht «einfach» als Antwort auf einen allgemeinen schöpferischen Impuls Gottes aus dem schon Vorhandenen, sondern durch eine unmittelbare Zuwendung eigener Art.

Die Besonderheit dieser Zuwendung wird im älteren Schöpfungsbericht dadurch herausgestellt, daß Gott selbst dem vorgeformten Leib des Menschen «sein» Leben einblies[30]. Vergleichbares wird von keinem der ja auch lebendigen Tiere gesagt. Wie hieraus hervorgeht, handelt es sich also um ein besonderes «göttliches» Leben, mit dem als einziges Lebewesen der Mensch beschenkt wird. Was das bedeutet, wird noch klarer im ersten – also dem zeitlich späteren[31] – Schöpfungsbericht, der unmißverständlich erklärt, daß Gott den Menschen nach seinem Bild als Mann und Frau schuf. Dabei heißt es im Text der Genesis: «Laßt *uns* den Menschen machen nach *unserem* Bilde *uns* ähnlich[32].»

Daß Gott nach dem Text der Genesis gerade an dieser Stelle im Plural spricht, ist für eine angemessene Interpretation[33] durchaus bedeutsam: Es signalisiert, worauf sich die Ebenbildlichkeit des Menschen zu Gott bezieht: nicht auf dessen eines und einzigartiges in jeder Hinsicht unvergleichliches Wesen, also weder auf dessen Unveränderlichkeit, noch auf dessen Allmacht, noch auf dessen Allwissenheit, noch auf dessen Allgegenwart und dergleichen. Daß Gott von sich selbst hier im Plural spricht, zeigt: Die Ähnlichkeit des Menschen mit Ihm bezieht sich nicht auf seine *eine* göttliche Wesenheit, sondern auf seine dreifaltige Personalität.

In diesem Zusammenhang sollte auch mitbedacht werden, daß bei keinem der Tiere deren Zweigeschlechtlichkeit, sondern nur beim Menschen die Erschaffung «als Mann und Frau» erwähnt wird: Das heißt die menschliche Person ist von vornherein in einer besonderen Weise auf andere Personen bezogen. Diese Bezogenheit betont mit besonderem Nachdruck der zweite Schöpfungsbericht, in dem Gott feststellt: «Es ist nicht gut, daß der Mensch allein sei, ich will ihm eine Hilfe machen, die ihm entspricht»[34]. Bezeichnenderweise wird diese Aussage nicht mit einem Hinweis auf die Notwendigkeit der Fortpflanzung oder gar auf «sexuelle Bedürfnisse», sondern davon unabhängig getroffen.[35]

Das bedeutet zusammengefaßt: Der Mensch wurde in einer eigenen dritten Schöpfungsphase als Person durch eine unmittelbare Zuwendung des dreipersonalen Gottes ins Dasein gerufen. Daher ist er von vornherein unwiderruflich auf Gott bezogen[36]. Außerdem ist er von Anfang an auch auf personale Beziehungen zum anderen Menschen hingeordnet und auf diese Beziehungen angewiesen. Beides gehört seit seiner Schöpfung zu seinem Wesen.

Gerade angesichts des heutigen Standes unserer Humanforschung besitzt diese Aussage der Genesis in sich ein Höchstmaß an Glaubwürdigkeit. Wie die Hospitalismusforschung zeigt, wachsen Kinder, die keinerlei personale Zuwendung erfahren, nicht gesund heran, im Extremfall sterben sie sogar dahin. Das gilt auch dann, wenn sie mit allem rein biologisch Lebensnotwendigen optimal versorgt werden. Das bedeutet: Der Menschen bedarf selbstverständlich wie die Tiere auch im Sinne einer allgemeinen Voraussetzung zum Heranwachsen einer biologischen Versorgung. Beim Menschen allein genügt diese jedoch nicht zum Heranreifen und zur Entfaltung. Hierzu bedarf es vielmehr darüber hinaus personaler Zuwendung[37].

Angesichts dieser Erfahrungen ist es kaum vorstellbar, daß der Mensch als personales Wesen je entstehen konnte, wenn er nicht die personale Zuwendung bzw. den personalen Anruf einer bereits vorhandenen Person erfahren hätte.[38] Dieser personale Anruf Gottes, von dem die Genesis berichtet, ist offensichtlich identisch oder zumindest verbunden mit dem, was in früheren Zeiten zumeist unter dem Stichwort «Uroffenbarung» gefaßt wurde.

Die These von einer Uroffenbarung wird auch durch unsere wissenschaftlichen Forschungen nahegelegt. Allerdings sind die Anfänge der Menschheit unserer wissenschaftlichen Forschung nicht unmittelbar zugänglich. Hierüber gibt es dementsprechend nur Spekulationen, die zum Teil geradezu abenteuerlich sind. Hierzu zählen auch nahezu alle phantasievollen bildlichen Darstellungen von den Anfängen des Menschen, insbesondere von postulierten Zwischenstufen zwischen tierischen Primaten und menschlichen Personen.

Im Gegensatz dazu zeigt eine nüchterne Analyse, daß wir über den Anfang der Menschheit rein wissenschaftlich schlechthin nichts wissen. Beim gegenwärtigen Stand unserer Forschung ist es bei sehr frühen Knochenfunden nicht einmal möglich, eindeutig zu entscheiden, ob es sich um Überreste tierischer Primaten oder um Überreste von Menschen handelt.

Nach neuen Erkenntnissen läßt sich diese Frage weder durch die Größe des Gehirns noch durch die Fähigkeit zum aufrechten Gang klar entscheiden. Vergleiche zeigen vielmehr, daß die Größe des Hirnschädels über die Qualität des Denkvermögens keinen Aufschluß gibt. Außerdem legen neuere Forschungen nahe,

Kirchenlehrer – Doctores Ecclesiae

Thomas von Aquin O.P. (1225-74)
Der Theologe des Mittelalters

Albert der Große O.P. † 1280
Theologe u. Naturwissenschaftler

Robert Bellarmin S.J. † 1621
Führender Kontroverstheologe

Alfons von Liguori CSSR † 1787
Gründer der Redemptoristen

29

daß es auch nichtmenschliche Primaten mit aufrechten Gang gegeben hat. Das einzig relativ zuverlässige Kriterium zur Unterscheidung zwischen Menschen und Primaten sind Artefakte, deren Herstellung menschliches Bewußtsein bzw. Denkvermögen, voraussetzt. Da jedoch Artefakte auf frühen Kulturstufen des Menschen fast ausnahmslos aus organischem Material bestehen, hat sich davon aus sehr frühen Zeiten kaum etwas erhalten. Wir tappen also im Dunkeln.

Wie unsicher die Forschungsergebnisse bei Versuchen, die Anfänge der menschlichen Geschichte zu klären, insgesamt sind, dokumentiert sich nicht zuletzt darin, daß entsprechende Spekulationen zumeist schon in kurzer Zeit «überholt» sind und ständig miteinander konkurrieren. Dementsprechend können wir Aussagen über die frühe Menschheit immer nur mit der Einschränkung machen: «Soweit unsere Forschung zurückreicht». Und das ist im Sinne auch nur einigermaßen gesicherter Forschungsergebnisse nicht sehr weit.

Trotz aller notwendigen Vorbehalte kann – um auf die hier anstehende Frage zurückzukommen – im Hinblick auf eine «Uroffenbarung» allerdings auf eine höchst erstaunliche Tatsache hingewiesen werden: Es gibt keine unserer Forschung erreichbare frühe Menschengruppe, die sich nicht auf eine transzendente Wirklichkeit bezogen wüßte. Atheismus gibt es nur als eine relativ späte Erscheinung in der Form einer Absage an Gott bzw. eines Abfalls von den Gottheiten. Die Religion ist dementsprechend gerade in frühen Zeiten ein wichtiges Unterscheidungsmerkmal zwischen Mensch und Tier.

Bezeichnenderweise stellt sich auch der atheistische Denker Jacques Monod – offensichtlich erstaunt – die Frage, wie es kommt, «daß die Religion bei unserer gesamten Art den Gesellschaftsstrukturen zugrunde liegt... (und) daß in der unermeßlichen Vielfalt der Mythen, Religionen und philosophischen Lehren stets die gleiche Grund«form» wiederkehrt.»[39] Er beantwortet diese Fragen als Biologe in seiner Weise, indem er «kaum» daran zweifelt, daß der Grund dafür «irgendwo in der Sprache des genetischen Code verzeichnet steht»[40]

Wie die Uroffenbarung Gottes bzw. die personale Zuwendung Gottes, die den Menschen als Person ins Dasein rief, im einzelnen vonstatten gegangen ist, wissen wir nicht[41]. Bezeichnenderweise ist es jedoch ein gemeinsames Kennzeichen der frühesten unserer Forschung erreichbaren Kulte, daß die Gottheit als ein geistiges, keinen Bedürfnissen unterworfenes Wesen verehrt wird. Wie schon erwähnt wurde, ist uns allerdings die früheste Menschheit nicht unmittelbar zugänglich. Das hat Folgen auch für die Beantwortung der Frage nach ältesten religiösen Vorstellungen. Die Forschung hat jedoch eigene indirekte Methoden entwickelt. Sie erforscht die religiösen Vorstellungen von Völkern, die sich bis in die moderne Zeit hinein in sogenannten «Rückzugsgebieten» im Zustand einer sehr frühen Kultur erhalten haben.

Dabei stellte sie fest, daß es auffällige Ähnlichkeiten der religiösen Vorstellungen von Völkern gibt, die in völlig verschiedenen Regionen der Erde leben. Man geht davon aus, daß sie sich aus jener frühen Zeit erhalten haben, in der Vorfahren der jetzt getrennten Völker zusammenlebten. Obgleich diese Forschungsmethode nicht ohne jedes Risiko ist, wird sie als eine gut begründete Spekulation weithin anerkannt.

Höchst umstritten ist allerdings, ob man diese frühe Verehrung einer geistigen Gottheit als «Urmonotheismus» bezeichnen kann, wie das zunächst geschehen ist[42]. Denn wir, die wir in der jüdisch-christlichen Tradition stehen, verbinden mit dem Begriff «Monotheismus» im allgemeinen eine klare und bewußte Absage an «Vielgötterei», während bei den frühen Völkerschaften die Verehrung einer höchsten geistigen Gottheit den Glauben an andere übermenschliche Mächte anscheinend nicht ausschloß. Hierin liegt wahrscheinlich auch die Wurzel des durch viele Mythen bezeugten und in der frühesten uns unmittelbar zugänglichen Zeit weit verbreiteten Polytheismus.

Im Gegensatz zu den Mythen «heidnischer» Völker erteilt das Alte Testament dieser allgemeinen Tendenz zum Polytheismus eine entschiedene Absage. Bei einem Vergleich des Textes der Genesis mit den Schöpfungsmythen der verschiedensten Völker zeigen sich tiefgreifende Unterschiede. Sie wurden von Carl Friedrich von

Weizsäcker schon vor einigen Jahrzehnten eindrucksvoll heraus-
gearbeitet. Er schreibt unter anderem: «Wohl sind noch die Elemente des mythischen Weltbildes überall verwendet, aber immer
nur gleichsam als Baumaterial...Aus manchen Wendungen ... hat
man eine bewußte Polemik gegen die mythischen Götter heraus-
gehört ... Nicht das Chaos hat Gott aus sich hervorgebracht, sondern ‹Am Anfang schuf Gott Himmel und Erde›. Gott war zuerst
da, und man kann nicht fragen, woher er kam.»[43] Von Weizsäcker
hebt hervor, daß die Besonderheit der Genesis gegenüber den
Urmythen anderer Völker letzten Endes darauf beruht, daß die
Juden «einen anderen Gott hatten»[44]. Der Glaube an den einen
Gott habe die Juden «aus den Relativitäten wie aus den Mon-
strositäten des Polytheismus herausgenommen»[45]

Angesichts der Besonderheit des biblischen Schöpfungsberichts
prägt Carl Friedrich von Weizsäcker den paradoxen Begriff eines
«antimythischen Mythos». Zur Erklärung schreibt er: «Weil Gott
nun so hoch über alle Welt erhöht ist, ist alles in der Welt von derselben Art: Es ist Geschöpf, es ist nicht Gott. So wurde gerade
durch Gott die Welt entgöttert. In unserer Zeit spricht man viel
von Entmythologisierung. Wenn Mythologie unser Denken unter
der Herrschaft der Götter ist, so hat gerade der Glaube an Gott
unser Denken entmythologisiert, von der Zeit an, in der das Alte
Testament geschrieben wurde.»[46]

Daher kann man, wie an anderer Stelle ausführlicher dargelegt
wurde, aus guten Gründen annehmen, «daß von der Uroffenbarung
Gottes nirgends angemessener berichtet wird als in den biblischen
Schriften.»[47] Sie sind daher – unbeschadet der Frage nach der Zeit
ihrer schriftlichen Fixierung und umstrittener literarischer Abhängigkeiten ihrer Textgestaltung[48] – gegenüber den Mythen der Heiden «das im Sinne der Wahrheit Ursprünglichere und Authenti-
schere»[49].

Aus dem Bewußtsein, auf eine transzendente Wirklichkeit bezogen zu sein, das allen alten Kulturen gemeinsam ist, ergeben sich
Rückwirkungen auf das Weltverhältnis des Menschen. Ein Wesen, das sich auf eine transzendente Wirklichkeit bezogen weiß,
sprengt dadurch die Umweltgebundenheit tierischen Daseins und

gewinnt ein freieres Verhältnis zur Welt. Denn sein Leben ist nicht allein auf die optimale Befriedigung biologischer Bedürfnisse ausgerichtet. Es hat vielmehr einen Bezugspunkt, der jenseits dieser Bedürfnisbefriedigung, ja *über* den rein biologischen Bedürfnissen liegt.

Dieses dem Menschen eigene Weltverhältnis dokumentiert sich besonders eindrucksvoll in der Sprache. Die menschliche Sprache unterscheidet sich qualitativ von sogenannten tierischen Sprachen, die uns durch die moderne Verhaltensforschung weithin zugänglich sind. Bei den Tieren dienen die «Sprachen» einer für die jeweilige Tierart biologisch förderlichen funktionalen Kommunikation. Dementsprechend beschränkt sich ihr «Wortschatz» auf das für die jeweilige Tierart Lebenswichtige. Die Differenzierung der Sprache wird nur so weit vorangetrieben, wie es unter diesem Gesichtspunkt notwendig oder zumindest förderlich ist. Daher werden Erscheinungen der Wirklichkeit in den Tiersprachen nicht mit «objektiven Begriffen» benannt, sondern auf die Lebensbedeutung für die betreffenden Tiere bezogen.

So spielt z.B. der der menschlichen Sprache zugeordnete Begriff «Baum» für das Tier keine Rolle. Was wir als Baum bezeichnen, erscheint vielmehr in deren Wahrnehmungs-, Verhaltens- und Mitteilungssystemen als «Futterstatt», als «Brutstelle», als «Zufluchtsort» oder auch als «Orientierungspunkt». Dagegen dokumentiert der Mensch in der Sprache sein Vermögen, bei der Wahrnehmung und Erkenntnis von sich selbst und seinen unmittelbaren Bedürfnissen abzusehen, das heißt, der Welt frei gegenüber zu treten. Hierdurch ist der Mensch zugleich befähigt, dem jeweils Erkannten und Benannten einen Eigenwert zuzumessen und es als schön zu empfinden.

Der sofort ins Auge fallende quantitative Unterschied zwischen tierischem und menschlichem Wortschatz beruht letzten Endes auf dem qualitativen Unterschied zwischen tierischen Kommunikationssystemen und menschlicher Sprache. Tierische Kommunikationssysteme beziehen sich auf die jeweilige Umwelt der betreffenden Tierart und werden nur in diesem Bezugsrahmen aktiviert. Die menschliche Sprache dagegen bezieht sich auf die Welt schlechthin. Das heißt auch auf Erscheinungen, die in keinem positiven oder negativen lebensdienlichen Zusammenhang mit dem Menschen stehen. Diese Welt jedoch ist im Gegensatz zur tierischen Umwelt letzthin unauslotbar und unerschöpflich. Daher ist die menschliche Sprache im Gegensatz zu den tierischen Kommunikationssystemen notwendigerweise unabgeschlossen, uneindeutig und für immer neue Wortbildungen und -verknüpfungen offen[50].

Die gleiche Freiheit, die dank seiner personalen Bezogenheit auf Gott das Verhältnis des Menschen zur Welt prägt, kennzeichnet auch sein Verhältnis zum anderen Menschen und zu seinen sozialen Ordnungen. Er vermag sie aus eigener Initiative bewußt zu gestalten und umzugestalten. So weit unsere Forschung reicht, finden wir daher eine erstaunliche Vielfalt gesellschaftlicher Ordnungen. Das bedeutet: mit dem «frei» handelnden Menschen beginnt eine neue qualitativ höhere Art von Veränderungen bzw. des Geschehens, das im Vollsinn des Wortes als «Geschichte» bezeichnet wird.[51]

Allerdings kann man darauf hinweisen, daß es nicht nur beim Menschen, sondern auch bei den Tieren eine geradezu unübersehbare Vielfalt geordneten sozialen Zusammenlebens gibt. Beides ist jedoch nur bedingt miteinander vergleichbar, da alle Menschen – rein biologisch betrachtet – einer einzigen Art angehören. Mit vollem Recht unterstreicht der Biologe Friedrich Schutz bei einem Vergleich zwischen tierischen und menschlichen Sozialordnungen: «Beim Menschen erklären sich die Unterschiede durch verschiedenste kulturelle Traditionen, verschiedene Wirtschaftsformen und den Stand der technischen Entwicklung und durch verschiedene religiöse Ansichten etc., um nur einige der wichtigsten Faktoren zu nennen.

Wir unterscheiden etwa zwischen nomadisierenden Sammlern und Jägern, Bauern der verschiedensten Entwicklungshöhen und damit einhergehender unterschiedlicher Sozialverfassung, Stadtbewohnern und den Industriekulturen. Bei Tieren dagegen sind die Unterschiede im wesentlichen Unterschiede der Tierarten. Bei einem Vergleich der Sozialstrukturen von Menschen und von Tieren ist also die Vergleichseinheit im einen Fall eine kulturell und zivilisatorisch ausgezeichnete Gruppe von Individuen, im anderen Falle eine Tierart.»[52]

Da die Sozialordnungen der Tiere artgebunden sind, ändern sie sich in der Regel nur zusammen mit einer Veränderung der Art[53]. Hieraus ergibt sich die außerordentliche Stabilität tierischer Sozialordnungen. So sind uns «schon aus dem Alttertiar vor 60 Millionen Jahren ... Ameisen fossil überliefert, die denselben staatenbildenden Gattungen angehören wie unsere heutigen Ameisen»[54]. In diesem Sinne kann man auch formulieren: Wir sprechen zwar in einer Analogie zu unseren menschlichen Sozialgebilden von Ameisen«staaten», Bienen«staaten» und dergleichen mehr. Diese Staaten unterliegen gewiß manchen Veränderungen. Diese vollziehen sich jedoch nach jeweils artgebundenen Regeln[55]. Es gibt jedoch keine staatlichen Umgestaltungen im Sinne von Verfassungsänderungen, neuen Kompetenzverteilungen sowie revolutionären Umgestaltungen[56] oder mit anderen Worten: diese Staaten bzw. deren «Königinnen» treiben keine Politik. Ihnen fehlt jede der planenden Eigeninitiative entspringende Veränderung von Sozialverhalten und Sozialstrukturen.

Der Mensch als Person jedoch steht nicht nur der Welt, sondern auch seinesgleichen in einer nur ihm eigenen Freiheit gegenüber und kann daher auch über seine Sozialordnungen weithin selbst verfügen. Das bedeutet allerdings nicht, daß er ohne Sozialordnungen auskommen könnte. Daher gibt es auch keine Revolution, die nicht ihrerseits über kurz oder lang neue soziale Ordnungen geschaffen hätte.

Ihre jeweilige Anerkennung erfolgt durch Hineinnahme des Individuums in überkommene oder neu proklamierte Wertvorstellungen und ihnen entsprechende gesellschaftliche Strukturen. Dabei gibt es jedoch keine Zwangsläufigkeiten, sondern einerseits ein Streben nach Verbesserungen, andererseits jedoch auch eine Achtung des bisherigen. Das gilt für die gesamte Rechts- und Verfassungsordnung.

Aus dieser komplexen und flexiblen Struktur menschlicher Gemeinschaftsordnungen ergibt sich auch das dem Menschen eigene Problem der Gerechtigkeit. Die Frage nach der Gerechtigkeit wird nur vom Menschen gestellt. Gewiß gibt es bei Tieren keineswegs nur ein primitives «Recht des Stärkeren», sondern Sozialordnungen, die auch den Schwächeren eine Überlebenschance sichern. So gibt es insbesondere bei Raubtieren «Tötungshemmungen», die eine Vernichtung schwächerer Tiere verhindern. Viele «Hackordnungen» sind so angelegt, daß bei Auseinandersetzungen zwischen zwei Exemplaren der gleichen Art ein neu hinzukommendes Tier stets dem schwächeren zu Hilfe kommt. Zu einem vergleichbaren Vorgehen ist im allgemeinen auch der Mensch geneigt. Im Gegensatz zum Tier weiß er jedoch, daß keineswegs in *jedem* Falle der Schwächere recht hat und Beistand verdient, daß vielmehr auch von ihm Unrecht ausgehen kann, gegen das der Stärkere sich mit Recht zur Wehr setzt.

Allerdings ergibt sich daraus insgesamt ein bedeutend schwierigeres Gesamtproblem als bei den tierischen «Tötungshemmungen» und «Hackordnungen». Was ist Gerechtigkeit? Gewiß kann man darauf zunächst einfach antworten, es sei jeweils das der herrschenden Sozialordnung entsprechende Verhalten. Dabei bleibt jedoch die Frage offen, unter welchen Voraussetzungen die höchst unterschiedlichen Sozialordnungen selbst dem Prinzip der Gerechtigkeit entsprechen. Diese Frage gehört zu den großen Themen der Weltgeschichte.

Dieses Thema steht im engen Zusammenhang mit der jeweiligen Gesamtdeutung der Welt und insbesondere mit den damit verbundenen religiösen Überzeugungen. Die Spanne dieser Überzeugungen reicht von der Auffassung, daß Gott bzw. die Gottheiten jedem einzelnen Menschen von Anfang an durch seine Geburt eine bestimmte Stellung in der Welt zugewiesen haben, bis zu der Überzeugung, daß jedem Menschen das Recht zustehe, im Rahmen seiner Fähigkeiten selbst seinen Platz in der Gesellschaft zu bestimmen. Diese müsse ihm dafür eine Chance geben, die allerdings notwendigerweise auch mit dem Risiko des Scheiterns verbunden sei[57]. Auf die weltgeschichtlichen Tendenzen, die sich aus der Spannung zwischen diesen unterschiedlichen Auffassungen ergeben, wird im folgenden noch einzugehen sein.

Drei Kirchenlehrerinnen – Hildegard in spe

Katharina von Siena († 1380)
Buch ü. die Göttliche Vorsehung

Teresa von Avila (1515-82)
Lehrerin mystischer Theologie

Hildegard von Bingen † 1179
Prophetissa Germaniae

Theresia von Lisieux (1873-97)
Lehrerin des «Kleinen Weges»

Das bisher über das Verhältnis zwischen Religion und Sozialordnung Gesagte ist insofern noch ergänzungsbedürftig, als das Transzendenzbewußtsein des Menschen nicht nur die Basis seiner Freiheit ist, sondern auch stabilisierend auf die jeweils herrschende konkrete Sozialordnung wirkt. Wie schon zitiert wurde, gehört es zu den erstaunlichen Befunden, «daß die Religion bei unserer gesamten Art den Gesellschaftsstrukturen zugrunde liegt ... (und) daß in der unermeßlichen Vielfalt der Mythen, Religionen und philosophischen Lehren stets die gleiche Grund-«Form» wiederkehrt»[58] Zu diesem gemeinsamen Grundbestand der verschiedensten religiösen Überzeugungen gehört nicht zuletzt das «Wissen», daß der Mensch nicht das höchste Wesen ist, und das damit verbundene Bewußtsein, daß es vorgegebene – von Gottheiten gestiftete oder zumindest geschützte – Ordnungen gibt, die der Mensch zu achten hat, oder anders formuliert: daß er trotz der ihm eigenen Freiheit keineswegs beliebig über alles verfügen darf.

Zu den der freien Verfügungsgewalt des Menschen entzogenen Entscheidungen gehört insbesondere die Bestimmung darüber, was im Sinne der Gerechtigkeit als Recht geachtet werden muß. Sie gehört dem Problembereich an, der durch die Begriffe «Gut» und «Böse» geprägt ist. Wie die Genesis in der Erzählung über den Baum der Erkenntnis und den Sündenfall des Menschen darlegt, ist die Entscheidung darüber, was «gut» und was «böse» ist, eine Entscheidung, die allein Gott zusteht. Aber auch die außerhalb der jüdisch-christlichen Offenbarungstradition stehende Menschheit ist sich offensichtlich weithin dieser Grundwahrheit bewußt. Als Beleg sei beispielhaft auf die «ungeschriebenen Gesetze» verwiesen, auf die sich Antigone[59] beruft, um die Bestattung ihres Bruders gegenüber Kreon zu rechtfertigen, der dessen Leichnam der Fäulnis durch die Witterung und den Tieren zum Fraß anheimgeben wollte.

Die Unterscheidung bzw. Entscheidung zwischen Gut und Böse ist nur dem Menschen eigen. Wie dargelegt wurde, sind die Tiere jeweils in eine bestimmte Umwelt mit mehr oder weniger vorgegebenen Verhaltensweisen eingebunden. Ihr Verhalten zueinander wird durch Instinkte geregelt, die auch als Aktions- und Reaktions-mechanismen beschrieben werden können. So wirken z.B. die Tötungshemmungen absolut. Ein Wolf kann schlechthin nicht zubeißen, wenn der Unterlegene ihm in Demutshaltung die Kehle darbietet. Vergleichbare Zwangsläufigkeiten gelten für die durch Hackordnungen gegebenen Verhaltensweisen. Soweit es trotz allem noch einen gewissen Spielraum individuellen Verhaltens in der jeweiligen Situation des einzelnen Tieres gibt, so ist dieser verhältnismäßig gering[60]. Das bedeutet: Ein Löwe verhält sich löwenhaft, eine Ziege ziegenhaft.

Daher gibt es auch keinen «Unlöwen» und keine «Unziege». Im Gegensatz dazu kann sich der Mensch auch unmenschlich verhalten und zum Unmenschen werden[61]. Er kann auch den demütig um Schonung Bittenden niederstoßen und in seinem gesamten Handeln willkürliche Grausamkeit walten lassen. In diesem Zusammenhang hat man gelegentlich auch von einem «Abfall vom Menschen» gesprochen, d.h.: Der Mensch kann von sich selbst abfallen.

Durch solche Formulierungen wird signalisiert, daß der Mensch seinem eigenen Wesen entgegen handeln kann. Wie ausgeführt wurde, ist der Mensch seinem Wesen nach sowohl auf Gott wie auch auf menschliche Personen positiv hingeordnet. Demzufolge handelt er seinem eigenen Wesen entgegen, wenn er diese personalen Bezüge mißachtet oder zerstört.

Dementsprechend – das sei hier schon angedeutet – ist das Gebot der Gottes- und Nächstenliebe letzten Endes nichts anderes als die Aufforderung, dem eigenen Wesen gerecht zu werden. Dagegen ist die Absage an Gott und die Mißachtung des Nächsten Abfall vom eigenen Wesen, d.h. der Urtyp von Bosheit und Sünde. Seine Wurzel liegt darin, daß der Mensch seine Bezogenheit auf Gott nicht anerkennt und alles nur auf sich selbst bezieht. Der böse Mensch ist, wie es in einer klassischen Formulierung heißt, curvatus in se ipsum, also ausschließlich auf sich selbst bezogen.

Hierin zeigt sich ein tiefer Zusammenhang zwischen Liebe und der Möglichkeit von Bosheit: Der Mensch geht aus der Liebe Gottes hervor und ist geschaffen, dessen Liebe in einem kontingenten Verhalten zu erwidern und auch seinen Nächsten zu lieben wie sich selbst. Das jedoch setzt Freiheit voraus. Diese jedoch kann nicht nur zu einer phantasievollen Ausgestaltung positiver Beziehungen, sondern auch zu einem unkontingenten Verhalten mißbraucht werden und so zu einer wesenswidrigen Selbstbezogenheit führen.

Die Genesis berichtet, daß der Mensch schon am Anfang seiner Geschichte durch eine Absage an Gott, bzw. verlockt durch die Versuchung, selbst wie Gott zu sein[62], dieser negativen Möglichkeit anheimgefallen ist. Das hatte Rückwirkungen für alles weitere. Es folgte eine als Vertreibung aus dem Paradies beschriebene Bestrafung des Menschen. Angesichts der Treue Gottes wurde sie jedoch verbunden mit einer Verheißung. Diese wird zunächst recht unbestimmt formuliert[63], jedoch zunehmend verdeutlicht und zielt nach der Überzeugung der Christenheit auf das Kommen Jesu Christi, seinen Kreuzestod und seine Auferstehung ab.

So steht am Anfang der Menschheit nicht nur die Berufung, das Bild Gottes, nach dem der Mensch erschaffen wurde, in je eigener Weise darzustellen, sondern auch die Versuchung, es durch Mißachtung des eigenen Wesens zu verunstalten. Tatsächlich ist der Mensch nach dem Bericht der Genesis dieser Versuchung anheimgefallen. Durch die Mißachtung Gottes zerstörte er zugleich die Basis eines angemessenen Verhältnisses zueinander. Wie die Genesis berichtet, folgte dem Sündenfall schon bald der erste Mord.

Gott jedoch hielt an seiner Liebe fest, vernichtete den Menschen nicht und verstieß ihn nicht unwiderruflich, sondern gab ihm eine Verheißung. Damit war nach der Überzeugung der Bibel die Ausgangslage für den Beginn der weiteren Geschichte der Menschheit bzw. deren grundlegendes Thema theologisch vorgegeben.

3. Die Geschichte des Auserwählten Volkes Israel

Die Geschichte Israels ist eine merkwürdige und einzigartige Geschichte. Spricht man von den großen alten Kulturen des Vorderen Orients, so denkt man im allgemeinen an Ägypten, an Mesopotamien und vielleicht auch noch an die im Vergleich dazu jüngeren Hethiter, aber kaum an Israel. Auch ein Blick in die gängigen Geschichtsatlanten zeigt, daß Israel keine Schlüsselrolle in der Geschichte des Vorderen Orients spielt. Vor dem Jahre 2000 v. Chr. wird es schlechthin nicht erwähnt, danach tauchen in einer Liste von Geächteten einige palästinensische und phönizische Namen auf. Erst um 1375 v. Chr. werden Hebräer erwähnt und dann um 1220 v. Chr. im Siegeshymnus des Pharao Merenptah erstmals der Name «Israel».

Auch im Verlauf der weiteren Geschichte spielt Israel kaum eine eigenständige Rolle, sondern es ist allenfalls eine Nebenfigur im politischen Spiel der großen Mächte. Dementsprechend wäre es kaum möglich, eine einigermaßen aufschlußreiche Geschichte Israels aus «heidnischen» Quellen niederzuschreiben. Das bedeutet: Wer sich mit der Geschichte Israel beschäftigt, ist fast ausschließlich auf die Selbstdarstellung und Selbstinterpretation Israels in den Büchern des Alten Testaments angewiesen. Dazu kommen allerdings noch einige bedeutsame archäologische Zeugnisse.

Das Alte Testament in seiner Gesamtheit ist ein in vieler Hinsicht einzigartiges und unvergleichliches Dokument. Es beginnt – wie schon erwähnt wurde – mit der Genesis, also mit der Erschaffung der Welt und des Menschen, und es geht zwar nicht völlig «nahtlos», aber doch recht kontinuierlich über in die konkrete Geschichte Israels. Es bestätigt damit in seiner Weise eine allgemeine Beobachtung, die auch für andere Völker bzw. deren in der Formalstruktur der Genesis vergleichbaren Mythen gilt: Da der Mythos seinem Selbstverständnis nach reales Geschehen berichtet, ist es möglich und legitim, weiteres tatsächliches Geschehen in ihn einzubeziehen. Er vermag – wie Arnold Gehlen formuliert – «Historische Erinnerungen in seinen Urzeiterzählungen einzuflechten»[64] bzw. seinen Urzeiterzählungen anzuschließen. Die Gemeinsamkeit zwischen Mythos und Historie besteht, wie schon kurz erwähnt wurde, vor allem in der Überzeugung, daß die Welt nicht immer schon so gewesen ist, wie wir sie unmittelbar erfahren, daß vielmehr die bestehenden kosmischen und kulturellen, kultischen und politischen Ordnungen einmaligen epochalen Leistungen zu verdanken sind.

Vom Standpunkt späterer Theologie aus gesehen, können wir gewiß feststellen, daß die Bibel Gotteswort und Menschenwort ist und daher nicht nur unmittelbare reine Offenbarung Gottes, sondern auch zeitgebundene Auffassungen, Interpretationen und Formulierungen enthält[65]. Die Autoren und Überlieferer der biblischen Texte selbst haben darüber jedoch keine kritischen Reflexionen angestellt, sondern die Bibel als «Heilige Schrift» überliefert. Das gilt insbesondere für ihre ersten fünf Bücher, den Pentateuch, der nach alter Überlieferung auf Moses zurückgeht. Allerdings schließt der Pentateuch mit den Sätzen: «In Israel aber stand fortan kein Prophet mehr auf wie Mose, mit dem Jahwe von Angesicht zu Angesicht verkehrt hätte, mit all den Zeichen und Wundern, zu denen ihn Jahwe entsandte und die er im Ägypterlande an Pharao, an all seinen Dienern und an seinem ganzen Lande wirkte, und mit all der starken Macht und all dem großen Schrecken, die Mose wirkte vor den Augen ganz Israels»[66].

Wie schon dieser Satz beweist, kann der Pentateuch zumindest nicht in allen Teilen des uns vorliegenden Textes unmittelbar von Moses stammen. Je intensiver sich die kritische Forschung mit dem gesamten Problem des Pentateuch beschäftigte, desto schwieriger wurden die einzelnen Fragen. Verhältnismäßig eindeutig läßt sich erkennen, daß der Pentateuch selbst als eine Zusammenfassung mehrerer Überlieferungen betrachtet werden muß, deren Verhältnis zueinander sich allerdings nicht eindeutig klären läßt. Im allgemeinen nimmt man heute an, daß es sich vor allem um vier zunächst eigenständige Überlieferungen handelt: Den Jahwisten, den Elohisten, das Deuteronomium und den Priestercodex.

Unmittelbar stammt nach der heute vorherrschenden Auffassung keiner dieser Bestandteile des Pentateuch von Moses. Die älteste Überlieferung, die wahrscheinlich im 10. Jahrhundert v. Chr. am Hofe Salomons entstand, repräsentiert der Jahwist. Es folgte der Elohist in einem der folgenden beiden Jahrhunderte, das Deuteronomium wird zumeist dem 7. Jahrhundert und der Priestercodex einem der folgenden beiden Jahrhunderte zugeschrieben. Sicher ist das alles jedoch keineswegs. Noch offener sind die Spekulationen über die Zusammenfassung der Überlieferungen. Dagegen weiß man mit voller Sicherheit, daß der Pentateuch spätestens im Jahre 300 v. Chr. abgeschlossen vorlag. Denn zu dieser Zeit nahmen die Samaritaner ihn als einzige Heilige Schrift mit ins Exil.

Der Pentateuch liegt also irgendwann als fertiges Werk vor. Fragen über seine Entstehung können nur vage und spekulativ beantwortet werden. Wie die «Jerusalemer Bibel» erkennen läßt, ist trotz allem die alte Tradition, die Moses als Verfasser des Pentateuch nennt, keineswegs völlig willkürlich. Denn worauf es ankomme, sei «die ursprüngliche Herkunft dieser Überlieferungen, die wir nur in einem bereits ausgebildeten Stadium erfassen. Nun geben die ‹jahwistischen› und ‹elohistischen› Erzählungen, trotz ihrer Unterschiede, im wesentlichen die gleiche Geschichte wieder; diese beiden Überlieferungen haben also einen gemeinsamen Ursprung ... Ihr Ursprung geht also in jenen Zeitpunkt zurück, in dem sich das Volk Israel bildete ... So reichen der Grundbestand des Pentateuch, die Substanz der Überlieferung, die er enthält, der Kern seiner Gesetzgebung in die Zeit der Volkwerdung Israels zurück. Diese Zeit wird aber von der Gestalt des Mose beherrscht. Er war der Organisator des Volkes, sein Religionsstifter, sein erster Gesetzgeber.»[6]

Dem Pentateuch, der mit dem Tod des Moses schließt, folgen im Alten Testament Bücher, welche die weitere Geschichte Israels behandeln. Unter einzelnen Gesichtspunkten ist das Alte Testament mit geschichtlichen Überlieferungen anderer Völker vergleichbar. Sofern man es als Ganzes betrachtet, hebt es sich jedoch eindeutig von allen anderen vergleichbaren Schriften ab: Die gesamte Geschichte Israels wird entscheidend bestimmt durch einen Bund, den es mit dem *einen* Gott geschlossen hat, der am Anfang Himmel und Erde schuf. Dieser Bund wird im Laufe der Geschichte immer wieder erneuert und vertieft. Im gesamten Alten Testament erscheint als Subjekt der Geschichte nicht nur der Mensch, sondern entscheidende Initiativen gehen in der jeweiligen Situation von Gott aus.

Vergleicht man den Bund Israels mit Gott mit der Verheißung, die nach dem Zeugnis der Genesis am Anfang der Menschheitsgeschichte steht, so wird diese Verheißung immer weiter präzisiert und konkret auf das auserwählte Volk Israel bezogen. Das wird schon früh deutlich in der Geschichte Noa. Als Jahwe angesichts ihrer Bosheit die Menschen samt dem Vieh durch eine Flut zu vertilgen dachte, hatte Noa «in den Augen Jahwes Gnade gefunden»[68].

Nach der Rettung Noas in der Arche, die er nach der Weisung Jahwes gebaut hatte, sprach dieser zu ihm und seinen Söhnen: «Seht, ich schließe meinen Bund mit euch und mit euren Nachkommen nach euch, und mit allen Lebewesen, die bei euch sind: mit den Vögeln, dem Vieh und allem Wild des Feldes bei euch, mit allem, was aus der Arche herausgegangen ist, mit allen Tieren der Erde. Ich schließe meinen Bund mit euch: nicht mehr soll alles Fleisch durch das Wasser der Flut vertilgt werden und keine Flut soll mehr kommen, um die Erde zu vernichten»[69].

Als Zeichen dieses Bundes zwischen Himmel und Erde wurde von Gott der Regenbogen bestimmt: «Ich stelle meinen Bogen in die Wolken, er soll ein Zeichen des Bundes zwischen mir und der Erde sein.»[70]

Während der durch den Regenbogen symbolisierte Bund allen durch die Arche geretteten Lebewesen der gesamten Erde galt, erfolgte eine spezielle Verheißung bei dem folgenden Bund, den Gott mit Abraham schließt. Nach dem Turmbau von Babel und der Verwirrung der Sprachen samt der Zerstreuung der Menschheit über die ganze Erde, sprach Jahwe zu Abraham: «Ziehe fort aus deinem Land, aus deiner Verwandtschaft und aus deinem Vaterhaus in das Land, das ich dir zeigen werde! Ich will dich zu einem großem Volke machen. Ich will dich segnen und deinen Namen groß machen, und du sollst ein Segen sein. Ich werde segnen, die dich segnen, und die dich verwünschen, werde ich verfluchen! Durch dich sollen gesegnet sein alle Geschlechter der Erde.»[71]

Bischöfe und Erzbischöfe

Franz von Sales (1567-1622)
Bischof zur Zeit der Reformation

Karl Borromäus (1538-1584)
Verwirklichte Konzil von Trient

Clemens von Galen † 1946
«Der Löwe von Münster»

Antonius M. Claret † 1870
für die Entrechteten auf Kuba

Schon in dieser ersten Verheißung Gottes an Abraham wird eine Spannung sichtbar: Einerseits richtet sich diese Verheißung auf *ein* künftiges großes Volk, das aus Abrahams Nachkommen hervorgehen wird, andererseits jedoch sollen gesegnet sein *alle* Geschlechter der Erde.

Auch für diesen Bund Gottes mit Abraham und seinen Nachkommen wird von Gott ein Zeichen bestimmt: «Du aber wahre meinen Bund, du und deine Nachkommen nach dir durch alle Geschlechter. Dies ist aber mein Bund, den ihr wahren sollt zwischen mir und euch und deinen Nachkommen nach dir: Alles männliche unter euch soll beschnitten werden, ...»[72]. Im folgenden wird der speziell mit Abraham geschlossene Bund ausdrücklich auf die Beschnittenen beschränkt: «Was aber männlich und trotzdem unbeschnitten ... ist, soll aus seinem Volke ausgerottet werden. Er hat meinen Bund gebrochen.[73]»

Trotzdem bedeutet jedoch auch der Bund mit Abraham und seinen Nachkommen keine Exklusivität, sondern es bleibt auch jetzt bei einer Verheißung, die sich letzten Endes an *alle* Völker richtet. Das wird deutlich, nachdem Abraham seine Bereitschaft gezeigt hat, falls Gott es verlangt, auch seinen Sohn Isaak zu opfern. Nachdem Jahwes Engel dem Abraham geboten hatte, Isaak nichts zuleide zu tun, und Abraham an dessen Stelle einen Widder geopfert hatte, rief der Engel Jahwes Abraham zum zweiten Male vom Himmel her zu und sprach: «Ich schwöre bei mir selbst, – Spruch Jahwes – weil du dies getan und deinen einzigen Sohn mir nicht vorenthalten hast, will ich dich reichlich segnen. Ich werde deine Nachkommenschaft zahlreich machen wie die Sterne des Himmels und wie den Sand am Gestade des Meeres; deine Nachkommen sollen das Tor ihrer Feinde besetzen. Durch deine Nachkommen sollen *alle Völker der Erde* gesegnet werden, weil du auf meine Stimme gehört hast.»[74] Im Verlaufe der weiteren Geschichte verleiht Gott selbst Jakob, dem Sohne Isaaks, den Namen Israel[75], der schließlich zum Namen des Volkes wird.

Einen vorerst abschließenden Höhepunkt erreicht der Bund Gottes mit Israel in der Heimführung des Volkes aus Ägypten durch Moses. Nach dem Bericht der Genesis erhält Josef, der

Zweitjüngste der zwölf Söhne Jakobs, nachdem er durch die In-
trigen seiner Brüder nach Ägypten verschlagen worden war, dort
eine einflußreiche Stellung. Nach dramatischen Begegnungen und
Auseinandersetzungen folgt die ganze Familie in das Pha-
raonenland. Nach längerer Zeit allerdings erleidet sie dort harte
Unterdrückung und muß Fronarbeiten leisten[76]. Schließlich greift
Gott selbst ein und beauftragt Moses, das Volk aus Ägypten her-
auszuführen. Historische Spekulationen nehmen an, daß diese Berufung unter dem Pharao Ramses II. um das Jahr 1225 v. Chr.
erfolgte. Hierüber fehlen jedoch ägyptische Quellen[77], und die An-
gaben des zum Pentateuch gehörenden Buches Exodus lassen keinen wirklich sicheren Schluß auf die Zeit des Auszuges Israels
aus Ägypten zu.

Es kennzeichnet die geschichtliche Sichtweise des Pentateuch,
daß der eigentliche Initiator des Geschehens nicht die gewiß hervorragende Gestalt des Moses, sondern Jahwe selbst ist, der sich
an Moses wendet: «Ich habe das Elend meines Volkes, das in Ägypten ist, wohl gesehen ... darum bin ich herabgestiegen, um es aus
der Gewalt der Ägypter zu befreien ... das Schreien der Israeliten ist zu mir gedrungen, und ich habe auch die Bedrängnis gesehen, mit der die Ägypter sie quälen. So geh nun! Ich will dich zu
dem Pharao senden. Führe mein Volk, die Israeliten, aus Ägypten
heraus!»[78] Im folgenden offenbart Gott auf dringende Fragen des
Moses auch seinen Namen: «Ich bin der Ich-bin!» und er fuhr fort:
«So sollst du zu den Israeliten sprechen: Der Ich-bin hat mich zu
euch gesandt.» Und weiter sagte Gott zu Mose: So sollst du zu
den Israeliten sprechen: Jahwe, der Gott eurer Väter, der Gott
Abrahams, der Gott Isaaks und der Gott Jakobs, hat mich zu euch
gesandt. Dies ist mein Name für alle künftige Zeit und dies meine
Benennung von Geschlecht zu Geschlecht.»[79]

Da der Pharao die Israeliten zunächst nicht wegziehen lassen
will, läßt Gott eine Plage nach der anderen über die Ägypter kommen. Schließlich wird vor der letzten Plage, bei der ein Engel Gottes die Erstgeburt Agyptens erschlägt, als Erkennungsmerkmal für
die Israeliten das Passahmahl eingesetzt. Auf Gottes Befehl ord-
net Moses an: «Geht und besorgt euch Schafe für eure Familien

und schlachtet das Passah. Nehmt einen Ysopbüschel, taucht ihn in das Blut in der Schale und streicht von dem Blute, das in der Schale ist, an die Oberschwelle und die beiden Türpfosten. Niemand von euch darf bis zum Morgen zur Tür seines Hauses hinausgehen. Wenn Jahwe vorübergeht, um Ägypten zu schlagen, und das Blut an der Oberschwelle und an den Türpfosten sieht, wird Jahwe die Tür übergehen und den Verderber nicht in eure Häuser eintreten lassen, um den Schlag auszuführen. Ihr sollt diese Anordnungen als ein Gesetz beobachten, das für dich und deine Kinder für alle Zeiten gilt. Auch wenn ihr in das Land kommt, das Jahwe euch geben wird, wie er verheißen hat, sollt ihr diesen Brauch beobachten. Fragen euch dann eure Kinder: Was habt ihr da für einen Brauch? Dann sollt ihr sagen: «Das ist das Passah-Opfer für Jahwe, der in Ägypten an den Häusern der Israeliten vorüberging, als er Ägypten schlug, unsere Häuser aber verschonte.»[80]

Nachdem der Pharao endlich den Auszug der Israeliten erlaubt hatte, erscheint im Selbstverständnis des Pentateuch der folgende Zug durch die Wüste für Israel zugleich als ein Zug innerer Läuterung, bei dem es immer wieder mit Jahwe hadert und von diesem gezüchtigt, letzten Endes jedoch gerettet wird. Das Schlüsselerlebnis für die Macht und Treue Gottes zu Israel ist der Durchzug durch das Rote Meer.

Wie das Buch Exodus berichtet, ließ Gott damals die Israeliten trockenen Fußes durch das Meer ziehen, während die Streitmacht des Pharao, die sie verfolgte, von den Wogen verschlungen wurde. Damals sang Mose mit den Israeliten ein Lied zu Ehren Jahwes, und sie sagten: «Singen will ich Jahwe, denn er ist hocherhaben, Roß und Reiter warf er ins Meer ... Die Wogen bedeckten sie; sie fuhren zur Tiefe wie ein Stein ... Du führtest in deiner Huld das Volk, das du befreit, in deiner Macht hast du es geleitet zu deiner heiligen Wohnung ... Jahwe ist König auf immer und ewig!»[81]

Hin und wieder hat man skeptisch gefragt, warum ägyptische Quellen hierüber nichts berichten, und diese Frage als Argument gegen die Glaubwürdigkeit der biblischen Berichte eingesetzt. Eine solche Argumentation übersieht jedoch völlig die ägyptische Herrschaftsideologie, in der eine Niederlage des Pharao grundsätzlich nicht vorgesehen ist und daher nicht dokumentiert werden kann. Gerade wenn sich der Auszug aus Ägypten auch nur in etwa so abgespielt hat, wie das Alte Testament berichtet, kann schlechthin nicht vermutet oder gar erwartet werden, daß er in ägyptischen Quellen Erwähnung findet.

An seine Rettungstat bei der Befreiung aus Ägypten knüpfte Gott ausdrücklich an, als er seinem Volke am Berge Sinai die Zehn Gebote gab: «Ich bin Jahwe, dein Gott, der dich aus dem Ägypterlande, dem Sklavenhause herausgeführt hat.»[82] Hin und wieder hat man die zehn Gebote mit anderen Gesetzgebungsakten verglichen, insbesondere mit denen Hammurabis von Babylon. Gerade dann zeigt sich jedoch die Einzigartigkeit der Zehn Gebote umso eindrucksvoller:

1. Im Gegensatz zu den Gesetzen Hammurabis[83] werden die Zehn Gebote nicht nur im Auftrag Gottes von Moses gegeben, sondern sie sind unmittelbare Gebote Gottes selbst.

2. Die zehn Gebote enthalten zunächst Weisungen, die sich unmittelbar auf Gott und seine Verehrung beziehen und mit dem Satz «Du sollst keine anderen Götter haben als mich» beginnen[84].

3. Die Gebote beziehen sich nicht nur auf Handlungen, sondern sie gebieten auch entsprechende Gesinnungen. Das gilt schon für «Ehrung» von Vater und Mutter, noch deutlicher für das Verbot, die Frau oder das Eigentum des Nächsten zu «begehren»[85].

In den folgenden Kapiteln des Pentateuch werden zahlreiche genaue Anweisungen gegeben, die in mancher Hinsicht als Ausführungsbestimmungen zu den Zehn Geboten betrachtet werden können. Als äußeres Zeichen des Bundes befiehlt Jahwe, ein Bundeszelt mit einer Bundeslade herzustellen, die Gottes Weisungen enthält. Sie wird in der Folgezeit als Kristallisationspunkt der Verehrung Jahwes mitgeführt.

Im Deuteronomium, dem letzten Buch des Pentateuch, wird das Motiv Jahwes für die Erwählung Israels nochmals ausdrücklich herausgestellt: «Nicht, weil ihr alle Völker an Zahl überträfet, neigte sich Jahwe euch zu und erwählte euch – denn ihr seid das kleinste von allen Völkern –, sondern weil Jahwe euch liebte und weil er den Schwur hielt, den er euren Vätern geschworen, darum führte euch Jahwe mit starker Hand heraus und erlöste dich aus dem Sklavenhause, aus der Hand Pharaos, des Königs von Ägypten. So sollst du denn erkennen, daß Jahwe, dein Gott, der wahre Gott ist, der treue Gott, der den Bund und die Huld bis auf tausend Geschlechter denen bewahrt, welche ihn lieben und seine Gebote halten, der aber den, der ihn haßt, an seiner eignen Person vergilt; ohne zu warten, vernichtet er den, der ihn haßt, an seiner eigenen Person vergilt er ihm. Darum sollst du die Gesetzesweisung, die Bestimmungen und Rechtssatzungen halten, welche ich dir heute zu befolgen anbefehle.»[86]

Die folgenden Bücher des Alten Testaments berichten zunächst über die Landnahme der zwölf Stämme in Palästina. Dabei handelt es sich um höchst «komplizierte historische Vorgänge, die wir nur hypothetisch rekonstruieren können»[87].

Die einzelnen Stämme müssen sich nicht nur mit «fremden» Völkern auseinandersetzen, sondern stehen oft auch zueinander in Rivalität. Auch ihre Treue zu Jahwe ist keineswegs ungebrochen. Als der überragende Führer der Israeliten erscheint nach dem biblischen Text Josua. Die eigentliche Initiative liegt jedoch weiterhin bei Gott. Jahwe selbst wandte sich «zu Josua, dem Sohne Nuns, dem Diener Moses, und sprach: «Mose, mein Knecht, ist tot. Nun auf und zieh da über den Jordan, du und dieses ganze Volk, in das Land, das ich den Israeliten gebe ... ich werde mit dir sein, wie ich mit Moses bin; ich werde dich nicht verlassen und dich nicht preisgeben.»[88]

Für die weitere Geschichte Israels und insbesondere für sein Verhältnis zu Jahwe ist eine Versammlung aller Stämme Israels in Sichem entscheidend. Dieser Ort war nicht nur durch seine zentrale Lage für eine solche Versammlung besonders geeignet, sondern auch dadurch ausgezeichnet, daß nach israelitischer Überlieferung Abraham hier einen Altar errichtet und Jakob seine Berufung erfahren hatte. Hier in Sichem erinnert Josua die Versammelten zunächst an die Großtaten, die Jahwe für sein Volk getan hatte. Seine Rede endet mit den Sätzen: «Ich habe euch ein

Land gegeben, das euch keine Mühe gekostet hat, Städte, die ihr nicht gebaut habt, und in die ihr euch niederließet, Weinberge und Ölbäume, die ihr nicht gepflanzt habt und die euch heute zur Nahrung dienen. Und nun, fürchtet Jahwe und dienet ihm vollkommen und treu! Entfernt die Götter, denen eure Väter jenseits des Flußes und in Ägypten dienten, und dienet Jahwe! Wenn ihr aber Jahwe nicht dienen mögt, so wählt heute, wem ihr dienen wollt, den Göttern, denen eure Väter jenseits des Flußes dienten, oder den Göttern der Amoriter, deren Land ihr jetzt bewohnt. Ich und mein Haus, wir wollen Jahwe dienen.»[89]

Diese Aufforderung zeigt, wie labil die Haltung Israels zu Jahwe damals noch war. Trotzdem antwortete das Volk dem Josua mit dem klaren Bekenntnis: «Das sei uns fern, Jahwe zu verlassen, um anderen Göttern zu dienen! Jahwe unser Gott, er ist es, der uns und unsere Väter herausgeführt hat aus dem Lande Ägypten, dem Haus der Knechtschaft, und der vor unseren Augen diese großen Wunder bewirkt hat und uns auf dem ganzen Weg beschützt hat, den wir gezogen sind, und unter allen Völkern, durch die wir gegangen sind.»[90]

In Konsequenz dieses Versprechens befahl Josua den Israeliten, alle anderen Götter, die sie mit sich geführt hatten und denen sie zuneigten, zu beseitigen. Zugleich wurde der Bund mit Jahwe nochmals erneuert. Aber auch in der Folgezeit gab es immer wieder Rückschläge: Die Israeliten hielten den Bund nicht konsequent durch, und Jahwe bestrafte sie durch Bedrängnisse und Niederlagen.

Eine neue Phase der Entwicklung begann mit der Einsetzung eines Königs. Dabei geht im Gegensatz zu früheren wichtigen Entscheidungen die Initiative nicht von Jahwe aus. Angesichts zunehmender Rechtsunsicherheit im Inneren und drohender Feinde von außen wird die Einsetzung eines Königs vielmehr vom Volke verlangt und Jahwe geradezu abgetrotzt. Nachdem Samuel das Volk im Auftrag Jahwes eindringlich vor den negativen Seiten einer Königsherrschaft gewarnt hatte, erklärte das Volk: «Nein, ein König soll uns regieren. Wir wollen nämlich auch so sein wie alle Völker, und unser König soll uns Recht sprechen; er soll unser

Anführer sein und unsere Kriege führen.» Darauf sprach Jahwe schließlich zu Samuel: «Willfahre ihrem Begehren und setze einen König über sie ein»[91].

Zum ersten König wird Saul gesalbt, jedoch später wegen seines Ungehorsams von Jahwe wieder verworfen. In einem höchst wechselvollen Geschehen verflechten sich innenpolitische Auseinandersetzungen mit Kämpfen nach außen. Schließlich wird nach dem Tode Sauls und seiner Söhne in einer Schlacht bei Gilboa David unumstritten als König von Juda – den südlichen Teilen des in Besitz genommenen Gebietes – anerkannt und feierlich gesalbt. Nach weiteren Wechselfällen erfolgt seine Anerkennung auch in Israel. Sein und seines Sohnes Salomon Königtum bildet den Glanzpunkt der jüdischen Geschichte. Es hat in zweierlei Hinsicht bleibende Bedeutung:

1. David erobert Jerusalem und läßt die Bundeslade dorthin bringen. Damit wurde Jerusalem zu dem für die Verehrung Jahwes zentralen Ort. Diese Stellung festigte sich nochmals, als Salomon als Aufbewahrungsort der Bundeslade einen Tempel bauen ließ und dieser Bau nach dem Zeugnis des Alten Testaments von Jahwe ausdrücklich bestätigt wurde: «Was dieses Haus betrifft, das du da baust ... wenn du in meinen Rechtssatzungen wandelst und meine Forderungen erfüllst und alle meine Gebote beachtest, so daß du darin wandelst, so will ich mein Wort an dir wahrmachen, das ich deinem Vater versprochen habe. Ich werde inmitten der Israeliten wohnen und mein Volk Israel nicht verlassen.»[92] Dieser jüdische Tempel unterschied sich von allen heidnischen Tempeln vor allem dadurch, daß er entsprechend den Geboten kein Bild Gottes, sondern nur die Bundeslade in sich barg.

2. Die Verheißungen Gottes wurden auf das Haus Davids konzentriert. Jahwe ließ David durch Natan verkünden: «Ich will dir einen großen Namen machen, gleich dem Namen der Großen der Erde. Ich will meinem Volke Israel eine Stätte verschaffen und es einpflanzen, damit es an jener Stätte in Frieden wohne und sich nicht mehr ängstige ... Wenn dann deine Tage voll sein werden und du dich zur Ruhe legst bei deinen Vätern, dann will ich deinen Nachkommen nach dir, der aus deinem Leibe hervorgeht, einset-

Erneuerer der Kirche

Franz von Assisi (1181-1226)
Eine Stütze der Kirche

Girolamo Savonarola † 1498
Verkannt und verbrannt

Petrus Canisius S.J. † 1597
Verfasser des Katechismus

Papst Johannes XXIII. † 1963
Initiator des II. Vatikan. Konzils

zen und sein Königtum bestätigen ... Meine Huld aber werde ich ihm nicht entziehen, wie ich sie dem Saul entzogen habe, den ich vor dir beseitigte. Nein, dein Haus und dein Königtum sollen immerdar vor mir Bestand haben. Dein Thron soll für immer fest gegründet sein.»[93]

Tatsächlich bildeten die Juden unter David und Salomon eine eigenständige politische Macht, die auch von den Nachbarreichen respektiert wurde. Eindrucksvolles Zeugnis dafür ist nicht zuletzt die Verheiratung Salomons mit einer Tochter des Pharao. Dennoch fiel es schon Salomon schwer, alle von David erworbenen Gebiete zusammenzuhalten; auch seine Treue zu Jahwe war nicht ungebrochen: «Es geschah, als Salomon alt wurde, daß seine Frauen sein Herz anderen Göttern zuwandten, so daß sein Herz nicht mehr so ganz und gar Jahwe, seinem Gott, ergeben war wie das Herz seines Vaters David. So lief Salomon der Astarte, der Göttin der Sidonier, nach, ebenso dem Milkom, dem Scheusal der Ammoniter ... damals baute Salomon für Kamosch, den Gott der Moabiter, ein Höhenheiligtum auf dem Berg, der gegenüber von Jerusalem liegt, ebenso für Milkom, dem Gott der Ammoniter; dasselbe tat er für alle seine ausländischen Frauen, die ihren Göttern Rauchwerk und Schlachtopfer darbrachten»[94].

Wie das Alte Testament berichtet, kündigte Jahwe daraufhin dem Salomon Strafe an. Tatsächlich sind dessen letzte Regierungsjahre durch wechselvolle Unruhen gekennzeichnet, und nach seinem Tode im Jahre 926 v. Chr. zerfällt das Reich in zwei Teile: Juda und Israel. Von ihnen verliert zunächst Juda seine politische Selbständigkeit. Später – im Jahre 721 – wird Israels Hauptstadt Samaria von den Assyrern und schließlich 587 Jerusalem durch Nebukadnezar II. zerstört. Schon zuvor ist ein beträchtlicher Teil der Juden in die «Babylonische Gefangenschaft» weggeführt worden.

Nachdem Kyros von Persien Babylon in sein Reich eingezogen hatte, gestattet er im Jahre 539 v. Chr. den rückkehrwilligen Juden die Rückkehr nach Palästina. Sie bauten den Tempel wieder auf. Im Jahre 515 wurde er eingeweiht. In den wechselvollen politischen Ereignissen und Geschehnissen der Folgezeit erlangten die Juden nie wieder volle politische Selbständigkeit. Schließlich wurden sie dem Römischen Weltreich eingegliedert. Trotz ihrer politischen Abhängigkeit von anderen Völkern mit anderen Göttern hielten die Juden insgesamt jedoch nunmehr an der Verehrung Jahwes fest und wahrten so ihre Identität.

Letzten Endes wurde durch die Berührung und Auseinandersetzung mit anderen Vorstellungen der Glaube an Jahwe sogar in vieler Hinsicht vertieft und erweitert. Hiervon zeugen weite Teile der späteren Bücher des Alten Testaments, insbesondere die Weisheitsbücher.

Bedeutendstes Zentrum der Begegnung zwischen jüdischer Frömmigkeit und antiker Weisheit war Alexandria. Unter dem Einfluß einschlägiger Schriften des Alten Orients kümmern sich die hier lebenden Weisen Israels «nicht um die Geschichte und die Zukunft ihres *Volkes*», sondern wenden sich «wie ihre orientalischen Kollegen ... dem Geschick des *einzelnen* Menschen zu.»[95] Dieses Geschick des Einzelnen sehen sie allerdings im Lichte ihres Glaubens an Jahwe, von dem alle Weisheit ausgeht. So werden wahre Weisheit und Gottesfurcht identisch. Die von Gott verliehene Weisheit ist nach ihrer Überzeugung jeder rein weltlichen Weisheit überlegen. Daher versichern sie: «Und Jahwe verlieh dem Salomon sehr hohe Weisheit und Einsicht und eine Weite des Herzens gleich dem Sand des Ufers am Meere, so daß Salomons Weisheit die Weisheit aller Morgenländer und sogar alle Weisheit Ägyptens übertraf.»[96]

Die Verlagerung des Interesses auf das Geschick des Einzelnen akzentuiert auch die Frage nach der Gerechtigkeit Gottes neu. Es geht nicht mehr primär um die mehr oder wenig kollektive Treue des Volkes zum Bund mit Jahwe und um dessen Treue zu seinem Volk, sondern um den einzelnen Menschen. Im Hinblick auf ihn zeigt die Erfahrung dem unvoreingenommenen Betrachter, daß der Gerechte keineswegs in jedem Falle von Gott so begünstigt wird, daß die Dinge in diesem Leben «aufgehen». Daher wird – vermutlich unter dem Einfluß platonischen Denkens, jedoch zugleich mit dem Blick auf den Schöpfungsbericht der Genesis – der Gedanke der Unsterblichkeit und einer jenseitigen Vergeltung formuliert: «Gott hat ja den Menschen zur Unverweslichkeit erschaffen und ihn zum Abbild seines eigenen Wesens gemacht. Durch den Neid des Teufels aber ist der Tod in die Welt gekommen, und die ihm angehören, werden ihn erfahren. Die Seelen der Gerechten aber sind in Gottes Hand, und keine Qual kann sie berühren.»[97]

Wie eng die geistigen Kontakte zwischen dem hellenistischen Judentum und der Weisheit Ägyptens waren, dokumentiert sich nicht zuletzt darin, daß sich sogar wörtliche Zitate aus ägyptischen Weisheitsschriften in den Weisheitsbüchern des Alten Testaments finden. Umgekehrt werden damals Schriften des Alten Testaments in die griechische Weltsprache übertragen, so daß schließlich in der «Septuaginta» eine vollständige griechische Übersetzung vorliegt. Aus ihr werden später auch die Texte entnommen, die das Neue Testament zitiert.

Eine besondere Stellung innerhalb des Alten Testaments nehmen die Psalmen ein. Im Hinblick auf ihre literarischen Gattungen hat man sie in Hymnen, Klagelieder und Danklieder eingeteilt, konnte damit allein jedoch nicht zurechtkommen, sondern man sprach dazu noch von Sondergattungen und Mischformen. Die Anfänge der Psalmendichtung gehen schon auf David zurück, wenngleich umstritten ist, welche Psalmen insgesamt oder in ihrem Grundbestand aus dieser frühen Zeit stammen. Es bleiben also auch bei diesen Teilen des Alten Testaments viele Fragen der Abfassungszeit und der Herkunft offen.

Unumstritten ist jedoch die Bedeutung der Psalmen: Als Gebete kommt ihnen im Kult und damit im Selbstverständnis des späteren Judentums eine kaum zu überschätzende Bedeutung zu. Wie das Neue Testament bezeugt, hat auch Jesus die Psalmen gebetet. Das gleiche gilt für Maria und die Jünger. Noch heute bilden die Psalmen einen wichtigen Bestandteil der jüdischen und christlichen Liturgie. Auch ein nicht unerheblicher Teil der Kirchenlieder besteht in einer mehr oder weniger freien Übersetzung oder auch Nachdichtung von Psalmen.

Während die Psalmen das Alte und das Neue Testament durch ihre Bedeutung in der Liturgie unmittelbar verbinden, weisen die Prophetenbücher, die den letzten Teil des Alten Testaments bilden, in vielfältiger Weise auf das Erscheinen des künftigen Verheißenen hin. Dabei zeigen sich höchst unterschiedliche Akzentuierungen. Auch eine durchlaufende einheitliche Bezeichnung fehlt. Die uns geläufigste Hoheitsbezeichnung «Messias» bedeutet – ebenso wie die griechische Version Christus – zunächst einfach «der Gesalbte». Daher kennzeichnet dieser Titel anfangs die Könige Israels, aber auch gesalbte Priester. Erst im 1. Jahrhundert vor Chr. wird er zu einem gängigen Titel für den Verheißenen, da dieser immer eindeutiger als der künftige «König» Israels charakterisiert wird.

Obgleich Anordnung und auch Auswahl der Propheten in der Konzeption des Alten Testaments nicht von vornherein festgelegt sind, werden sie trotz verschiedener Akzentuierungen in ihrer Verkündigung mit vollem Recht als Einheit betrachtet. Wie die Einleitung zu den Prophetenbüchern der «Jerusalemer Bibel» formuliert, spielen die Propheten «in der religiösen Entwicklung Israels eine erhebliche Rolle. Sie haben nicht nur das Volk auf den Weg des wahren Jahweglaubens gehalten und geführt, sondern sie waren auch die Hauptträger des Offenbarungsfortschrittes.

In diesem vielfältigen Prozeß hat jeder seine eigene Aufgabe erfüllt, doch laufen ihre verschiedenen Beiträge in drei Hauptlinien zusammen, die das Unterscheidungsmerkmal der Religion des Alten Bundes bilden: Monotheismus, Sittlichkeit, Messiaserwartung.»[98]

Allerdings gilt auch für die einzelnen Propheten das gleiche, was für die Heiligen Schriften insgesamt gilt: Auch der Prophet verkündet nicht schlechthin Gottes Wort. Hierdurch unterscheidet sich die jüdische und christliche Überzeugung von der vieler heidnischer Völker, die den Propheten bzw. den «Seher» als ein bloßes Sprachrohr der Gottheit betrachten.

Im Gegensatz etwa zu dem Sprecher des Orakels bzw. der Priesterin Apollos in Delphi wird der Prophet des Alten und Neuen Testaments zwar von Gott beauftragt und inspiriert, jedoch nicht zum bloßen Sprachrohr. Das hat erhebliche Konsequenzen: Obgleich zumindest der echte Prophet im Dienste Gottes steht und Dinge verkündet, die nicht aus seinen Überlegungen hervorgehen und nicht von daher erklärt werden können, bleibt seine Rede doch auch zeitgebundenen Vorstellungen und persönlichen Überzeugungen verhaftet.

Diese Komplexität und Mehrschichtigkeit der jüdischen und christlichen Prophetie ist auch die Voraussetzung dafür, daß es nicht nur den echten und wahren Propheten, sondern auch den falschen Propheten gibt.

Dieses Thema wird schon im Alten Testament behandelt und dabei unterstrichen, daß es bei der Frage nach der Wahrheit des Prophezeiten keineswegs auf die Zahl der Propheten ankommt: «Dann sagte Jehoschaphat zum König von Israel: «Frage doch erst Jahwe um Weisungen!» Da rief der König von Israel die Propheten zusammen, etwa 400 Mann, und sprach zu ihnen: «Soll ich zum Kampf gegen Ramot in Gilead ziehen, oder soll ich davon abstehen?» Sie gaben zur Antwort: «Ziehe hin, Jahwe wird es in die Hand des Königs geben!» Jehoschaphat aber sagte: «Ist hier sonst kein Prophet Jahwes, daß wir ihn befragen könnten?» Der König von Israel erwiderte dem Jehoschaphat: «Einer ist noch da, durch den wir Jahwe befragen könnten, aber ich für meinen Teil mag ihn nicht leiden, denn er prophezeit mir nichts Gutes, sondern nur Schlimmes: Michajehu, der Sohn des Jimlas»[99] Tatsächlich zeigt der Fortgang der Ereignisse, daß Michajehu der einzige ist, der zutreffend prophezeit.

Da die Propheten Gotteswort *und* Menschenwort sprechen, ist es nicht verwunderlich, daß auch die Ankunft des Verheißenen nicht einmütig und einheitlich verkündet wird. Auch hierbei gibt es deutliche Akzentverschiebungen. Zunächst liegt der Nachdruck fast einmütig bei einer machtvollen und glanzvollen Erneuerung des von David repräsentierten Königtums. Diese Vorstellung wurde nie aufgegeben und sie beherrschte, wie wir aus dem Neuen Testament entnehmen können, in vieler Hinsicht auch die Jünger Jesu.

In einer gewissen Spannung dazu steht die prophetische Verkündigung von dem leidenden Gottesknecht, der sein Leben für die Erlösung der Seinen dahingibt: «Verachtet war er und von den Menschen gemieden, ein Mann von Schmerzen, leiderfahren; wie einer, vor dem man sein Angesicht verhüllt; verabscheut, von niemand beachtet. Aber wahrlich, unsere Krankheiten hat er getragen, unsere Schmerzen hat er auf sich geladen; doch wir hielten ihn für einen Geschlagenen, den Gott getroffen und gebeugt hat. Er war durchbohrt um unserer Sünden willen, geschlagen für unsere Missetaten. Zu unserem Frieden lag die Strafe auf ihm; durch seine Striemen ist uns Heilung geworden. Wir alle irrten umher wie die Schafe, jeder ging seine eigenen Wege. Aber Jahwe ließ ihn treffen die Schuld von uns allen. Er wurde mißhandelt, doch er beugte sich. Er öffnet nicht seinen Mund. Wie ein Lamm, das man zur Schlachtbank führt; wie ein Schaf vor dem Scherer verstummt, öffnet er nicht seinen Mund...

Er ward herausgerissen aus dem Land der Lebendigen; unserer Sünden wegen ward er zu Tode getroffen ... Wenn er sein Leben als Schuldopfer hingibt, wird er Nachwuchs sehen und viele Lebenstage und der Plan Jahwes wird durch seine Hand gelingen. Nach der Mühsal seiner Seele wird er Licht sehen und sich sättigen. Durch sein Leiden wird mein Knecht viele rechtfertigen, indem er ihr Verschulden auf sich nimmt.»[100]

Vor dem Erscheinen, dem Leiden und der Auferstehung Jesu Christi sind die Verheißungen der Propheten durchaus verschieden interpretierbar. In diesem Zusammenhang gilt es zu bedenken, daß nach der Überzeugung der Weisen verschiedenster Völker die angemessene Interpretation prophetischer Worte sich jeweils erst im Augenblick ihrer Erfüllung erschließt.

Diese Wahrheit gilt sicher auch für die Propheten des Alten Bundes. Wie schon erwähnt wurde, haben ja auch die Jünger Jesu zunächst unzutreffende Messiaserwartungen. Das zeigt sich besonders deutlich, wenn Jesus von seinen bevorstehenden Leiden spricht. Nach dem Zeugnis des Neuen Testaments ist die Reaktion der Jünger hierauf eindeutig: «Und sie verstanden nichts davon, und dieses Wort war vor ihnen verborgen und sie begriffen das Gesagte nicht.»[101]

Bezeichnenderweise gibt Jesus den deprimierten Emmaus-Jüngern erst nach seiner Auferstehung nochmals eine authentische Interpretation der alttestamentlichen Prophetie, indem er zu ihnen spricht: «O ihr Unverständigen, wie träge ist euer Herz, all das zu glauben, was die Propheten gesprochen haben! Mußte nicht der Messias dieses leiden und so in seine Herrlichkeit eingehen?» Und er begann mit Mose und allen Propheten und legte ihnen in allen Schriften aus, was sich auf ihn bezieht.»[102]

Was das Lukas-Evangelium hier punktuell zusammenfaßt, gilt letzten Endes für das gesamte Verständnis des Alten Testaments: Es ist zwar von vornherein auf Jesus Christus ausgerichtet; erkennbar wurde dieser Offenbarungscharakter jedoch erst bei seiner Erfüllung, das heißt vom Neuen Testament her.

Dieses Verhältnis beider Testamente zueinander wird den Glaubenden authentisch interpretiert in der Liturgie der Kirche und anschaulich nahegebracht in entsprechenden künstlerischen Darstellungen und Ausgestaltungen von Altären und kirchlichen Räumen[103]. Voll erkennbar werden allerdings die Offenbarungswahrheiten des Neuen Testaments – ebenso wie seinerzeit die des Alten – erst an seinem Ende sein.[104]

Theologen

Hl. Kajetan von Tiene † 1547
Theologe z. Zeit der Reformation

*Prof. Leo Scheffczyk * 1920*
Mitverfasser einer Dogmatik

Prof. Michael Schmaus † 1993
Verfasser einer Dogmatik

Prof. Bernhard Lakebrink † 1991
«Die Wahrheit in Bedrängnis»

61

4. Die Adventszeit der heidnischen Welt

Nach alter christlicher Überzeugung wurde nicht nur Israel dank der besonderen Zuwendung Gottes auf die Ankunft Jesu Christi vorbereitet, sondern auch die nicht-jüdische antike Welt. Dieser Gedanke erscheint umso naheliegender, da die Juden zur Zeit Jesu Christi in diese Welt einbezogen waren, Jesus also in einer Region aufwuchs, die wir heute als «multikulturell» bezeichnen würden.

Selbstverständlich kann im Rahmen dieser Überlegungen keine einigermaßen vollständige Geschichte der Antike dargeboten werden. Es sei jedoch stichwortartig auf eine Reihe von Entwicklungen und Erscheinungen hingewiesen, die für das hier anstehende Thema von besonderer Wichtigkeit sind.

Etwa zu der Zeit, in der die Juden aus der babylonischen Gefangenschaft zurückkehrten, hatte im griechischen Kulturraum ein geistiger Prozeß begonnen, der alle bisherigen Überlieferungen und gesellschaftlichen Strukturen kritisch überdachte. Er begann mit den sogenannten «Vorsokratikern». Er setzte sich bei den Sophisten fort und mündete in die klassische griechische Philosophie. Man fragte ebenso nach der Glaubwürdigkeit der überlieferten religiösen Überzeugungen wie nach einer angemessenen Interpretation der gesamten Wirklichkeit.

Kritisch wandte sich Xenophanes, der Begründer einer Philosophenschule in Elea, gegen die allzu anthropomorphen Gottesvorstellungen seiner Zeit: «Alles haben Homer und Hesiod den Göttern zugeschrieben, was bei Menschen Schimpf und Tadel ist, stehlen, ehebrechen und einander betrügen[105]». Sein tieferes Nachdenken über die Wirklichkeit führte ihn zu einer Läuterung der bisherigen Gottesvorstellungen mit einer Tendenz zum Monotheismus: «Es ist nur ein Gott unter Göttern und Menschen der größte, weder an Gestalt den Sterblichen gleich noch an Gedanken.»[106]

Schon früh zeigte sich allerdings, daß kritisches Denken wohl in der Lage ist, falsche Vorstellungen zu korrigieren, daß es jedoch in Schwierigkeiten kommt, wenn es allein aus eigener Kraft versucht, eine positive Interpretation der Welt und des Menschen zu bieten. So ging die Kritik an den konkreten Gottesvorstellungen der Mythen schon bald in die skeptische Frage über, ob es denn überhaupt Götter gäbe. Auf diese Frage gab Protagoras eine agnostische Antwort: «Hinsichtlich der Götter wisse er nicht, ob es sie gäbe oder nicht.»[107]

Ähnlich kritische Fragen stellte man an überkommene ethische Grundsätze. So wendet sich der Dichter Archilochos, ein weit herumgekommener und sicher nicht feiger Mensch, gegen die Weisung, daß man aus einer Schlacht in jedem Falle «mit dem Schild oder auf dem Schild» – d.h. als Sieger oder als Toter – zurückkehren müsse. Nach einem Kampf gegen die thrakischen Saier bekennt er:

> *Ein Saier wird angeben mit meinem Schilde,*
> *den ich gewiß nicht freiwillig beim Gebüsch zurückließ,*
> *das untadlige Stück!*
> *Aber ich selbst bin so dem Tode entronnen.*
> *Jener Schild mag im Eimer sein!*
> *Einen neuen werde ich kaufen,*
> *der auch nicht schlechter ist!*[108]

Im Bestreben, tradierte ethische Vorurteile abzubauen bzw. tragfähige ethische Grundsätze zu gewinnen, suchte man konsequent zu unterscheiden zwischen bloßen Konventionen und Grundsätzen, die von «Natur» vorgegeben sind. Da man dabei den Begriff der Natur verhältnismäßig ungeklärt einsetzte, ohne zwischen dem biologischen und dem personalen Bereich zu unterscheiden, und auf diese Weise das einzigartige Wesen des Menschen[109] nicht beachtete, gelangte man schließlich zu der Überzeugung, daß das einzige von der Natur vorgegebene Recht «das Recht des Stärkeren»[110] sei. Alles andere seien «Wirrereien, widernatürliche Satzungen, leeres Geschwätz der Leute und nichts wert»[111].

Der Starke wurde ermächtigt, alle bisher anerkannten ethischen Grundsätze zu durchbrechen. Das kritische Denken nahm immer unübersehbarer destruktive Züge an. Die Kritik an allem erreichte ihren Höhepunkt, als man schließlich auch die eigenen Fähigkeiten mit radikaler Skepsis zu überprüfen begann: Man bezweifelte, ob der Mensch überhaupt etwas zu erkennen und zu behaupten vermöge. Dazu vertrat Gorgias aus Leontini, der zur Zeit des Perikles lebte, drei extreme Thesen: 1. Es ist nichts und 2. wenn etwas wäre, so würde es unerkennbar sein und 3. wenn etwas wäre und dieses erkennbar wäre, so wäre die Erkenntnis nicht mitteilbar.[112]

Angesichts der totalen Infragestellung aller überlieferten Grundsätze und aller ethischen Prinzipien, kam es der von Sokrates und Plato begründeten und von Aristoteles weiterentwickelten klassischen Philosophie zunächst vor allem darauf an, wieder festen Boden unter die Füße zu bekommen.

Im Gegensatz zu den Sophisten war Sokrates überzeugt, daß es objektive Maßstäbe für sittliches Handeln und Urteilen gäbe. Diese suchte er in allgemeine Begriffe zu fassen. So fragte er z.B. zu Beginn einer seiner Dialoge den Euthyphron, der seinen eigenen Vater vor Gericht gebracht hatte und diese Handlungsweise als «fromm» anerkannt haben wollte: «Ist nicht das Fromme in jeder Handlung ein und dasselbe? ... Zeige mir auf, welches diese Erscheinung – ‹idea› – ist! Denn dadurch kann ich dann, indem ich auf sie blicke und sie zum Muster nehme, diejenige unter deinen oder eines anderen Handlungen, die so beschaffen sind, für fromm erklären.»[113]

Sokrates hoffte durch klare begriffliche Bestimmungen dessen, was einzelne Tugenden wie Frömmigkeit oder Gerechtigkeit sind, der heillosen Verworrenheit sophistischer Argumentationen ein Ende zu bereiten. Soweit sich aus den von Plato überlieferten und gestalteten Dialogen erschließen läßt, gelang es Sokrates, die Fragwürdigkeit der sophistischen Positionen deutlich zu machen, indem er seine Gesprächspartner zwang, alle Konsequenzen ihrer Ansätze auszusprechen.

Allerdings vermochte er es nicht, seine Gesprächspartner zur Aufgabe zu zwingen. Bezeichnenderweise können auch seine geistigen Widersacher ihre Positionen so durchhalten oder auch variieren, daß die Gespräche im allgemeinen ohne endgültige Entscheidung enden.

Wenn Sokrates dennoch als der Überlegene ins Bewußtsein seiner Schüler und der Nachwelt eingegangen ist, so gründet dieses Bewußtsein nicht allein in seiner Kunst intellektueller Beweisführung, durch die er seine Diskussionspartner zwar nicht zur Kapitulation, aber zum geistigen Offenbarungseid zwang, sondern vor allem darin, daß er durch sein gesamtes Leben und insbesondere durch seinen Tod für die Tragfähigkeit und Wahrheit seiner Seite einstand und dadurch seine Worte stärker und glaubhafter machte als die seiner Gegner.

Durch das Wirken des Sokrates wurde die dann durch Plato und Aristoteles weiterentwickelte klassische griechische Philosophie begründet[114]. Wie schon angedeutet wurde, orientiert sie sich an den Begriffen bzw. «Ideen», in denen nach Überzeugung dieser Philosophen das jeweils Wesentliche enthalten ist. Man war sich allerdings dessen bewußt, daß die konkreten Dinge der Wirklichkeit nicht nur dieses Wesentliche enthalten, sondern darüberhinaus noch individuelle Besonderheiten, die jeweils zum Wesentlichen hinzukommen.

So hat in diesem Denkmodell z.B. jede Eiche außer dem für sie wesentlichen Eiche-Sein noch zahlreiche hinzutretende Besonderheiten, wie die Form des Stammes, die Anordnung der Zweige, die Farbtönung der Blätter und dergleichen mehr. So ergab sich als allgemeines Denkmodell zur Erfassung der Wirklichkeit ein Schema, das zwischen Substanzen – also dem jeweils Wesentlichen – und Akzidentien – also den jeweils dazu kommenden individuellen Eigenschaften – unterscheidet.

Nach der Lehre des Aristoteles werden in diesem Substanz-Akzidenzien-Modell die individuellen Besonderheiten jeweils durch die Materie bestimmt bzw. ausgeprägt, während die Substanzen durch die «Form» gegeben sind und repräsentiert werden. So entscheidet z.B. die grundsätzliche Konzeption der «Form» darüber, was als Tisch bezeichnet werden kann, während die individuellen Besonderheiten des konkreten Tisches – man denke etwa an besondere Ausprägungen der Platte oder der Beine, an Astlöcher, Farbtönungen und dergleichen – durch das Material bestimmt werden. Die Unterscheidung zwischen Form und Stoff ist nach

Aristoteles für das Verständnis der Welt insgesamt von entscheidender Bedeutung.

Die gesamte Wirklichkeit wird dieser Unterscheidung entsprechend in ihrem Seinsrang gewertet. Diesem Seinsrang entspricht in seinem System jeweils auch der wissenschaftliche Rang. Daher ist innerhalb der Lehre vom Sein die Physik die rangniedrigste Wissenschaft; sie wendet sich den wechselnden Verbindungen der nach Auffassung des Aristoteles vier Elemente – Wasser, Feuer, Erde, Luft – zu, in denen es viel Unvollkommenes und Zufälliges gibt, das sich wissenschaftlich nicht fassen läßt.

Diese Zufälligkeiten schwinden jedoch in den durch die Mathematik erfaßbaren himmlischen Regionen, in denen nach Überzeugung des Aristoteles die Sterne in reinen Kreisbewegungen allgemeinen großen Gesetzen folgen.

Und alles Zufällige ist schließlich ausgeschlossen in der mit der Theologie identischen Metaphysik, die sich den begründenden und übergreifenden allgemeinen Ideen und damit letztlich dem das Ganze in Gang haltenden göttlichen «unbewegten Beweger» alles materiellen Seins zuwendet. Da sich Aristoteles – ebenso wie Plato – vom Allgemeinen, vom Gesetzmäßigen und mathematisch Berechenbaren verläßliches Wissen und Orientierung für angemessenes Handeln erhofft, empfindet er alles auf diese Weise nicht erfaßbare Besondere, also alles Individuelle als etwas Zufälliges, die allgemeine Ordnung eher Störendes, ohne daß er nach seiner möglichen positiven Bedeutung fragt.

Obgleich die spätere Philosophie in mehrere miteinander konkurrierende Schulen zerfällt, bleibt Aristoteles eine überragende Schlüsselfigur. Seine Anstrengungen haben vor allem drei Tendenzen in den geistigen Bewegungen der Folgezeit gefördert:

1. Durch begriffliche Klarheit die Denkanstrengungen zu disziplinieren und dadurch wilde Spekulationen auszuschalten.

2. Sich bei allen Denkanstrengungen kritisch und selbstkritisch um wahre Erkenntnis zu bemühen.

3. Den letzten Urgrund aller Wirklichkeit in einem höchsten göttlichen Wesen zu suchen, ohne das ein Verständnis von Welt und Mensch nicht möglich ist.

Das neue aufgeklärte Bewußtsein, das am Ausgangspunkt der griechischen Philosophie steht und das Überlieferte kritisch bedenkt, prägt auch den Beginn der abendländischen Geschichtsschreibung.

Wie in anderem Zusammenhang ausführlicher dargestellt wurde[115], unterscheidet der Mythos zunächst nicht zwischen historischer und die Existenz deutender Wahrheit, sondern berichtet seinem Selbstverständnis nach jeweils reales Geschehen. Er vermag daher, wie schon erwähnt wurde, nahtlos mit geschichtlichen Erinnerungen verbunden zu werden. Dies gilt insbesondere für die alte epische Dichtung, wie sie im griechischen Sprachraum vor allem durch Homer repräsentiert wird.

Diese unkritische Vermischung von Mythos und Geschichte könnte bei dem Einsetzen kritischen Denkens nicht mehr bestehen. Vielmehr erwies sich eine Trennung als notwendig. Sie konnte vorgenommen werden, indem der Geschichtsschreiber entweder alles Nichthistorische radikal von seiner Darstellung ausschloß oder es zumindest ausdrücklich als solches kennzeichnete. Beide Wege sind von Geschichtsschreibern der kommenden Jahrhunderte beschritten worden.

Das neue Programm wurde erstmalig von Hekataios in dem uns erhaltenen Einleitungssatz zu den «Genealogiai» formuliert: «Dies schreibe ich so, wie es mir wahr zu sein scheint; denn die (bisherigen) Reden der Griechen sind, wie mich dünkt, widersprüchlich und nicht ernst zu nehmen»[116]. Im Gegensatz zum vorkritischen «Sänger» der überkommenen Epen gibt also der Geschichtsschreiber das Überlieferte nicht mehr unreflektiert weiter. Er setzt sich vielmehr kritisch damit auseinander und übernimmt bewußt die Verantwortung für die Wahrheit dessen, was er berichtet.

Was von Hekataios – soweit wir erkennen können – mehr programmatisch ausgesprochen wurde, versucht der «Vater der Geschichtsschreibung», Herodot, zu verwirklichen. Er gibt «eine Darlegung seiner Forschungen»[117] und versucht mit seiner kritischen Vernunft das Überlieferte in historisch Gesichertes, Ungesichertes und Unglaubwürdiges zu scheiden.

Einen gewissen Abschluß finden diese Bemühungen zur Begründung einer kritischen Geschichtsschreibung bei Thukydides, der pointiert versichert: «Bei alledem wird man meine Darstellung der Ereignisse aufgrund der beigebrachten Beweise unbedenklich für glaubwürdiger halten dürfen als das, was Dichter mit poetischer Übertreibung davon gesungen, oder Logographen, um ihrer Erzählung größeren Reiz zu geben, wohl auch einmal auf Kosten der Wahrheit daraus gemacht oder an unglaubwürdigen und geradezu fabelhaften – mythodes – alten Geschichten darüber zusammengetragen haben. Denn darauf kann man sich verlassen, daß ich, soweit das für jene alten Zeiten überhaupt möglich war, nur aus den besten Quellen geschöpft habe»[118].

Sofern man in der Folgezeit auch Mythen in die Geschichtsschreibung aufnahm, tat man es im vollen Bewußtsein davon, daß zwischen diesen und der eigentlichen Geschichtsschreibung unterschieden werden müsse. Als klassisches Beispiel hierfür sei der Anfang des Livius zitiert: «Man gesteht es der alten Zeit zu, daß sie die Gründung von Städten erhabener macht, indem sie Menschliches und Göttliches zusammenspielen läßt»[119].

Der Grund für die skeptische Zurückhaltung gegenüber den überlieferten Berichten, wonach Götter bei der Gründung von Städten oder auch anderen wichtigen Ereignissen mitgewirkt hätten, liegt jedoch weder in einer atheistischen Vorentscheidung der Autoren, noch in der «Ungewöhnlichkeit» der überlieferten Vorgänge, sondern allein im Fehlen glaubwürdiger Zeugen bzw. Zeugnisse für diese Gegebenheiten. Dagegen war und ist auch die inzwischen kritische Geschichtsschreibung bereit, ungewöhnliche Ereignisse dann als geschehen anzuerkennen, wenn sie gut bezeugt sind.

So berichtet z.B. der römische Historiker Tacitus (55 bis 116 n. Chr.) in seinen Historien, daß Kaiser Vespasian nach anfänglichem Zögern in Alexandrien vor zahlreichen Zeugen einen Lahmen und einen Blinden geheilt habe: «Die Hand wurde sofort wieder gebrauchsfähig, dem Blinden aber leuchtete das Tageslicht von neuem.» Tacitus schließt seinen Bericht mit der Beteuerung: «Die damals beides miterlebten, erzählen es heute noch, wo doch eine lügenhafte Darstellung keinen Gewinn mehr brächte»[120]. Die Anerkennung auch des Außergewöhnlichen, aber historisch gut Be-

Ordensgründer

Dominikus (1170-1221)
Gründer der Dominikaner

Benedikt von Nursia (480-547)
Vater des abendländ. Mönchtums

Bernhard von Clairvaux † 1153
Erneuerer der Zisterzienser

Bruno von Köln (1030-1101)
Gründer der Kartäuser

zeugten als geschichtliches Geschehen, gehört bis heute zu den Prinzipien der Geschichtsschreibung. So findet sich z.b. in dem als Standardwerk allgemein anerkannten «Grundriß der Römischen Geschichte» von Hermann Bengtson der Satz: «In Alexandrien hatte Vespasian einen Blinden und einen Lahmen geheilt»[121].

Zusammenfassend kann festgestellt werden: Seit der «Entlarvung» der überkommenen Mythen als im historischen Sinne unwahre Geschichten, ergab sich die Notwendigkeit zwischen Mythos und Historie zu scheiden. Im Gegensatz zum alten Mythos, der als heilige Tradition Glaubwürdigkeit beanspruchte, beruht die Glaubwürdigkeit der Historie darauf, daß die Richtigkeit ihres Inhalts grundsätzlich überprüft werden kann, indem die verschiedenen Quellen und Überlieferungen miteinander in Beziehung gesetzt werden. Insbesondere bei strittigen Fragen ist die Historie nunmehr bestrebt, ihre Glaubwürdigkeit durch Nennung von Augenzeugen oder Hinweise auf Quellen und Urkunden zu unterstreichen.

Obgleich zutiefst der gleiche kritische Geist, der zur Begründung der griechischen Philosophie führte, auch die Anfänge der Geschichtsschreibung beherrschte, blieben beide Bemühungen zunächst beziehungslos nebeneinander stehen. Wie schon bemerkt wurde, kennt Aristoteles grundsätzlich nur zyklische Zeitabläufe[122]. Daher kommt die «Geschichte» in seinem Wissenschaftssystem nicht vor.[123] Das erkenntnisleitende Interesse des Aristoteles war vielmehr so einseitig auf allgemeine – keiner grundlegenden Veränderung unterliegende – Wahrheit fixiert, daß er die Bemühungen um historische Wahrheit nicht nur ignorierte, sondern ihre Bedeutung völlig verkannte.

Pointiert bezeichnet er die Dichtkunst als «eine philosophischere und ernstere Tätigkeit als die Geschichtsschreibung. Denn die Poesie richtet sich mehr auf das Allgemeine, während die Geschichtsschreibung das einzelne erzählt»[124]. Der Gedanke, daß vielleicht auch dem Einmaligen eine wissenschaftlich relevante Bedeutung zukommen könnte, wird von Aristoteles letzten Endes nicht ernsthaft bedacht und ist tatsächlich in seinem Schema kaum unterzubringen. Wie sich im folgenden zeigen wird, wurde damit für die folgenden zwei Jahrtausende eine einseitige Programmierung wissenschaftlichen Denkens grundgelegt.

Weltgeschichtlich gewannen die philosophischen und die historischen Denkbemühungen Griechenlands eine umso größere Bedeutung, da in der damaligen und auch in der Folgezeit die griechische Sprache und der durch sie repräsentierte Geist einen Raum beherrschte, der weit über das griechische Kerngebiet hinausging. Das Griechentum war schon bei Beginn seiner kritischen Auseinandersetzung mit den alten Überlieferungen bedeutend weiter verbreitet als in dem Raum, den wir heute als «Griechenland» bezeichnen. Seit etwa 1100 v. Chr. waren zunehmend Griechen vom Festland in die Inselwelt der Ägäis abgewandert. Das folgende Jahrhundert ist von einer großen Kolonisationsbewegung gekennzeichnet: Zahlreiche Kolonistenscharen von Äolern, Joniern und Doriern segelten zur Westküste Kleinasiens, von der sie schließlich einen nahezu geschlossenen Streifen von Nord nach Süd besiedelten.

Die nächste Phase der Ausbreitung griechischer Sprache und griechischen Geistes war die sogenannte griechische Kolonisation von etwa 750-550. Im Gegensatz zur Landnahme auf der Balkan-Halbinsel und dem Vorstoß in die Inselwelt und zur kleinasiatischen Küste war sie keine eigentliche Völkerwanderung. Nur Einzelfamilien und Gruppen brachen auf. Dabei wurden alte Siedlungsgebiete nicht aufgegeben. Die Auswanderer zogen zumeist nicht in eine «unbekannte Ferne», sondern die Neugründungen erfolgten unter Führung des Adels weitgehend nach wohlüberlegten Planungen. Griechische Städtegründungen erfolgten vor allem an den Küsten des Mittelmeeres und des Schwarzen Meeres. Sizilien und Süditalien wurden so intensiv mit griechischen Städten überzogen, daß man dieses Gebiet mit dem Namen «Großgriechenland» bezeichnete.

Eine letzte und in ihrer Art wiederum eigene Phase der Ausbreitung griechischer Sprache und griechischen Denkens begann mit Alexander dem Großen, dem Schüler des Aristoteles. Alexander faßte unter seiner Herrschaft nicht nur das gesamte Kulturgebiet des Alten Orients politisch zusammen, sondern drang nach Osten bis zum Indus vor. Seine Pläne, nach der Eroberung des Ostens auch den westlichen Mittelmeerraum in sein Reich einzubeziehen, wurden allerdings durch seinen plötzlichen Tod verhindert.

In der Folgezeit zerfiel das Riesenreich zwar politisch in seine Bestandteile, die folgende Geschichtsepoche des «Hellenismus» brachte jedoch, wie schon der Name andeutet, eine Ausbreitung griechischer Kultur, die noch weit über die Grenzen des Alexanderreiches hinausging. Der gesamte asiatische Raum geriet kulturell unter griechischen Einfluß. Sogar die Art der Buddha-Darstellung sowie die chinesische Form der Perspektive lassen griechische Anregungen erkennen.

Eine nachhaltige politische Zusammenfassung des gesamten Mittelmeerraums von den westlichen Meerengen bis tief in den asiatischen Raum erfolgte allerdings nicht durch eine der griechischen Mächte, sondern durch Rom, das zwar in seinen Anfängen stärker durch die Etrusker als durch Griechen geprägt gewesen war, sich auf die Dauer jedoch dem überlegenen geistigen Einfluß Griechenlands nicht verschließen konnte.

Das alles hatte erhebliche Konsequenzen für das Gebiet, in dem Jesus Christus aufwuchs und wirkte. Palästina ist zur Zeit der Geburt Jesu Christi nicht nur durch die Einzigartigkeit und Unvergleichbarkeit der durch das Alte Testament repräsentierten jüdischen Überlieferung geprägt[125], sondern zugleich politisch durch das römische Weltreich und kulturell durch den Hellenismus Teil einer großen, nach allen Seiten offenen Welt. Neben dem Hebräischen stand als Sprache das Griechische zur Verfügung, das von vielen Menschen der damals bekannten Welt verstanden wurde.

Es gab als allgemeine Basis für die Abfassung der Evangelien eine Geschichtsschreibung, die zwischen Mythen, Lehrerzählungen und geschichtlicher Darstellung klar zu unterscheiden wußte. Es gab für die Missionierung nichtjüdischer Bevölkerungsgruppen ein philosophisches Begriffssystem, das für eine rationale Deutung der Wirklichkeit zur Verfügung stand und eine Tendenz zum Monotheismus. Und es gab politisch rechtsstaatliche Verhältnisse, in deren Rahmen eine Verbreitung jedweder religiöser Überzeugung grundsätzlich toleriert wurde.

II. Die Christenheit als neuer Bund

5. Auftrag und Anspruch Jesu Christi

Die Menschwerdung des Sohnes bildet den Angelpunkt der Weltgeschichte. Diese Erkenntnis war allerdings erst das Ergebnis späteren Nachdenkens. Für den Anfang seines Auftretens gilt vielmehr die Feststellung des Johannes-Evangeliums: «... die Welt hat ihn nicht erkannt. Er kam in sein Eigentum und die Seinigen nahmen ihn nicht auf.»[126]

Bei seinem Auftreten wird Jesus zunächst nicht nur von denen verkannt, die ihm mehr oder weniger distanziert oder feindlich gegenüberstehen, sondern auch von denen, die ihm folgen und in den Evangelien als seine Jünger bezeichnet werden. Es gibt scharfsinnige exegetische Bemühungen, die zwischen dem eigenen Bewußtsein Jesu, seinem Selbstzeugnis sowie dem Zeugnis der Evangelien und der anderen Teile des Neuen Testaments zu unterscheiden suchen. Auf diese Versuche soll hier nicht eingegangen werden, da wir das eigene Bewußtsein Jesu und sein Selbstzeugnis letzten Endes nur aus den Texten des Neuen Testament durch entsprechende Interpretationen bzw. Spekulationen ergründen können. Wir sind also allein auf diese Texte angewiesen. Aus ihnen läßt sich eindeutig entnehmen, daß Jesus in vieler Hinsicht die Erwartungen seiner Zeitgenossen korrigierte bzw. daß er sich in seinen Worten und seinem Verhalten zunehmend als ein anderer offenbarte, als man ihn zunächst erwartet hatte.

Die wichtigste Differenz wurde von dem jüdischen Denker Schalom Ben-Chorin einmal mit folgenden Sätzen herausgestellt: «Der Anspruch, mit dem er auftrat, ging weit über all das hinaus, was das antike Israel von dem Verheißenen erwartete... Wir kennen keinen Sohn Gottes und erwarten ihn nicht für die Zukunft, sondern wir wissen allzumal, daß wir alle «Kinder des lebendigen Gottes» sind und daß ER unser aller Vater und unser König ist... Gott bleibt in jüdischer Sicht immer Gott, und der Mensch bleibt nur Mensch, und selbst der Messias, wenn er ihn erwartet, wird als Mensch von Fleisch und Blut gedacht, nicht als ein dem Vater wesensgleicher Sohn: «ganzer Gott und ganzer Mensch» – wie das Dogma heißt. Israel bekannte und bekennt – und solange ein Jude noch Atem in sich hat, wird er bekennen: «Höre, Israel, der Herr unser Gott, der Herr ist einer.» Wie sollte da der Sohn mit dem Vater in diese Einheit gesetzt und gar noch durch eine dritte Person, den Heiligen Geist, komplettiert werden? Das ist abermals eine Vorstellung, die das hebräische Glaubensdenken nicht vollziehen kann und nicht vollziehen will, denn die wahre Einzighaftigkeit und Einheit Gottes, das unantastbare «Eschad» würde dadurch in einem für uns unvorstellbaren Sakrileg verletzt.»[127]

Allerdings findet sich die Formulierung «wesensgleich mit dem Vater» noch nicht in den Schriften des Neuen Testaments. Der damit gekennzeichnete Anspruch wird jedoch in vielfältiger Weise angemeldet und zum Ausdruck gebracht. Um dieses Anspruchs willen war Jesus den Juden ein Ärgernis und ist nach dem Zeugnis der neutestamentlichen Schriften deshalb dem Pilatus ausgeliefert worden. Da dieser einzigartige Anspruch Jesu aus den prophetischen Verheißungen des Alten Testament nicht abgeleitet werden kann und daher durch die in ihnen gründenden jüdischen Erwartungen nicht gedeckt wird, läßt sich mit Sicherheit sagen, daß die Juden – das gilt auch für die Apostel und die Jünger Jesu – diesen Anspruch nicht von sich aus erfunden haben.

Aber auch Jesus selbst hat diesen Anspruch sicher nicht aus Anmaßung und Selbstüberschätzung erhoben. Es geht hierbei vielmehr um eine neue Stufe der Selbstoffenbarung Gottes: Um die Offenbarung des Einen jedoch Dreipersonalen. Es sollte stets bedacht werden, daß letzten Endes diese Offenbarung für die Juden der entscheidende Punkt dafür ist, Jesus dem Tode zu überliefern.

Für den unbefangenen Leser des Neuen Testaments liegt hier eindeutig erkennbar die entscheidende Differenz zwischen den jüdischen Erwartungen und der Selbstoffenbarung Jesu. Diese Differenz zwischen jüdischem und christlichem Messiasverständnis wurde in jüngster Zeit nochmals offiziell von der höchsten dafür zuständigen Stelle Israels bestätigt: Im März 1979 entschied der oberste Gerichtshof in Jerusalem, daß Juden, die an Jesus als ihren menschlichen Messias glauben, als Juden anerkannt werden können, daß jedoch der Glaube an die Trinität, die Inkarnation und die Gottessohnschaft Jesu mit dem Judentum unvereinbar sei.[128]

Da auch die Apostel und Jünger Jesu als Juden entsprechend dachten und empfanden, fiel es offensichtlich auch ihnen schwer, den über die überlieferten Messias-Verheißungen hinausgehenden Anspruch Jesu Christi zu begreifen. Wie sich aus den Schriften des Neuen Testaments ergibt, wurde der Begriff des «Sohnes» auch im Kreise der Jünger Jesu nicht von vornherein im Sinne einer trinitarischen Wesenseinheit mit dem Vater verstanden, sondern eher im Sinne einer besonderen Hervorhebung im Rahmen der auch von Schalom Ben-Chorin betonten Gotteskindschaft aller Menschen.

Den endgültigen und entscheidenden Durchbruch zu einem trinitarischen Verständnis der Gottessohnschaft brachte offensichtlich erst die Auferstehung. Daß auch jetzt noch ein Teil der Jünger Bedenken hatte, den Sohn in gleicher Weise zu ehren und anzubeten wie den Vater, wird im letzten Kapitel des Matthäus-Evangelium thematisiert.

An dieser Stelle, die bisher unter diesem Gesichtspunkt zu wenig beachtet worden ist, heißt es: «Die elf Jünger gingen nach Galiläa auf den Berg, wohin Jesus sie beschieden hatte. Als sie ihn sahen, beteten sie ihn an, einige aber zweifelten.»[129] Entgegen der Auffassung mancher Exegeten bezieht sich dieser Zweifel schwerlich auf die Identität bzw. Erscheinung des Auferstandenen selbst. Einige Jünger zweifeln vielmehr, ob sie angesichts des unantastbaren «Eschad» zu einer «Anbetung» Jesu Christi berechtigt seien.

Die Angemessenheit dieser Interpretation wird noch deutlicher, wenn man sich den griechischen Text vor Augen hält. Es heißt hier: «και ιδοντες αυτον προσεκυνησαν». Die Vulgata übersetzt durchaus zutreffend: «et videntes eum adoraverunt; quidam autem dubitaverunt». Es erscheint hier für die Verehrung, die Jesus von den Jüngern zuteil wurde, das gleiche Wort «προσκυ– νειν», das in der Septuaginta gebraucht wird, wenn es im ersten Gebot darum geht, den Juden die Art der Verehrung zu verdeutlichen, die sie keinem anderen als Jahwe erweisen dürfen, und das auch im Matthäus-Evangelium selbst beim Bericht über die Versuchung Jesu in gerade diesem Sinne eine Schlüsselrolle spielt. Jesus antwortet dem Versucher, der ihm alle Reiche der Welt und ihre Herrlichkeit versprochen hatte, wenn er ihn anbete: «Hinweg Satan! Es steht geschrieben: Den Herrn, Deinen Gott sollst Du anbeten («προσκυνησεις») und ihm allein dienen.»[130]

Es geht also in der Szene im letzten Kapitel des Matthäus-Evangeliums durchaus darum, ob Jesus nur die jüdischen Messiaserwartungen erfüllt oder ob sein Anspruch, um nochmals mit Schalom Ben Chorin zu sprechen, weit über das hinausging, was das antike Israel von dem Verheißenen erwartete.

Im Hinblick darauf erfolgt auch die Antwort, die Jesus den zweifelnden Jüngern gibt. Es heißt nicht etwa «Ich bin es wirklich», sondern: «Da trat Jesus auf sie zu und sprach zu ihnen: «Mir ist alle Gewalt gegeben im Himmel und auf Erden. Darum geht hin und lehret alle Völker: Tauft sie im Namen des Vaters und des Sohnes und des Heiligen Geistes und lehrt sie alles halten, was ich euch geboten habe. Seht, ich bin bei euch alle Tage bis ans Ende der Welt.»[131]

Der erste Satz dieser Antwort stellt klar, daß eine Anbetung Jesu Christi berechtigt ist, indem er unzweideutig betont, daß der Sohn die gleiche Gewalt hat wie der Vater: «Mir ist alle Gewalt gegeben im Himmel und auf Erden.» Im folgenden Taufbefehl weist Jesus darüber hinaus auf den Heiligen Geist hin, den er gleichrangig in eine Reihe mit dem Vater und dem Sohn stellt. So kennzeichnet diese Szene am Ende des Matthäus-Evangeliums die Differenz zwischen dem jüdischen Messias- und Gottesverständnis und dem trinitarischen Glauben der Christenheit.

Es bedarf kaum eines besonderen Hinweises, daß eine solche Szene, welche die Frage der Anbetung Jesu Christi thematisiert, erst nach der Auferstehung vorstellbar ist. Jetzt aus der Rückschau freilich trat den Jüngern ins Bewußtsein, daß der Anspruch Jesu von Anfang an über die messianischen Erwartungen des Alten Testaments hinausgegangen war. Wie bereits in anderem Zusammenhang dargelegt wurde, prägt diese nachösterliche Einsicht rückwir-

Ordensgründerinnen

Clara von Assisi (1194-1253)
Gründerin der Clarissen

Scholastica (480-542)
Orden der Benediktinerinnen

Johanna von Chantal † 1641
Orden der Heimsuchung

Pauline von Mallinckrodt † 1881
Schwestern der christlichen Liebe

kend das Verständnis Jesu insgesamt und damit auch die Texte der Evangelien.[132]

Dies gilt sogar für die Kindheitsberichte des Lukas und Matthäus. Die auch in den ältesten Glaubensbekenntnissen formulierte Überzeugung, daß Jesus vom Heiligen Geist empfangen und von Maria der Jungfrau geboren wurde, darf ja – das muß gegenüber unbedachten exegetischen Darlegungen betont werden – keineswegs in Parallele zu hellenistischen oder ägyptischen Mythen gesehen werden, die von einer göttlichen Zeugung heroischer Menschen berichten. Schon die Ausgangslage ist bei Jesus Christus eine völlig andere:

1. Es ist ein großer Unterschied, ob in griechischen Mythen Heroen und andere Halbgötter auftauchen, die den Anspruch darauf erheben, einen Gott zum Vater zu haben, oder ob für Jesus von Nazaret der Anspruch erhoben wird, Sohn Gottes zu sein. Denn die Götter der griechischen Mythen waren Götter unter Göttern in einer Gesamtvorstellungswelt, in der es geradezu fließende Übergänge und vielfältige sexuelle Verbindungen zwischen Göttern und Menschen gab. Der Gott jedoch, als dessen Sohn Jesus bezeichnet wird, ist nach der Überzeugung des Judentums und der Christenheit der einzige Gott der gesamten Welt, der Schöpfer Himmels und der Erde, der in allmächtiger Vorsehung alles durchwaltet, dessen Gedanken nicht die Gedanken der Menschen sind, der vielmehr in diesem Sinne einen gewaltigen, geradezu unüberbrückbaren Abstand zu allem Geschaffenen hat.

2. Während das Leben eines «normalen Menschen» mit der Zeugung und Geburt beginnt und er vorher schlechthin nicht existiert, tritt Jesus zwar als Mensch erst mit seiner Empfängnis und Geburt ins Dasein, existiert jedoch als Person des Dreifaltigen Gottes schon von Ewigkeit her. Seine Empfängnis ist dementsprechend kein absoluter Anfang, sondern wie das Johannes-Evangelium formuliert, ist das Wort, das im Anfang bei Gott war und das selbst Gott war, «Fleisch geworden und hat unter uns gewohnt»[133]. Damit vergleichbar betont auch Paulus, daß der gleiche, der zum Himmel aufgefahren ist, zunächst vom Himmel herabkam[134]. Wie an anderer Stelle ausführlich dargelegt wurde, ist

daher auch die Art der Darstellung der Evangelien eine grundlegend andere als diejenige hellenistischer und ägyptischer Mythen[135].

Natürlich kann man die Frage nach der Glaubwürdigkeit der Menschwerdung Gottes auch losgelöst von den Zeugnissen des Neuen Testaments unter philosophisch-theologischen Gesichtspunkten stellen. Dann liegt für den ersten Augenblick eine negative Antwort nahe. Sie wurde bereits in aller Schärfe von Tertullian erwogen.[136] Das Ergebnis seiner Überlegungen hat man in die Formel zusammengefaßt: Credo, quia absurdum – ich glaube, weil es absurd ist.

Diese Formulierung ist zwar als zusammenfassende Kennzeichnung einiger Sätze Tertullians zutreffend, findet sich jedoch wörtlich weder bei ihm noch – wie zuweilen auch behauptet wird – bei Augustinus. Außerdem ist sie bei näheren Nachdenken durchaus in sich nicht so schlüssig, wie es im ersten Augenblick scheinen mag. Denn sie bedenkt zu wenig, daß die Liebe das Motiv der Schöpfung ist und daß Gott nach christlicher Überzeugung diese Liebe in einer erstaunlichen Weise durchhält. Das bedeutet: Rein abstrakt überlegt, mag es absurd erscheinen, daß der ewige über alles erhabene Gott selbst Mensch wird, um die Menschheit zu retten. Dabei wird jedoch nicht bedacht, daß auch im menschlichen Bereich die Liebe oft in einer Weise handelt, die der Vernunft absurd erscheint.

So berichten Zeitungen immer wieder, daß Menschen Gefahren auf sich genommen haben, um andere Menschen, auch ihnen völlig unbekannte, vor dem Tode zu erretten. Ja sogar um Tiere zu retten, setzen Menschen ihr Leben ein. Wer solche Erfahrungen im Bereich menschlichen Tuns bedenkt, wird es zwar weiterhin im Sinne «vernünftiger» Abwägungen als erstaunlich empfinden, daß Gottvater, wie liturgische Texte formulieren, um den Knecht zu retten, den Sohn dahingab, wird jedoch diese erbarmende Liebe Gottes nicht von vornherein als «absurd» im Sinne des Unglaubwürdigen empfinden.

Diese Überlegungen treffen bereits auf einen zweiten Gesichtspunkt, unter dem das tatsächliche Geschehen von den durch die alttestamentliche Prophetie vorgegebenen Erwartungen abweicht. Wie schon erwähnt wurde, hatten trotz der Verheißung vom leidenden Gottesknecht die Juden einschließlich der Jünger Jesu zunächst unzutreffende Messiaserwartungen[137]. Trotz wiederholter Ankündigungen und Hinweise Jesu waren sie auf das Leiden und den Tod Jesu durchaus nicht gefaßt, sondern empfanden die Phase von der Verhaftung Jesu bis zu seinem Tod am Kreuz zunächst – d.h. vor der Auferstehung – als ein bitteres Scheitern und als eine Enttäuschung und Widerlegung ihrer zunächst zuversichtlichen Erwartungen auf eine baldige messianische «Machtergreifung».

Auch die christliche Theologie hat im Laufe der Jahrhunderte immer wieder darüber nachgegrübelt, ob der Tod Jesu am Kreuze tatsächlich «notwendig» gewesen sei und darauf mannigfaltige, das heißt nicht voll überzeugende, Antworten gegeben. Statt auf diese Spekulationen im einzelnen einzugehen, seien einige Überlegungen zum Verhältnis von Leid und Liebe angedeutet.

Das unsägliche Leid, das auf der Erde herrscht, gehört ja zu den ernstesten Argumenten für die Absurdität des menschlichen Daseins und gegen die christliche Botschaft von einem liebenden Gott. So schreibt z.B. Max Horkheimer «Die Lehre der christlichen Religion, daß es einen allmächtigen und gütigen Gott gibt», sei «angesichts des Leidens, das seit Jahrtausenden auf dieser Erde herrscht, kaum glaubhaft.»[138]

Die Beendigung bzw. Überwindung des Leidens gehört zu den ältesten und allgemeinsten Sehnsüchten der Menschheit. Angesichts des Leidens, das sich Menschen gegenseitig zufügen, ist diese Sehnsucht zumeist verbunden mit dem Gedanken einer allgemeinen Versöhnung und eines endgültigen Friedens, zum Teil allerdings auch mit dem Ruf nach Bestrafung aller, die anderen Böses angetan haben.

In den biblischen Schriften und den sie erläuternden theologischen Interpretationen erscheinen Leid und Tod primär als eine Folge der Bosheit bzw. der Sünde. Wie schon dargelegt wurde, beginnt die Geschichte des Leidens mit der Ursünde der Menschheit, von der die Genesis berichtet.

Dieser Zusammenhang ist jedoch keineswegs das einzige, das sich aus der Offenbarung zum Problem von Schuld und Leid entnehmen läßt. Es muß vielmehr noch ein weiteres mitbedacht werden, das dazu in einer gewissen Spannung steht. Sie zeigt sich z.B. in der alten Liturgie der Osternacht. Hier wird von der Urschuld als von einer «glücklichen Schuld» gesprochen, «weil sie einen solchen Erlöser zu haben verdiente». Diese Schuld ist also, wie schon gesagt wurde, einerseits Ursache des Leides und des Todes. Sie ist jedoch andererseits auch der Ausgangspunkt der höchsten Offenbarung von Gottes Liebe.

Im Vertrauen auf die Erlösung und die Heilszusage Gottes, läßt sich dieser Gedanke sogar noch erweitern, indem man die Frage stellt, ob die Urschuld auch in Hinsicht auf den Menschen als eine glückliche Schuld bezeichnet werden kann: Sie ist auch die Voraussetzung dafür, daß sich die Liebe des Menschen zu Gott in einem höheren Grade von Ernsthaftigkeit erweisen kann als in einem paradiesischen Zustand vor dem Sündenfall. Wie die Liturgie der Karwoche bezeugt, hat die Glückseligkeit, die uns nach dem Kreuz Jesu Christi und nach eigenem Leid zuteil wird, offensichtlich eine andere Qualität als das von keinem Leiden berührte Glück des Paradieses.

Bezeichnenderweise werden Leid und Tod zwar durch die Auferstehung Jesu Christi grundsätzlich überwunden, sie werden jedoch nicht annulliert. Die Wundmale am verklärten Leib des Herrn bezeugen den Jüngern nicht nur die Identität des Auferstandenen mit dem Gekreuzigten, sondern sie sind zugleich bleibende Dokumente der Liebe dessen, der sein Leben für die Seinen dahingegeben hat.

Für alle Zeiten bis zum Jüngsten Tage ist die Feier der Eucharistie nicht nur ein «Gedächtnismahl», sondern nach der insbesondere von der katholischen Kirche betonten Überzeugung und Lehre zugleich eine «Erneuerung» bzw. Vergegenwärtigung des Kreuzesopfers. Es wird nunmehr zwar, wie die Kirche lehrt, in «unblutiger» Weise vollzogen, jedoch sakramental vergegenwärtigt als bleibendes Dokument der letztlich unbegreiflichen Liebe Gottes und unserer durch den Kreuzestod vollzogenen Erlösung.

In diesem Zusammenhang sollte auch nachdenklich machen, daß viele Heilige in den Darstellungen der Kunst die Instrumente bei sich tragen, unter denen sie gelitten haben bzw. mit denen sie gequält worden sind. Auch hier geht es um eine Vergegenwärtigung von Leid, die zugleich der endgültigen Freude eine Tiefe gibt, die eine höhere Qualität hat als eine durch kein Leid berührte Daseinsfreude.

Der damit dokumentierte Zusammenhang zwischen Liebe und Leid gilt bis in unseren Alltag hinein. Bezeichnenderweise beurteilen ältere Menschen die Liebe jüngerer Paare oft zurückhaltend mit der Begründung: «Die haben ja noch nichts durchgemacht!» Und umgekehrt wird nach Schicksalsschlägen mit Achtung anerkannt: «Ist ja allerhand, daß die das durchgehalten haben!» Wie solche Redewendungen zeigen, bedeutet das Durchhalten in leidvollen Situationen eine besondere Bewährung, die mehr ist als eine bloße Absichts- oder Liebeserklärung.

Es ist offensichtlich ein Unterschied, ob der Mensch einem anderen sagt: «Ich liebe dich und würde Leid und Not, ja vielleicht sogar den Tod, für dich auf mich nehmen», oder, ob er wirklich in Leid und Not durchhält oder sogar für den anderen in den Tod geht. In diesem Sinne sind Leid, Not und im Extremfall der Tod der kritische Ernstfall für die Bewährung des Menschen. Sie bezeugen in einer nur ihnen eigenen Qualität die Tiefe personaler Verläßlichkeit und Liebe.

Hieraus entsteht auch ein merkwürdiges und ambivalentes Verhältnis Liebender zu Not und Tod. Selbstverständlich wünscht kein Liebender sich selbst oder gar dem Geliebten Leid und Tod. Das ist jedoch nur die eine Seite der Wahrheit. Denn andererseits möchte der Liebende die Ernsthaftigkeit seiner Liebe dokumentieren, er möchte sie bewähren auch in Not und Leid, ja selbst im Tode. Der Geliebte soll die Tiefe und Ernsthaftigkeit der Liebe «erfahren». Sofern dabei der Tod ernsthaft mitbedacht wird, wünscht sich der Liebende allerdings zumeist, im letzten Augenblick gerettet zu werden und dann die Anerkennung der Tiefe seiner Liebe durch den Geliebten zu erhalten. Daraus entsteht eine merkwürdige Spannung zwischen dem Wunsch glücklich – und das heißt ja ohne Leid,

Not und Tod zu lieben – und dem Wunsch, die Tiefe und Ernsthaftigkeit der Liebe zu erweisen. Diese Spannung scheint in unserem menschlichen Erfahrungsbereich unaufhebbar zu sein.

In Märchen und Sagen wird sie zumeist dadurch gelöst, daß die Liebe zunächst ihre Ernsthaftigkeit in kritischen Situationen erweist, am Ende jedoch einmündet in ein ungetrübtes Glück. Oft gehen die leidvollen Prüfungen bis an die Schwelle des Todes. Hin und wieder wird diese Schwelle sogar überschritten und der oder die bereits Tote durch Zauber oder gute Geister ins Leben zurückgerufen. Am Ende steht dann zumeist eine Hochzeitsfeier. In den Märchen folgt ihr in vielen Fällen die Schlußformel: «Und wenn sie nicht gestorben sind, dann leben sie noch heute.» Damit wird die unbegrenzte Dauer des nunmehr endgültig glücklichen Lebens angedeutet.

Wie all diese Überlegungen und Hinweise zeigen, dürfen Leid und Not nicht schlechthin mit Sinnlosigkeit und Unglück gleichgesetzt werden. Sie sind zugleich ein besonderer Fall menschlicher Bewährung. Das gilt insbesondere, wenn sie auf jene Grenzsituation hinweisen, der jeder Mensch entgegengeht: den Tod. Letzten Endes bedeutet jede Liebe – das gilt insbesondere auch für die eheliche Gemeinschaft, die ja, wie das Neue Testament versichert, ein Abbild der Liebe Jesu Christi zu seiner Kirche ist[139] – ein Sicheinlassen auf die unbekannte Zukunft des anderen und das heißt auch auf mögliches Leid und künftige Krankheiten und Unfälle, auf Mißerfolge und sogar auf Enttäuschung durch unerwartete Lieblosigkeit, Bosheit und Verzweiflungstaten. Vergleichbares gilt im Hinblick auf jedes Kind mit seinen eigenen Hoffnungen und Befürchtungen.

Wer dem Leid absolut ausweichen will und sich auf kein Risiko einläßt, ist dementsprechend zu ernsthafter und glaubwürdiger Liebe unfähig. Er kann nur versuchen, sich als Single durchzuschlagen, der sich selbst konsequente personale Liebe nicht zutraut und sie auch anderen nicht «zumuten» möchte. Er kann sich insbesondere auch keine Kinder wünschen. Personale Beziehungen wie Liebe, Vertrauen und Achtung verlieren ihre Ernsthaftigkeit und Würde, wenn sie vom Risiko des Leids, d.h. aus der Ernsthaftigkeit und den Wechselfällen menschlichen Schicksals gelöst werden.

Selbstverständlich gilt das bisher Gesagte von Gott und seiner Liebe nur in einer analogen Form und auf eine andere Weise. Aber immerhin läßt sich auch Gott schon mit der Erschaffung des Menschen als einer «freien» Person auf das Risiko der Liebe ein. Daher war seine Liebe zu uns von Anfang an von höchster Glaubwürdigkeit, auch vor unserem Sündenfall und der Menschwerdung Gottes. Für uns Menschen jedoch trat ihre volle Ernsthaftigkeit und Tiefe erst unübersehbar und unüberbietbar zu Tage, indem Jesus Christus Mensch wurde und für uns Leid und Tod auf sich nahm. Schließlich hat er selbst betont, niemand könne seinen Brüdern eine größere Liebe erweisen als der, der sein Leben für sie hingibt.

Wenn wir in der Liturgie der Osternacht von der «glücklichen Schuld» sprechen, die einen solchen Retter zu haben verdiente, so sollte freilich überdies mitbedacht werden, daß die gesamte Schöpfung von vornherein auf Jesus Christus hin geschaffen wurde[140]. Daher erhebt sich zumindest die Frage, ob angesichts des Kreuzes und der Auferstehung Jesu Christi Leid und Tod als der Schöpfung zwar nicht notwendigerweise, aber im Hinblick auf das Heilswirken Gottes zugehörig betrachtet werden müssen. Diese Frage muß jedoch unbeantwortet stehen bleiben, da die Gedanken Gottes unsere Überlegungen weit übertreffen und uns daher nur so weit zugängig sind, wie er selbst sie uns geoffenbart hat.

Die Überlegungen über Leid und Tod können jedoch nicht angemessen abgeschlossen werden, ohne auf eine Frage zu verweisen, die Jesus selbst nach dem Bericht des Lukas-Evangeliums an die Emmaus-Jünger stellt: «Mußte nicht der Messias dieses leiden und so in seine Herrlichkeit eingehen?»[141]

In dieser Frage wird die Erlösung nicht ausdrücklich genannt, vielmehr wird das Leiden in eine unmittelbare Verbindung zur Herrlichkeit gebracht. Da Jesus Christus in der Offenbarung als der erscheint, welcher der Menschheit vorangeht, darf aus dieser Frage geschlossen werden, daß auch das Leid der übrigen Men-

Mystikerinnen

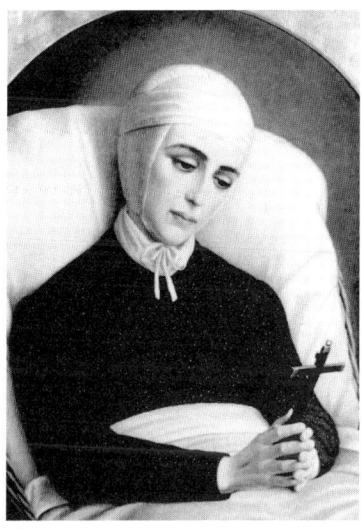

*Anna Kath. Emmerich † 1824
Stigmatisiert, visionär begabt*

*Gertrud von Helfta, die Große
(1256-1302), Thüringen*

*Martha Robin (1902-81)
Gründerin «Foyer de Charité»*

*M. Droste zu Vischering † 1899
Init. Weltweihe an das Herz Jesu*

schen, das heißt unserem Leid, im Hinblick auf das Leiden und den Tod Jesu Christi der Weg ist, auf dem wir in die ewige Herrlichkeit eingehen sollen.

Selbstverständlich wird auch durch solche Überlegungen das Problem des Leids keineswegs «gelöst». Es bleibt vielmehr viel Unbegreifliches und uns schlechthin Unfaßbares. Man denke nur an das konkrete Leid, dem viele Kinder schutzlos preisgegeben sind, oder an das Leid brutal vergewaltigter Frauen im Zuhältermilieu sowie den kriegerischen Auseinandersetzungen unserer Tage.

Eines jedoch ergibt sich aus den vorgetragenen Gedanken: So wenig wir das Problem des Leids in einer glatten und «eleganten» Weise zu lösen vermögen, so unbestreitbar bestehen offensichtlich tiefe Zusammenhänge zwischen Liebe, Leid und Herrlichkeit, die es uns verwehren, die Liebe oder die Allmacht Gottes mit einem pauschalen Hinweis auf das Leiden allzu schnell für unglaubwürdig zu erklären.

Es kennzeichnet die Schwierigkeit des Leidensproblems, daß auch die Jünger offensichtlich erst nach der Auferstehung Jesu zu begreifen vermochten, daß das Kreuz letzthin nicht das Scheitern, sondern die Erfüllung der messianischen Sendung Jesu signalisiert.

Da dem Heilswillen Gottes der Vernichtungswille des Bösen entgegenstand, sind Leiden und Opfertod Christi Ereignisse, durch die dieser Vernichtungswille in einer einzigartigen Weise ins Positive aufgenommen und gerade dadurch in seine Grenzen verwiesen, besiegt und gebrochen wird. Das Instrumentarium des Vernichtungswillens selbst – Leiden, Not und Tod – wird zum Tor des Heiles. Denn alles nunmehr in der Kraft und Gnade des Leidens Christi durchstandene Leid steht im Dienste göttlichen Heilswillens und -wirkens und trägt bei zur endgültigen Erlösung und Vollendung der Schöpfung. Dieser Zusammenhang gehört jedoch zu jenen Offenbarungswahrheiten, welche die Jünger Jesu zunächst verkannten und die trotz zweitausendjähriger theologischer Bemühungen auch wir nur höchst unzureichend zu erkennen und daher nur schwer anzuerkennen vermögen.

Demgegenüber ist ein dritter Gesichtspunkt, unter dem das Wirken und der Auftrag Jesu Christi die Erwartungen der alttestamentlichen Propheten übertrifft, klar erkennbar: Das messianische Heilswirken Jesu Christi gilt nicht nur dem jüdischen Volke, sondern der gesamten Menschheit. Allerdings wird diese Ausweitung einerseits schon in mannigfaltigen Aussprüchen der alttestamentlichen Propheten angedeutet und andererseits wendet sich Jesus bei seinem öffentlichen Auftreten zunächst an sein eigenes jüdisches Volk, aus dem er auch seine Apostel und Jünger auswählt[142].

Wenn im Neuen Testament die Widersacher Jesu an vielen Stellen pauschal als «die Juden» bezeichnet werden, so bedeutet das ja keineswegs, daß die Anhänger Jesu keine Juden gewesen wären, sondern es geht hier um die offiziellen Vertreter des damaligen Judentums, so ähnlich, wie wir im alltäglichen Sprachgebrauch oft mit dem Ausdruck «Kirche» die offiziellen Vertreter der Kirche und keineswegs alle Angehörigen der Kirche bezeichnen[143].

So eindeutig sich Jesus Christus mit seiner Lehre zunächst an die Juden wendet, so unübersehbar gilt sein Erlösungswerk von vornherein der Menschheit insgesamt. Es ist daher kein Zufall, daß nach Kreuzigung und Auferstehung die Menschheit insgesamt ohne jede Einschränkung zum Adressaten der Verkündigung wird. Besonders eindrucksvoll und deutlich zeigt sich dies bei Matthäus und Lukas, also bei den beiden Evangelisten, die über den Abschluß der nachösterlichen Erscheinungen nachdrücklich berichten.

Bei Lukas schließt das Evangelium mit einem kurzen Hinweis auf die Himmelfahrt. Vorher jedoch öffnete Jesus den Aposteln den Sinn für ein angemessenes Verstehen der Schriften und sprach zu ihnen: «So steht es geschrieben, daß Christus leiden und am dritten Tage von den Toten auferstehen werde. In seinem Namen soll, ausgehend von Jerusalem, Umkehr und Vergebung der Sünden *allen Völkern* verkündigt werden, ihr seid Zeugen dafür. Und seht, ich sende die Verheißung meines Vaters auf euch herab. Ihr aber bleibt in der Stadt, bis ihr mit Kraft aus der Höhe ausgerüstet seid.»[144] Parallel dazu berichtet Lukas in der Apostelgeschichte als letzte Worte Jesu vor seiner Himmelfahrt: «Aber ihr werdet Kraft empfangen, indem der Heilige Geist auf euch kommt, und werdet meine Zeugen sein in Jerusalem und in ganz Judäa und Samaria und *bis an das Ende der Erde.*»[145]

Im Matthäus-Evangelium wird die Weisung zur Verkündigung nachdrücklich mit dem Taufbefehl verbunden. Wie schon in anderem Zusammenhang zitiert wurde, heißt es hier: «Darum geht hin und macht *alle Völker* zu Jüngern[146], indem ihr sie tauft auf den Namen des Vaters und des Sohnes und des Heiligen Geistes und sie alles halten lehrt, was ich euch aufgetragen habe. Und. siehe, ich bin bei euch alle Tage bis ans Ende der Welt.»[147]

Dieser Text zeigt, daß sich der Verkündigungsauftrag Jesu an alle Menschen richtet und daß ein wesentlicher Bestandteil der Verkündigung die Offenbarung Gottes als des Dreifaltigen ist. Auch wenn man, wie der Bericht der Apostelgeschichte nahelegt, der Auffassung ist, daß der Text der Taufformel in apostolischer Zeit zunächst nicht genau festgelegt war, beweist die Didache[148], die älteste offizielle kirchliche Weisung über die Art der Spendung der Taufe, daß die Taufe schon von sehr früher Zeit an offiziell im Namen des Vaters und des Sohnes und des Heiligen Geistes gespendet wurde, d.h. heißt, daß das Bekenntnis zu dem einen, aber dreifaltigen Gott zum Grundbestand christlichen Glaubens gehört, dessen Adressat die gesamte Menschheit war und ist. Allerdings schien die damalige Menschheit, der Erlösung und der Offenbarung Gottes nicht zu bedürfen. Es kennzeichnet die Situation, daß Kaiser Augustus, unter dessen Herrschaft Jesus Christus geboren wurde, damals göttlich verehrt und nicht zuletzt unter dem Titel «σωτηρ του κοσμου» – also als Retter oder auch Heiland der Welt gepriesen und gefeiert wurde, d.h. genau mit jenem Titel, der uns als Bezeichnung für Jesus Christus geläufig ist.

Zum Verständnis der damaligen Situation muß man sich vergegenwärtigen, daß in Italien ein Jahrhundert furchtbarer Bürgerkriege mit gegenseitigen Racheakten und Vernichtungsaktionen und in den römischen Provinzen eine Zeit unberechenbarer Willkür und Ausbeutung vorangegangen war, bis schließlich Augustus Italien den Frieden und den Provinzen Rechtssicherheit und Wohlstand brachte. Den Menschen der damaligen Zeit, die so viele Schrecknisse erlebt hatten, schien nunmehr das in den alten Mythen geschilderte «Goldene Zeitalter» zurückgekehrt zu sein. So heißt es z.B. in der vierten Ekloge des Dichters Vergil:

Schon kommt das letzte Zeitalter cumaeischen Gesanges,
von neuem beginnt die große Reihenfolge der Weltenzeiten.
Schon kehrt zurück die Jungfrau
und kommt wieder die Herrschaft Saturns.
Schon wird ein neuer Sproß
aus hohem Himmel herabgeschickt.
Sei du nur dem Knaben bei seiner Geburt günstig,
der die eiserne Weltzeit beendet
und mit dem ein goldenes Geschlecht
auf der ganzen Erde beginnt,
keusche Göttin glücklicher Geburt...

Bezeichnenderweise wurde dieses von Vergil – unter Berufung auf die Musen – abgefaßte Gedicht von den Christen später auf die Geburt des Erlösers Jesus Christus bezogen. Das gleiche gilt auch für andere «heidnische» Prophetien. So formuliert z.B. das in der Liturgie der Totenmessen gebetete «Dies irae»: «teste David cum Sibylla» – wie Sibyll und David künden.

So besteht beim Erscheinen Jesu Christi und seinem Wirken in dieser Welt nicht nur bei den Juden eine ambivalente Situation, da sie zwar einerseits durch die Propheten auf das Erscheinen des Messias vorbereitet sind, ihn jedoch trotz allem nicht in der Weise erwarten, wie er tatsächlich kommt, in der jedoch auch die «heidnische Welt» auf das Kommen des «Retters» vorbereitet wurde[149], jedoch zur Zeit der Geburt Jesu Christi einen anderen «als Heiland der Welt» pries und feierte. «Das heißt ... die Welt hat ihn nicht erkannt. Er kam in sein Eigentum und die Seinigen nahmen ihn nicht auf.»[150]

Umso überraschender und erstaunlicher ist es, daß von diesem Jesus Christus Impulse ausgehen, die in verhältnismäßig kurzer Zeit die gesamte damals bekannte Welt tiefgreifend verändern.

6. Die Gestaltung der Kirche
von den Aposteln bis zur Völkerwanderung

Den Weisungen Jesu Christi entsprechend, blieben die Jünger nach dem Abschluß der österlichen Erscheinungen zunächst in Jerusalem und warteten auf das Kommen des Heiligen Geistes. In dieser Zeit traten sie nicht nach außen auf. Auf Initiative des Petrus bestimmten sie jedoch einen Nachfolger für den inzwischen zu Tode gekommenen Verräter Judas. Dabei ist das Hauptkriterium der Auswahl höchst aufschlußreich. Petrus erklärt: «Es muß nun von den Männern, die mit uns zusammen waren in der ganzen Zeit, da der Herr Jesus unter uns aus- und einging, von der Taufe des Johannes angefangen bis zu dem Tage, da er von uns wieder aufgenommen ward, von diesen muß einer mit uns Zeuge seiner Auferstehung werden»[151].

Dieses Auswahlkriterium zeigt unzweideutig, daß es bei der Verkündigung nicht nur um eine rein theologische Kundgabe geht, sondern daß diese an historische Geschehnisse gebunden und in ihnen verankert ist. Sonst wäre eine Augenzeugenschaft als Auswahlkriterium reine Willkür gewesen.[152]

Wie die Apostelgeschichte berichtet, erfolgte dann am Pfingsttag, dem alten Schawuotfest der Juden[153], die Herabkunft des Heiligen Geistes. Dieses Geschehen blieb in der Stadt nicht unbemerkt. So strömten bei dem Haus, in dem die Jünger und die Frauen vom Heiligen Geist erfüllt wurden, viele Menschen zusammen. Zu ihnen sprach Petrus unter anderem: «Brüder, ich darf wohl mit Freimut zu euch von dem Ahnherrn David reden. Er ist gestorben und begraben worden, und sein Grab befindet sich unter uns bis auf den heutigen Tag.

Da er ein Prophet war und wußte, daß Gott ihm mit einem Eid zugesichert hatte, einen aus der Frucht seiner Lenden auf seinen Thron zu setzen, so hat er vorausschauend von der Auferstehung des Messias gesprochen, daß er nicht im Totenreich gelassen wurde noch sein Fleisch die Verwesung sah.[154] Diesen Jesus hat Gott auferweckt; dessen sind wir alle Zeugen[155] ... Mit Gewißheit erkenne also das ganze Haus Israel: Gott hat ihn zum Herrn und Messias gemacht, eben diesen Jesus, den ihr gekreuzigt habt»[156]. Nach dem Bericht der Apostelgeschichte ließen sich danach viele taufen, so daß die Zahl der Christen auf etwa dreitausend anwuchs.

Schon früh bildeten sich neben der Gemeinde in Jerusalem auch in anderen Orten Gemeinden von Getauften, die gemeinsam beteten und sich jeweils am ersten Tag der Woche im Zeichen des Neuen Bundes, das heißt in der Feier der Eucharistie bzw. des Abendmahls die Kreuzigung und Auferstehung Jesu Christi vergegenwärtigten. Den Kernbestand der Gemeinden bildeten in der ersten Zeit Juden und Proselyten, so daß die Christen zunächst als eine jüdische Sekte erscheinen konnten.

In diesem Zusammenhang ist aufschlußreich, was H. H. Ben-Sasson in seiner «Geschichte des jüdischen Volkes» aus seiner jüdischen Sicht über die frühen Christen schreibt: «Zu den messianischen Bewegungen am Ende der zweiten Tempelperiode zählte auch eine, die von größter Bedeutung für die gesamte Menschheitsgeschichte werden sollte: das Christentum, dessen Ursprung an die Person des Jesus von Nazaret gebunden ist. Wie die anderen messianischen Strömungen entstand auch das Christentum aus der Überzeugung, daß das Ende der Zeiten nahe sei; doch während die anderen nach dem Tod oder dem Scheitern ihres jeweiligen Urhebers wieder verschwanden, gewann diese eine Bewegung an Macht, nachdem der römische Statthalter Pilatus ihren Gründer hatte kreuzigen lassen[157].

Die meisten jüdischen Jesus-Anhänger in Palästina blieben dem jüdischen Glauben treu: Vertreter der ersten Generation, etwa der «Bruder» [158] von Jesus, Jakob, befolgten weiterhin die jüdischen Gebote, obwohl sie sich durch ihren Glauben an Jesus von den übrigen Juden unterschieden. Aber der Glaube an Jesus und die Verkündigung seiner Lehre breiteten sich schon bald über Palästina hinaus auf Juden in der griechischen Diaspora aus..., die ihrerseits den Juden und Heiden in den Städten der östlichen römischen Provinzen... zu predigen begannen.»[159]

Schon früh bekannten sich in zunehmendem Maße auch Nichtjuden zum Christentum und ließen sich taufen. Dabei stellte sich die Frage, wie weit sie mit ihrer Bekehrung zum Christentum auch das jüdische Gesetz mit all seinen weitverzweigten Vorschriften – von der Beschneidung angefangen bis zu den zahlreichen Reinheitsgeboten – zu übernehmen hätten. Diese Frage war umso schwieriger zu beantworten, da es auch unter den jüdischen Proselyten in dieser Hinsicht Abstufungen gab, so daß faktisch nur die Strengsten unter ihnen alle jüdischen Vorschriften uneingeschränkt befolgten.

In dieser schwierigen Lage erfolgte nach dem Bericht der Apostelgeschichte die entscheidende Initiative durch Gott selbst. Während Petrus nach Cäsarea unterwegs war zu dem Hauptmann Cornelius, der ihn auf Gottes Weisung hin eingeladen hatte, hungerte Petrus und er wünschte zu essen. «Während man ihm etwas zubereitete, kam eine Verzückung über ihn. Er sah den Himmel offen und ein Behältnis wie ein großes Leinentuch herabkommen, das, an vier Enden gehalten, sich auf die Erde herabließ. Darin waren allerlei vierfüßige und kriechende Tiere der Erde und Vögel des Himmels. Und eine Stimme rief ihm zu: «Wohlan, Petrus, schlachte und iß!» Petrus erwiderte: «Oh nein, Herr! Noch nie habe ich etwas Unheiliges und Unreines gegessen.» Da rief die Stimme zum zweiten Mal: «Was Gott für rein erklärt hat, sollst du nicht unrein nennen». Das geschah dreimal. Dann wurde das Behältnis sogleich wieder in den Himmel emporgehoben.»[160]

Nachdem er in Cäsarea am Hause des Cornelius angekommen war, zieht Petrus aus dieser Weisung entsprechende Konsequenzen. Er tritt in das Haus ein, wo er viele Leute versammelt findet. «Da sprach er zu ihnen: «Wie ihr wißt, ist es einen Juden nicht erlaubt, mit einem Heiden zu verkehren oder ihm zu nahen. Mir aber hat Gott gezeigt, daß man keinen Menschen unheilig und unrein nennen darf. Deshalb bin ich auch ohne Bedenken mitgegangen, als ihr mich rufen ließet...»[161] Petrus verkündet sodann den im Hause des Cornelius Versammelten den Tod und die Auferstehung Jesu Christi.

«Während Petrus noch redete, kam der Heilige Geist auf alle herab, die das Wort hörten. Die Gläubigen aus der Beschneidung, die mit Petrus gekommen waren, wunderten sich sehr, daß die Gabe des Heiligen Geistes auch über die Heiden ausgegossen

Neue Selige und Heilige

Leopold Mandic † 1942
Charismatischer Beichtvater

Giuseppe Moscati † 1927
Arzt und Universitätsprofessor

Riccardo F. Pampuri † 1930
Arzt und Ordensmann

Rupert Mayer (1876-1945)
Unerschrockener Bekenner

worden war. Denn sie hörten sie in Zungen reden und Gott preisen. Da sprach Petrus: «Könnte wohl jemand denen noch das Wasser der Taufe verweigern, die gleich uns den Heiligen Geist empfingen?» Und er ordnete an, daß sie im Namen Jesu Christi getauft würden.»[162]

Damit war eine grundsätzliche Entscheidung gefallen: Heiden konnten in die Christengemeinde aufgenommen werden und auch die Judenchristen waren nicht verpflichtet, sich weiterhin an die Vorschriften des mosaischen Gesetzes zu halten. Hieraus ergaben sich entscheidende Konsequenzen für die gesamte Missionierung, über die wir das Wichtigste aus der Apostelgeschichte und den Briefen des Heiligen Paulus entnehmen können.

Dabei läßt sich beobachten, daß Paulus in seinen Briefen sich selbst als Verfechter der «Freiheit vom (jüdischen) Gesetz» mit einer gewissen Einseitigkeit herausstellt. Das gilt auch für seine Rolle beim sogenannten «Apostelkonzil», bei dem diese Freiheit offiziell bestätigt wurde. Hierüber versichert Paulus in seinem Brief an die Galater, die Maßgebenden in Jerusalem hätten ihm «*nichts auferlegt*»[163], während Lukas in der Apostelgeschichte das offizielle Sendschreiben zitiert, in dem es heißt: «Denn der Heilige Geist und wir haben beschlossen, euch *keine weitere Last* aufzuerlegen als diese notwendigen Dinge: Götzenfleisch, Blut, Ersticktes und Unzucht zu meiden»[164].

Nimmt man die Quellen insgesamt kritisch zur Kenntnis, so kann man feststellen, daß sich Paulus in seiner Selbstdarstellung einer unbeirrbaren Konsequenz rühmt, indem er z.B. erklärt: «Allein nicht einmal mein Begleiter Titus, der doch ein Grieche war, wurde gezwungen, sich beschneiden zu lassen. Auch nicht mit Rücksicht auf die eingeschlichenen falschen Brüder, die sich eingedrängt hatten, um unsere Freiheit, die wir in Christus Jesus haben, zu belauern, damit sie uns versklaven könnten. Diesen Leuten haben wir auch nicht einen Augenblick unterwürfig nachgegeben, damit die Wahrheit des Evangeliums euch erhalten bliebe.»[165]

In der konkreten Situation jedoch hat auch Paulus Zugeständnisse gemacht, um unnütze Schwierigkeiten zu vermeiden. So ließ er z.B. bei späterer Gelegenheit seinen Begleiter Timotheus «mit Rücksicht auf die Juden, die in jenen Gegenden waren»[166], beschneiden und beteiligte auch sich selbst bei seinem letzten Aufenthalt in Jerusalem an der Erfüllung eines Gelübdes, um den Judenchristen zu dokumentieren, daß er die jüdischen Vorschriften nicht mißachtete.[167]

Selbstverständlich soll durch diese Hinweise nicht bestritten werden, daß Paulus sich insgesamt engagiert für die Freiheit vom jüdischen Gesetz eingesetzt und in dieser Hinsicht große Verdienste hat. Korrigiert werden muß jedoch die klischeehafte Vorstellung von einem in aller Konsequenz gegen jedes opportunistische Zugeständnis redenden und handelnden Paulus und einem in dieser Hinsicht rückständigen Petrus.[168]

Wie schon angedeutet wurde, wissen wir von der Missionstätigkeit der ersten Jahrzehnte vornehmlich durch die Apostelgeschichte des Lukas, der längere Zeit den Apostel Paulus begleitete, und durch dessen eigene Briefe. Wir sind also nur verhältnismäßig einseitig informiert. Aus der Existenz vieler Gemeinden, die sich nicht auf die Missionstätigkeit des Paulus zurückführen lassen, ergibt sich jedoch der Schluß, daß es außer Paulus noch eine Vielzahl erfolgreicher Missionare gegeben hat. Ihre Namen werden zum Teil in Lokaltraditionen überliefert, deren geschichtliche Zuverlässigkeit jedoch in vielen Fällen nicht eindeutig gesichert und daher umstritten ist.

Der Zustrom zahlreicher Heiden zu den christlichen Gemeinden, und deren «Mißachtung» der mosaischen Gesetze, begünstigte und beschleunigte die organisatorische Trennung zwischen Juden und Christen, die durch das Dreifaltigkeitsbekenntnis der Christen und durch das Festhalten der Juden an dem für sie unantastbaren «Eschad» dogmatisch von Anfang an vorgegeben war.

Diese organisatorischen Trennungen zwischen jüdischen und christlichen Gemeinden vollzogen sich regional in verschiedener Weise. Schon früh begann man, einzelne Menschen aus der Synagoge auszustoßen, wie man es nach dem Zeugnis des Lukas-Evangeliums auch schon mit Jesus selbst in Nazaret gemacht hatte: «Als sie das hörten, wurden alle in der Synagoge voller Zorn, standen auf und stießen ihn zur Stadt hinaus...»[169] Allerdings handelte es sich hier nicht um eine grundlegende dogmatische Differenz. Über eine solche wird erstmals bei der Steinigung des Stephanus berichtet: «Er aber, voll des Heiligen Geistes, blickte zum Himmel auf, sah die Herrlichkeit Gottes und Jesus zur Rechten Gottes stehen und sprach: ‹Seht, ich sehe den Himmel offen und den Menschensohn zur Rechten Gottes stehen›, da schrien sie laut auf, hielten sich die Ohren zu und stürmten alle miteinander auf ihn los, stießen ihn zur Stadt hinaus und steinigten ihn.»[170]

Das Johannes-Evangelium berichtet zudem von einem ausdrücklichen Beschluß der Juden, jeden, der Jesus als Christus bekenne, von der Synagoge auszuschließen[171]. Dieser Beschluß wurde gegenüber einem geheilten Blinden auch in die Tat umgesetzt[172] und hatte weithin die Wirkung, daß sich Juden nicht mehr offen zu Jesus als dem Messias bekannten[173].

Da die Texte des Neuen Testaments an diesen Stellen jedoch «nur» von einem Messiasbekenntnis sprechen und nicht eindeutig ein Bekenntnis zur Gottessohnschaft im Sinne eines trinitarischen Gottesverständnisses signalisieren, läßt sich schwer ausmachen, ob hier «nur» eine Feindschaft gegen Jesus oder eine unüberbrückbare dogmatische Kluft zugrundeliegt.

Die schon bald nach Pfingsten einsetzende Trennung zwischen jüdischen Synagogengemeinden und den sich aus Heiden und Juden neu bildenden Christengemeinden läßt sich dagegen nur aus einem zunehmenden Bewußtsein tiefgreifender dogmatischer und aus ihnen folgender liturgischer Differenzen erklären.

Als Beispiel dafür sei aus der Apostelgeschichte einiges über die Entwicklung in Ephesus zitiert: «Er (= Paulus) ging sodann in die Synagoge, trat drei Monate lang mit allem Freimut auf und predigte überzeugend vom Reiche Gottes. Als aber einige verstockt und ungläubig blieben und die Lehre vor dem Volke lästerten, wandte er sich von ihnen, sonderte die Jünger ab und lehrte täglich im Lehrsaal eines gewissen Tyrannus»[174].

Den ersten Kern der neuen Christengemeinden bildeten fast überall einige Juden und Proselyten, deren Zahl jedoch schon rasch von der bekehrter Heiden übertroffen wurde. So berichtet die Apostelgeschichte z.B. über die Entwicklung der Gemeinde in Antiochien: «Am folgenden Sabbat fand sich fast die ganze Stadt ein, um das Wort Gottes zu hören. Beim Anblick dieser Volksmenge wurden die Juden von Eifersucht erfüllt, widersprachen den Worten des Paulus und stießen Schmähungen aus. Paulus und Barnabas erklärten mit Freimut: «Euch mußte zuerst das Wort Gottes gepredigt werden. Weil ihr es aber abweist und euch selbst des Ewigen Lebens nicht wert erachtet, wenden wir uns an die Heiden. Denn so hat uns der Herr befohlen: ‹Ich habe dich zum Licht der Heiden bestimmt, du sollst zum Heile dienen bis an die Grenzen der Erde›.»

Als das die Heiden hörten, freuten sie sich und priesen das Wort des Herrn; und es wurden gläubig alle, die zum Ewigen Leben bestimmt waren.»[175] Nach den Berichten der Apostelgeschichte ließen sich die synagogentreuen Juden in vielen Fällen zu Gewalttätigkeiten hinreißen und suchten auch die übrige Bevölkerung entsprechend zu mobilisieren.

Bei anderen Übergriffen gegen die entstehenden Christengemeinden spielen wirtschaftliche Interessen eine wichtige Rolle. Als Beispiel hierfür sei auf den Aufstand des Demetrius in Ephesus hingewiesen, über den die Apostelgeschichte berichtet: «Um jene Zeit entstand ein gewaltiger Aufruhr wegen der Lehre: Ein Silberschmied namens Demetrius verschaffte durch Anfertigung von silbernen Artemistempelchen den Handwerkern bedeutenden Verdienst. Diese und andere derartige Handwerker rief er zusammen und sprach: «Ihr Männer, wie ihr wißt, fließt aus diesem Gewerbe unser Wohlstand. Nun seht und hört ihr aber, wie dieser Paulus durch seine Lehre, das seien keine Götter, die von Menschenhänden gemacht werden, nicht nur in Ephesus, sondern in fast ganz Asien viel Volk überredet und abwendig macht. Dadurch droht nicht nur bloß unser Erwerbszweig in Mißachtung zu kommen, sondern auch das Heiligtum der großen Göttin Artemis wird in Verachtung geraten, ja sie selbst, die doch ganz Asien, ja alle Welt verehrt, wird ihrer Majestät verlustig gehen.»

Bei diesen Worten gerieten sie in Wut und schrieen: «Groß ist die Artemis von Ephesus!» Die Aufregung ergriff die ganze Stadt und alles stürmte zum Theater... Alle schrien wie aus einem Munde fast zwei Stunden lang: «Groß ist die Artemis von Ephesus!» Da beschwichtigte der Stadtsekretär die Menge...»[176]

Wie in Ephesus so griff der römische Rechtsstaat auch andernorts zum Schutz der christlichen Missionare ein und suchte insbesondere emotionale Gewalttätigkeiten zu verhindern. Im gesamten Römischen Reich herrschte damals Toleranz und Religionsfreiheit. Das gilt trotz des Kaiserkultes, der eher als eine Art politischer Loyalitätskundgabe empfunden wurde. Er ließ sich im Sinne göttlicher Präsenz unschwer mit den verschiedensten Kulten verbinden: Man erkannte an, daß die Gottheit, die man verehrte, auf Erden im Kaiser präsent wurde, und daß man diesem daher göttliche Verehrung schuldete. Die Teilnahme am Kaiserkult wurde damals zwar grundsätzlich von allen römischen Bürgern erwartet, aber keineswegs kontrolliert.

Wie die Apostelgeschichte und auch die Briefe des Heiligen Paulus zeigen, wird auch dieser, nachdem er im Verlauf eines Tumults in Jerusalem zunächst in Schutzhaft genommen war und nach einem komplizierten Hin und Her als römischer Bürger an den Kaiser appelliert hatte, insgesamt nach rechtsstaatlichen Grundsätzen korrekt behandelt. Lukas berichtet im letzten Kapitel der Apostelgeschichte über die Zeit, in der Paulus auf seinen Prozeß wartete: «Nach unserer Ankunft in Rom erhielt Paulus die Erlaubnis, mit dem Soldaten, der ihn bewachte, eine eigene Wohnung zu beziehen ... Er blieb zwei volle Jahre in seiner Mietwohnung, nahm alle auf, die zu ihm kamen. Mit allem Freimut und ungehindert verkündete er das Reich Gottes und die Lehre über den Herrn Jesus Christus.»[177]

Der erste schwere Zusammenstoß zwischen dem Römischen Staat und den Christen war ein reiner Willkürakt Kaiser Neros, der nach dem Brand Roms im Jahre 64 den Verdacht, daß er selbst die Feuersbrunst veranlaßt habe, zum Schweigen bringen wollte. Hierüber berichtet der römische Historiker Tacitus: «Daher schob Nero, um dem Gerede ein Ende zu machen, andere als Schuldige vor und belegte die mit den ausgesuchtesten Strafen, die, wegen ihrer Schandtaten verhaßt, vom Volk Christen genannt wurden. Der Mann, von dem sich dieser Name herleitet, Christus, war unter der Herrschaft des Tiberius auf Veranlassung des Prokurators Pontius Pilatus hingerichtet worden; und für den Augenblick unterdrückt, brach der unheilvolle Aberglaube wieder hervor, nicht nur in Judäa, dem Ursprungsland dieses Übels, sondern auch in Rom, wo aus der ganzen Welt alle Greuel und Scheußlichkeiten zusammenströmen und gefeiert werden.

So verhaftete man zunächst diejenigen, die ein Geständnis ablegten, dann wurden auf ihre Anzeige hin eine ungeheure Menge nicht so sehr des Verbrechens der Brandstiftung als einer haßerfüllten Einstellung gegenüber dem Menschengeschlecht schuldig gesprochen. Und als sie in den Tod gingen, trieb man noch seinen Spott mit ihnen in der Weise, daß sie, in die Felle wilder Tiere gehüllt, von Hunden zerfleischt umkamen oder, ans Kreuz geschlagen und zum Feuertod bestimmt, sobald sich der Tag neigte, als nächtliche Beleuchtung verbrannt wurden. Seinen Park hatte Nero für dieses Schauspiel zur Verfügung gestellt und gab zugleich ein Zirkusspiel, bei dem er sich in der Tracht eines Wagenlenkers unters Volk mischte oder sich auf einen Rennwagen stellte. Daraus entwickelte sich Mitgefühl, wenngleich gegenüber Schuldigen, welche die härtesten Strafen verdient hätten; denn man glaubte, nicht dem öffentlichen Interesse, sondern der Grausamkeit eines Einzelnen würden sie geopfert»[178].

Der damaligen Christenverfolgung fielen auch die Apostel Petrus und Paulus zum Opfer. Trotz der Spannungen, die in mancher Hinsicht zwischen beiden bestanden, wurden sie von der späteren Christenheit als hervorragende Zeugen Jesu Christi zumeist in einem Atemzuge genannt. Die spätere Überlieferung will sogar wissen, daß sie am gleichen Tage den Martertod erlitten hätten.[179]

Die Mißwirtschaft der kaiserlichen Statthalter in Judäa löste im Jahre 66 einen Aufstand der Juden aus. Römische Besatzungen wurden niedergemacht, Nero entsandte Truppen unter dem Befehl des Titus Flavius Vespasianus. Der Sturz Neros und die folgenden Auseinandersetzungen um dessen Nachfolge verhinderten jedoch eine schnelle Niederwerfung des Aufstands. Die Christen haben sich an diesem Aufstand nicht beteiligt.

In der Kirchengeschichte des Eusebius werden diese Ereignisse in folgender Weise dargestellt und interpretiert: «Als endlich die Kirchengemeinde in Jerusalem in einer Offenbarung, die ihren Führern zuteil geworden war, die Weisung erhalten hatte, noch vor dem Krieg die Stadt zu verlassen und sich in einer Stadt Peräas, namens Pella, niederzulassen, als sodann die Christgläubigen von Jerusalem weggezogen waren, und weil damit gleichsam die heiligen Männer die königliche Hauptstadt der Juden und ganz Judäa völlig geräumt hatten, da brach zuletzt das Strafgericht Gottes wegen der vielen Freveltaten, welche die Juden an Christus und seinen Aposteln begangen hatten, über sie herein und vertilgte gänzlich dieses Geschlecht der Gottlosen aus der Menschengeschichte.[180]» Mit der schließlich im Jahre 70 erfolgten Einnahme und Zerstörung Jerusalems erfüllte sich zugleich eine Vorhersage Jesu Christi.[181]

Der Fall Jerusalems bzw. die Abwanderung nach Pella bedeutete das Ende der Jerusalemer judenchristlichen Gemeinde und die zunehmende Ausrichtung der Christen auf Rom, dessen Bischöfe als Nachfolger Petri eine über ihre Diözese hinausgehende Bedeutung und Anerkennung erlangten.

Noch nachhaltiger als die Christen wurden die Juden durch die Einnahme und Zerstörung Jerusalems getroffen. Sie verloren damit ihren politischen und religiösen Mittelpunkt. In dieser Lage sammelte sich das jüdische Synedrion in dem etwa 20 km östlich von Jaffa am Mittelmeer gelegenen Jamnia. Es bemühte sich erfolgreich um den weiteren Zusammenhalt und eine geistige Festigung des Judentums, indem es z.B. den Kanon des Alten Testaments festlegte. Außerdem billigte es Beschlüsse, die faktisch eine endgültige Ausgrenzung der Christen bedeuteten. Ein nochmaliger – von dem als Messias ausgerufenen Bar Kochba (132-135) angeführter – verzweifelter Aufstand besiegelte den Verlust Jerusalems und die Zerstreuung der Juden.

Wie es in einer jüdischen Darstellung heißt, lassen sich «die für das Zeitalter charakteristischen neuen Entwicklungen und die Art und Weise, wie sie zum Fortbestand des jüdischen Volkes beitrugen... wie folgt zusammenfassen: Erstens, da es weder ein Staats-

Neue Selige und Heilige

Blandine M. Merten † 1918
Ein Sühnopfer für Christus

Laura Vicuna (1891-1904)
Starb für das Heil ihrer Mutter

Mirjam Baouardy † 1878
Besaß alle Charismen

Edith Stein (1891-1942)
Märtyrerin im KZ Auschwitz

wesen noch einen Tempel gab, wurde das Volk mit seinem Nationalgefühl zum Kern der nationalen Existenz; Hauptziel war
jetzt die Schaffung einer organisierten jüdischen Gesellschaft,
deren Dasein von der Thora und ihren Geboten bestimmt war.
Diese Werte waren Grundlage und Stütze für das Leben und Streben der Nation in der langen Zeit, in der sie als Volk ohne ein
Land weiterbestand. Zweitens, dies war die Periode, in der die
mündliche Überlieferung zusammengefaßt und schriftlich fixiert
wurde und in der die Literatur der Halacha[182] und Haggada[183]
entstand.»[184]

In den folgenden Jahrhunderten gerieten die Christen in einen
immer schärferen Gegensatz zum römischen Rechtsstaat. Allerdings ging auch hierbei die feindliche Initiative nicht vom Staat aus.
Wie die schon im Zusammenhang der Neronischen Christenverfolgung zitierten Sätze des Tacitus zeigen, standen die Christen
weithin in einem Ruf, in dem man ihnen nahezu jede Untat zutraute.
Da an den christlichen Gottesdiensten nur Getaufte teilnehmen
durften, entstanden über deren Treffen nicht nur bei den sen-
sationslüsternen Massen, sondern auch bei vielen gebildeten Denkern absonderliche Anschauungen.

So war man in einem völligen Mißverständnis der Eucharistie-
bzw. Abendmahlfeier in weiten Kreisen davon überzeugt, die
Christen brächten Menschenopfer dar und verzehrten bei ihren
Zusammenkünften das Fleisch eines als Gottheit verehrten Kin-
des. Es gab kaum eine Untat, die man ihnen nicht zutraute.

Trotzdem wuchs die Zahl der Christen ständig. So klagte um
das Jahr 112 Plinius, der Statthalter Bithyniens, in einem Brief an
Kaiser Trajan: «Es hat sich die Seuche dieses Aberglaubens nicht
nur über die Städte, sondern auch über die Dörfer und das Land
verbreitet.»

Er berichtet, daß die Tempel nahezu verlassen seien, die feier-
lichen Opfer nicht mehr stattfinden könnten und die Opfertiere nur
selten Käufer fänden, ein Hinweis, der zeigt, daß auch hier wiederum wirtschaftliche Interessen mit im Spiele waren. Plinius erklärt dem Kaiser, er sei in Verlegenheit, da er die als Christen
Angeklagten keines Verbrechens überführen könne. Allerdings

halte er es für richtig, alle die hinzurichten, die den Staatsgöttern und dem Kaiser das Opfer verweigerten. Denn «darüber bestand bei mir kein Zweifel, daß jedenfalls ihre Hartnäckigkeit und ihr unbeugsamer Starrsinn zu bestrafen seien, unabhängig davon, wie es um ihr religiöses Bekenntnis stand.»

Dieser Brief spiegelt eine gewisse Ausweglosigkeit wider. Die Christen wollten sich nicht zwingen lassen, «Götzendienst» zu treiben. Der Rechtsstaat verteidigte seine Anordnungen gegen einen ihm unbegreiflichen Starrsinn von Menschen, die sich weigerten, ihre Loyalität gegenüber dem Reich und dem Kaiser zu bekennen.

Trotz allem widerstrebte es allerdings den Beamten, Menschen zu bestrafen, die keines Verbrechens überführt werden konnten. Daher zeigten sie in dieser und der folgenden Zeit von sich aus durchaus keinen Eifer bei Verfolgungen, sondern waren froh, wenn sie nicht infolge von Anzeigen von Amts wegen einschreiten mußten. Diese Haltung spricht auch aus dem Antwortschreiben des Kaisers an Plinius: «Man muß sie nicht aufstöbern; wenn sie aber angezeigt und überführt werden, muß man sie bestrafen.»

Straffrei sollten allerdings alle bleiben, die bereit waren, die Staatsgötter anzurufen. Anonyme Anklagen sollten von vornherein abgewiesen werden, da solche Methoden nicht dem Geiste des Jahrhunderts entsprächen. Wo Verfolgungen stattfanden, wurden sie zumeist durch Mißgunst oder durch blinde Raserei der Massen ausgelöst:

«Wenn der Tiber bis vor die Stadtmauer dringt, wenn der Nil die Felder überschwemmt, wenn die Himmelstore verschlossen bleiben, so daß es nicht regnet, wenn die Erde bebt, wenn Seuchen und Hungersnöte über die Menschen kommen, so heißt es sogleich: «Die Christen vor die Löwen»[185].

Gegen diese Willkür appellierten die Christen in «Apologien» an den Kaiser, den höchsten Vertreter des römischen Rechtsstaates. Tatsächlich erfuhr das Christentum jahrzehntelang von staatlicher Seite eher Schutz als Verfolgung und wurde in mancher Hinsicht anderen Kulten gleichbehandelt. Eine für die damalige römische Welt unbegreifliche und herausfordernde Tatsache war

allerdings die konsequente Weigerung der Christen, am Staats-
kult und insbesondere am Kaiseropfer teilzunehmen.

Während dieser Zeit einer zumindest relativen äußeren Duldung versuchten die Christen, sich mit den herrschenden geistigen Strömungen der Zeit kritisch auseinanderzusetzen. Sie hatten den antiken Denkbemühungen nie feindlich gegenübergestan-
den. Enthalten doch schon die Evangelien und die anderen
Schriften des Neuen Testaments positive Hinweise. In diesem Zusammenhang sei insbesondere auf die Predigt verwiesen, die nach
dem Zeugnis der Apostelgeschichte Paulus auf dem Areopag in
Athen hielt. Hier suchte er darzulegen, daß das philosophische
Ringen der Menschen und die offenbarende Kundgabe Gottes auf
ein und dieselbe Wahrheit hinwiesen. Vielen unter den gebildeten Heiden, die sich zum Christentum bekehrten, erschien dieses
als die «sichere und zuträgliche Philosophie»[186].

Diese Überzeugung wurde allerdings auf eine harte Probe gestellt, als man planmäßig eine wissenschaftliche Theologie heraus-
zubilden begann. Die christliche Glaubenssubstanz geriet in Gefahr, von religions-philosophischen Spekulationen aufgesogen zu
werden. Sie vermischten sich zum Teil obendrein noch mit orientalischen Mythologien und gerieten auf diese Weise in eine ursprünglich heidnische Geistesströmung, die unter dem Sammelna-
men «Gnosis» in die Geistesgeschichte eingegangen ist. Angesichts
der dadurch entstandenen Gefährdung der christlichen Grundwahrheiten warnten jetzt manche Christen wie etwa der Kartha-
ger Tertullian vor einer Verbindung von Christentum und Philosophie: «Was hat der Philosoph und der Christ gemein? ... Die Philosophen sind die Patriarchen der Häretiker.»[187]

Die geistige Führung in der Auseinandersetzung mit der antiken
Philosophie und der gnostischen Mythologie gewann die Kateche-
tenschule in Alexandria. In ihr wurde zusammen mit der christlichen Botschaft das gesamte Bildungsgut der griechischen Hoch-
schulen durchdacht. Man war davon überzeugt, daß die Philosophie die heidnische Welt in einer eigenen Weise auf Christus
vorbereitet habe. In einer gläubigen und zugleich weltaufgeschlos-
senen Haltung schufen die führenden Denker eine für die Folge-

zeit grundlegende Synthese von Christentum und antiker Philosophie, ohne den Kerngehalt der christlichen Offenbarung preiszugeben. Einen Höhepunkt erreichte diese Entwicklung in den Werken des Origenes, der eine erste systematische Zusammenfassung der christlichen Glaubenslehren erstellte. Seine Grundüberzeugung formulierte er in dem Satz: «Wenn die Söhne der Weltweisen von Geometrie, Musik, Grammatik, Rhetorik und Astronomie sagen, sie seien die Mägde der Philosophie, so können wir von der Philosophie in ihrem Verhältnis zur Theologie dasselbe sagen.»[188]

Manche spätere Philosophen haben in dieser Formulierung eine Erniedrigung der Philosophie gesehen. Dabei bleibt jedoch unbedacht, daß Maria, die «Magd des Herrn» zugleich die Königin des Himmels ist, daß also der Begriff der Magd im christlichen Begriffssystem keine Herabminderung bedeutet.

Als Origenes seine grundlegenden Werke schrieb, waren allerdings die Zeiten des äußeren Friedens für die Kirche vorbei. Kaiser Marc Aurel (161-180), dessen geistige Haltung weniger von der Religion als von der Philosophie geprägt war, wollte nach dem Ideal der damals weitverbreiteten Stoa in selbstloser Pflichterfüllung ein Wohltäter der gesamten Menschheit sein. Obgleich er insgesamt für eine humanere Rechtspflege sorgte und die gesamte Staatsverwaltung zu verbessern suchte, empfand er die Unterdrückung der Christen weder als Willkür noch als Ungerechtigkeit.

Gleich zu Beginn seiner Regierung hatte er das Bekenntnis zum Christentum unter strenge Strafe gestellt. Er betrachtete die Verweigerung des Kaiseropfers als Zeichen einer aufrührerischen Gesinnung und den Bekennermut der Christen als abergläubischen Fanatismus. Ihre Verfolgung erschien ihm daher als politische Notwendigkeit.

Trotz aller Anstrengungen, die er im Dienste des Reiches auf sich nahm, war das Ende seiner Regierungszeit getrübt durch wechselvolle Kämpfe gegen Markomannen und Quaden und durch innere Unruhe. Unter seinem Sohn Commodos griffen hemmungslose Willkür und Günstlingswirtschaft um sich.

Der Zerfall der politischen Kultur Roms beschleunigte sich nochmals unter den Severern, deren erster bei seinem Tode seinen Söhnen den Rat gab: «Macht die Soldaten reich, kümmert euch um sonst nichts!» Die Folter, die bisher nur bei Sklaven angewendet werden durfte, wurde jetzt auch bei Bürgern zugelassen.

Nach der Ermordung des letzten severischen Kaisers im Jahre 235 brach das Chaos völlig herein. In den folgenden fünfzig Jahren, der Epoche der sogenannten «Soldatenkaiser» gab es sechsundzwanzig Kaiser, von denen nur ein einziger eines natürlichen Todes starb!

In dieser Zeit nahm Kaiser Decius (249-251) planmäßig den Kampf gegen die Christen auf, die Heil und Rettung von einem anderen als vom römischen Herrscher erwarteten. Auch jetzt gab es allerdings unter den Verfolgern Bürger, die aus ehrlicher Besorgnis um den Fortbestand des Staates handelten. Sie hielten die Christen für Chaoten und fragten: «Wer soll noch gehört, wer noch gefürchtet, wer noch angebetet werden, wenn man die Götter nicht mehr verehrt und dem Angesicht des Kaisers den Andachtsgruß verweigert?»[189]

Im Jahre 250 forderte ein kaiserliches Edikt nicht nur im Sinne einer allgemeinen Mahnung die Teilnahme am Kaiserkult, sondern führte eine Kontrolle ein. Auf eigens angefertigten Formularen mußte die Teilnahme am Opfer bescheinigt und dadurch nachgewiesen werden.

In dieser Lage wurden manche Christen schwach, andere erschlichen sich durch Beziehungen oder Bestechung Opferbescheinigungen, ohne am Opfer teilgenommen zu haben. Viele aber bekannten weiterhin standhaft ihren Glauben. Ihre Zuversicht gründete letzten Endes im Vertrauen auf die allumfassende Herrschaft Jesu Christi. Bezeichnenderweise lautet ein Schlußsatz in den Märtyrerakten, der in ähnlicher Weise immer wiederkehrt: «Es litt aber der Knecht Gottes Maximus in der Provinz Asien unter dem Herrscher Decius und dem Statthalter Optimus – unter der Königsherrschaft unseres Herrn Jesu Christi, dem da ist die Herrlichkeit in alle Ewigkeit. Amen.»

Während Decius im Inneren des Reiches das Christentum zu unterdrücken suchte, begann ein furchtbarer Ansturm äußerer Feinde auf das Reich. Als erster römischer Kaiser, der von äußeren Feinden erschlagen wurde, fiel Decius im Jahre 251 im Kampf gegen die Goten.

Keine zehn Jahre später geriet Kaiser Valerian (253-268) lebend in die Hände des neupersischen Königs Schapur I., der den Anspruch auf Weltherrschaft erhob. Zur gleichen Zeit, in der die Perser die Ostprovinzen des Reiches überrannten, brach auch die Germanengrenze zusammen. Franken und Alemannen fielen in Gallien und Italien ein, plündernde Scharen streiften durch Griechenland und Kleinasien, Goten und Sarmaten brannten Ephesus nieder, die Heruler nahmen Athen. Das ganze Reich schien zusammenzustürzen. Einzelne Statthalter machten sich selbständig. Antike Autoren sprechen von dreißig Gegenkaisern. Wie zum Hohn verkündete zur gleichen Zeit eine Parole auf den Münzen: Ubique pax – überall Friede.

Die allgemeine Bedrängnis weckte jedoch auch einen neuen Willen, das Reich zu retten. Selbst die Soldaten wurden davon erfaßt. Einer der markantesten Kaiser jener Zeit (Aurelian 270-275) sicherte nochmals die Grenzen und stellte die innere Einheit wieder her. Er umgab Rom mit jener starken Mauer, die noch heute zu sehen ist. Aus dem Orient übernahm er den Kult des «unbesiegten Sonnengottes», den er mit dem des Jupiter verschmolz. Doch schon nach fünfjähriger Herrschaft wurde er von seinen Stabsoffizieren erschlagen.

Nach neuen Wirren wurde im Jahre 284 der Dalmatiner Diokletian zum Kaiser ausgerufen. Er warf seine Widersacher nieder und festigte endgültig die Grenzen.

Dann begann er eine völlige Neuordnung des Reiches. Kaiser, Heer und Beamtenschaft wurden die tragenden Säulen der Neuordnung, die das Reich unter seiner Oberherrschaft auf vier Regenten verteilte, die in Nikomedien, Sirmium, Mailand und Trier residierten, wo auch die schlagkräftigsten Truppen konzentriert wurden. Ein kunstvoller Apparat von Überwachungsorganen wirkte der Willkür von Beamten entgegen. Die obersten Behörden hatten Ämter mit Hunderten von Schreibern und Gehilfen. Eine allumfassende Geheimpolizei wurde aufgebaut. Die Zahl der Beamten wuchs, so daß man schon bald behauptete, es gäbe mehr Gehaltsempfänger als Steuerzahler. Anstelle der bislang weithin willkürlichen Steuerauflagen führte Diokletian jetzt eine direkte Grund- und Kopfsteuer ein, deren Höhe alle fünf, in späterer Zeit alle fünfzehn Jahre neu festgelegt wurde.

Um ihre Einziehung zu erleichtern, wurden die Handwerker und Gewerbetreibenden zu Zwangskollegien zusammengeschlossen und kollektiv veranlagt. Eine Reglementierung des gesamten politischen, wirtschaftlichen und gesellschaftlichen Lebens setzte ein. Im Gegensatz zu modernen Zwangsstaaten ging es Diokletian jedoch nicht um die Verwirklichung einer Ideologie. Er glaubte vielmehr, nur der Notwendigkeit zu entsprechen, um vom Reich zu retten, was noch zu retten war. Das Volk spürte offensichtlich diesen redlichen Willen und den Zwang der Verhältnisse und ergab sich ohne Widerstand in die allgemeine Bevormundung.

Mit der ihm eigenen Planmäßigkeit fordert Diokletian von den Christen erneut eine Teilnahme am Herrscherkult. Als diese sich weigerten, begann er, das Christentum zu unterdrücken. Kaiserliche Edikte befahlen, die Kirchen zu zerstören, die Heiligen Schriften auszuliefern, die Priester zum Staatsopfer zu zwingen; an alle Soldaten erging der strikte Befehl, am Kaiseropfer teilzunehmen. So brach über das Christentum der furchtbarste Sturm herein, den es in der Antike zu bestehen hatte.

Viele wurden schwach, andere aber gingen lieber in den Tod, als gegen ihre Überzeugung zu handeln. Diese Unbeugsamen sind für die kommende Geschichte entscheidend geworden. In ihnen fand der absolute Staat eine Grenze, an der seine Kampfmaßnahmen scheiterten. So wurde die Errichtung eines orientalischen Gottkaisertums verhindert.

Im Jahre 305 trat Diokletian zurück und übergab das erneuerte Reich der Bewährungsprobe. Er verbrachte sein weiteres Leben in seinem Palast in Spalatum, dem späteren Split, in Dalmatien und ließ sich in der Folgezeit durch nichts bewegen, erneut die Führung des Reiches zu übernehmen.

Helden der Nächstenliebe

Joseph Cottolengo (1786-1842)
Piccola Casa della Providenza

Vinzenz von Paul (1541-1660)
Vater der Armen von Paris

Maximilian Kolbe (1894-1941)
Hungertod für Familienvater

Dr. F. Josef Haass (1780-1853)
«Heiliger Arzt von Moskau»

Die von ihm vorgesehenen Nachfolger gerieten schnell in neue Auseinandersetzungen. Weitgehende Einigkeit herrschte nur in der Christenfrage. Man konnte nicht alle Christen niedermetzeln. Daher widerriefen im Jahre 311 die ansonsten miteinander rivalisierenden Kaiser Konstantin und Galerius sowie dessen Adoptivsohn Licinius die Verfolgungsedikte. Kurz darauf starb Galerius.

Im weiteren Verlauf der Thronstreitigkeiten zog Konstantin gegen den ebenfalls die Herrschaft im westlichen Teil des Reiches beanspruchenden Maxentius. Auf einen Traum hin stellte er sich und sein Heer unter den Schutz des Christengottes und legte dessen Zeichen an. Trotz zahlenmäßiger Unterlegenheit errang er im Jahre 312 vor den Toren Roms einen glänzenden Sieg. Als seine Feinde über die Milvische Brücke zurückfluteten, stürzte sie zusammen. Auch Maxentius kam dabei um. Die Zeitgenossen empfanden diesen Sieg Konstantins als ein Zeichen Gottes. Konstantin selbst fühlte sich von nun an dem siegbringenden Gott verpflichtet und war geradezu ängstlich bedacht, sich dessen Wohlwollen zu sichern. Kurz nach der Schlacht erließ er im Jahre 313 zusammen mit Licinius, dem Regenten des Ostens, zu Mailand ein Toleranzedikt, das den Christen ausdrücklich freie Religionsausübung gestattete, «damit die Gottheit und das himmlische Wesen, wer es auch sein mag, uns und allen unseren Untertanen gewogen und gnädig sei»[190].

Die beschlagnahmten Kirchen mußten nunmehr zurückgegeben werden. Weitere Edikte befreiten die Kirchengüter von den allgemeinen Steuerpflichten, die Strafe der Kreuzigung wurde zur Ehre Christi abgeschafft, Brandmarkungen des menschlichen Gesichts wurden verboten, da das Ebenbild Gottes nicht geschändet werden dürfe. Die Gladiatorenspiele wurden untersagt. Die Kirche durfte Erbschaften und Spenden offiziell annehmen. Bald gehörten auch Mitglieder des kaiserlichen Hauses zu den großzügigsten Stiftern. Die Bischöfe erhielten anerkannte öffentliche Befugnisse. Sie konnten insbesondere tätig werden, wenn ihrer Überzeugung nach das Recht gebeugt wurde.

Obgleich sich Konstantin vorerst nicht taufen ließ, um einer damals weitverbreiteten Auffassung entsprechend im Vollbesitz der

Taufgnade zu sterben, fühlte er sich als ranghöchstes Mitglied der christlichen Kirche. Daher griff er auch in dogmatische Streitigkeiten ein, deren Kernfrage das Verhältnis Gottvaters zu Jesus Christus war. Unterschwellig hatte es hierüber schon lange Zeit Auseinandersetzungen gegeben, die jedoch angesichts der Unterdrückung der Kirche durch den Staat nicht in voller Schärfe entbrannt waren. Jetzt aber propagierte der Priester Arius in dieser umstrittenen Frage eine zwar um Vermittlung bemühte, jedoch höchst problematische Antwort: Jesus Christus sei nicht ewig und wesensgleich mit dem Vater, aber als erstes Geschöpf mit göttlichen Kräften ausgestattet worden. Demgegenüber hielten die meisten Christengemeinden unter der geistigen Führung Alexandrias, wo Bischof Athanasius wirkte, an dem schon im Neuen Testament verankerten Gedanken einer ungeschmälerten Gottheit Jesu Christi fest.

Um die Einheit «seiner» Kirche zu wahren bzw. wieder herzustellen berief Konstantin im Jahre 325 ein Konzil nach Nikäa in Kleinasien ein. Über dreihundert Bischöfe, vor allem aus dem Ostteil des Reiches, waren anwesend. Der römische Bischof wurde durch Legaten vertreten. In großer Einmütigkeit verkündete das Konzil als Lehre der Kirche, Christus sei «Gott von Gott, Licht vom Lichte, wahrer Gott vom wahren Gott, gezeugt, nicht geschaffen, gleicher Wesenheit mit dem Vater».

Mit dieser Formulierung, die später auch in das Große Glaubensbekenntnis aufgenommen wurde, bekannte sich die Kirche klar und eindeutig zu dem einen, jedoch dreipersonalen Gott. Allerdings war der Arianismus damit noch keineswegs «erledigt», zumal da Arius – von einigen weiteren Bischöfen unterstützt – sich nicht unterwarf.

Versuche Kaiser Konstantins, die römische Aristokratie zum Christentum zu bekehren, scheiterten. Statt der Bekehrung des alten weihte er im Jahre 330 am Schnittpunkt bedeutender Handelsstraßen im Osten ein neues christliches Rom ein, das er nach seinem Namen Konstantinopel nannte. Es wurde rasch zum wirtschaftlichen Mittelpunkt des spätantiken Reiches. Statt der Göttertempel wurden prächtige christliche Kirchen errichtet. Eine neugeprägte Münze zeigt die Standarte Konstantins mit dem Namen Christi. Die Beischrift lautet: «Spes publica» – die politische Hoffnung. Nachdem Diokletian eine Erneuerung des Römerreiches unter Ausschaltung des Christentums versucht hatte, verkündete jetzt Konstantin sein Programm: Die Rettung Roms durch die Hilfe des neuen siegreichen Gottes.

Schon rasch zeigte sich, daß der Verzicht auf den Kaiserkult, der mit dem Programm Konstantins zwangsläufig verbunden war, keineswegs eine Minderung des kaiserlichen Prestiges bedeutete. Im Gegenteil: An die Stelle eines rein formalen Opfers war die echte Verehrung des Kaisers als des irdischen Stellvertreters des allbeherrschenden Gottes getreten. Konstantin selbst erkannte mit klarem Blick, daß eine absolute Herrschaft, wie sie im Spätrömischen Reich bestand, nur als Stellvertretung Gottes gerechtfertigt werden konnte.

Nach Konstantins Tod im Jahre 337 kam es zu Auseinandersetzungen zwischen seinen drei Söhnen. Nachdem zwei von ihnen den Tod gefunden hatten, übernahm Konstantius II. (350-361) die Alleinherrschaft. Er betrachtete sich auch in religiösen Angelegenheiten als obersten Herrn und suchte, die heidnischen Kulte blutig zu unterdrücken. Auch innerhalb der eigenen christlichen Kirche begann er, nach Gutdünken zu schalten, und setzte sich entschieden für den Arianismus ein. Insbesondere im Westen stieß er jedoch auf erbitterten Widerstand. Freimütig schrieb ihm Bischof Hosius von Cordoba, der sich schon in der Zeit der Christenverfolgungen als mutiger Bekenner bewährt hatte: «Mische dich nicht in kirchliche Angelegenheiten, schreibe uns darüber nichts vor, lerne vielmehr von uns, was du glauben sollst. Dir hat Gott die Herrschaft des Reiches gegeben und uns die der Kirche.» Dank der festen Haltung zahlreicher Bischöfe und Gläubigen hielt die Kirche insgesamt auch gegen den Kaiser am trinitarischen Gottesbekenntnis fest.

Sie ließ sich auch nicht erschüttern, als der Nachfolger des Konstantius, Kaiser Julian (361-363), als letzter Kaiser nochmals die heidnischen Kulte begünstigte und die philosophische Bildung gegen die christliche Offenbarung ausspielte. Als er nach einem

zunächst glänzenden Feldzug in der Nähe der persischen Hauptstadt Ktesiphon fiel, war der letzte Versuch einer Erneuerung des
Heidentums gescheitert.

In den folgenden Jahren verloren die alten Staatspriester-
schaften jede offizielle Unterstützung. Ihr Besitz wurde zugunsten
des Kaisers und der Kirche eingezogen. Trotz erbitterten Widerstands vieler Senatoren wurde die Statue der Göttin Victoria aus
der Kurie entfernt. Mancherorts kam es sogar zu einer Verfolgung
von Heiden, von denen einige in Treue zu ihrer Überzeugung in
den Tod gingen.

In dieser Zeit gewann die Kirche im Westteil des Reiches auch
an eigenem geistigen Profil. Es ist kennzeichnend, daß aus der
Schule eines heidnischen Rhetors die Kirchenlehrer Basilius der
Große und Gregor von Nazianz sowie der gewaltige Prediger
Johannes Chrysostomos hervorgingen. Das klassische Bildungsgut, das die Rhetoren als Schulweisheit konserviert hatten, erwach-
te im Dienst der christlichen Lehre zu neuem Leben. Die Rede-
kunst, die zuvor rein formal um ihrer selbst Willen geübt worden
war, wurde wieder zur Vermittlung echter Überzeugungen eingesetzt. Dabei sprachen die großen christlichen Prediger im Gegensatz zu den Rhetoren nicht zu einem kleinen Kreis von Gebildeten, sondern wandten sich an die breite Masse des Volkes.

Bezeichnenderweise erkannte der Kirchenvater Hieronymus
zwar Cicero als «König der Redner» an, vermied es jedoch bewußt, bei seiner lateinischen Bibelübersetzung dessen glänzenden
Stil nachzuahmen. Vielmehr suchte und fand er für seine «Vulgata» eine schlichte, aber kraftvolle Sprache, die der einfachen Größe
der Evangelien entsprach.

In jenen Jahren wurde auch die bislang vor allem in griechischer
Sprache ausgebildete Theologie von den «lateinischen Vätern»
dem Westen erschlossen. Dabei wurde nichts wesentlich Neues
entwickelt, aber alles mit der strengen Zucht westlichen Denkens
durchdrungen.

In Treue zur Schrift und zur Überlieferung bildete der Westen
mit dem Bischof von Rom ein Bollwerk zur Bewahrung des trinitarischen Gottesglaubens und gegen eigenwillige Ausdeutungen

einzelner Schriftstellen, wodurch im Osten ständige neue «Häresien» entstanden. Schließlich bestätigte Theodosius (379-395), der letzte Kaiser des Gesamtreiches, die Autorität des römischen Bischofs, indem er auch im Osten den Arianismus aufgab und ausdrücklich mahnte: «Wir wollen, daß alle unsere Untertanen an dem den Römern vom Heiligen Apostel Petrus überlieferten Glauben festhalten.» 381 berief er ein Konzil nach Konstantinopel, das den Arianismus endgültig verurteilte.

Trotzdem war der Arianismus auch jetzt noch nicht am Ende, da in der Zeit zuvor ein Teil der germanischen Völker, die auf uns weithin unbekannten Wegen missioniert wurden, das Christentum in der arianischen Form angenommen hatte. Diese Übernahme wirkte sich umso folgenschwerer aus, da inzwischen jene große Bewegung eingesetzt hatte, die als «Völkerwanderung» in die Geschichte eingegangen ist. Wie aus den bisherigen Darlegungen hervorgeht, waren germanische Völker zwar schon jahrhundertelang von Unruhe ergriffen und stießen immer wieder über die Grenzen in das römische Reichgebiet vor. Aber trotz ständig wachsenden Druckes und wiederholter Einbrüche konnten die Römer die befestigte Rhein-Donau-Grenze insgesamt lange Zeit halten.

Jetzt jedoch wurde sie endgültig überrannt. Den letzten Anstoß zu der großen Bewegung hatten die Hunnen gegeben, ein asiatisches Steppenvolk, das 375 die Wolga überschritt. In den folgenden Jahrzehnten brachen die alten Grenzen völlig zusammen. Germanische Völker nahmen – zum Teil in formalem Einvernehmen mit den Römern – weite Teile des Römischen Reiches in ihren Besitz. Ihr Eindringen bedeutete einerseits Störung, zum Teil auch Zerstörung alter politischer und gesellschaftlicher Ordnungen, andererseits jedoch auch einen positiven neuen Impuls für den weiteren Gang der Geschichte.

Während das Spätrömische Reich in einer organisatorischen Perfektionierung und einer damit verbundenen Reglementierung des einzelnen Rettung vor dem drohenden Untergang gesucht hatte, schätzten die nunmehr eindringenden Germanen nichts höher als ihre persönliche Freiheit. Die Freiheitsliebe des einzelnen, eine indogermanische Eigenschaft, war bei ihnen besonders stark. Dementsprechend waren die intensivsten Bindungen jeweils die, die der einzelne freiwillig einging bzw. anerkannte. Lange Zeit konnten die Römer sich diese Tendenz zunutze machen, indem sie ihre Heere mit germanischen Kriegern auffüllten und in späterer Zeit ganze Völker durch entsprechende Abmachungen «in ihre Dienste» nahmen. Auf diese Weise spielten die römischen Kaiser und ihre Sachverwalter, trotz eigener militärischer und politischer Schwäche, während der gesamten Völkerwanderungsepoche weiterhin eine bedeutende Rolle.

In dieser kurzen Darstellung ist es nicht möglich und auch nicht nötig, auf die einzelnen Wanderbewegungen der germanischen Völker einzugehen. Eine gewaltige Erschütterung ging durch die gesamte damalige Welt, als die Westgoten im Jahre 410 auch Rom einnahmen, die alte Hauptstadt des Reiches, die seit dem Galliersturm – also seit 800 Jahren – kein äußerer Feind betreten hatte. Selbst im fernen Bethlehem erwartete der Kirchenvater Hieronymus, daß nach dem Fall der Stadt Rom das Ende der Welt bevorstehe.

In Rom selbst wiesen die letzten heidnischen Senatoren grollend darauf hin, man habe ja gegen ihren Willen die Victoria-Statue aus der Kurie entfernt, jetzt sei offenbar, daß Jupiter ein besserer Schützer der Stadt gewesen sei als der neue von den Christen verehrte Gott. Tatsächlich hatte sich die «politische Hoffnung» Konstantins nicht erfüllt. Daher fragten auch viele Christen kleinmütig, ob denn die Apostelfürsten Petrus und Paulus nicht in der Lage seien, die Stadt ihrer Gräber zu schützen.

In dieser Ratlosigkeit griff der größte der abendländischen Kirchenlehrer, Aurelius Augustinus, zur Feder. Der ehemals heidnische Rhetor akzentuierte die gesamte Deutung des geschichtlichen Geschehens neu. Ob Rom Feinden in die Hände falle oder nicht, sei nicht entscheidend. Denn das grundlegende Thema der Weltgeschichte sei nicht das Schicksal des Römischen Reiches, sondern das Wirken der «civitas Dei», des Gottesreiches, samt seiner Auseinandersetzungen mit dem Reich des Bösen. In diesen Kampf sei jeder einzelne hineingestellt, in jedem einzelnen Menschen falle die Entscheidung, zu welcher «civitas» er gehöre.

Diese Auffassung bedeutete eine völlig neue Konzeption der Weltgeschichte: Es ging nicht mehr primär um das Schicksal der großen politischen Gebilde, um den Aufstieg oder Untergang von Staaten und Völkern. Die Geschichte erhielt vielmehr eine zutiefst theologische Interpretation. In ihr gewann jeder einzelne Mensch weltgeschichtliche Bedeutung. Es gab niemanden mehr, dessen Geschick als völlig uninteressant und als unerheblich betrachtet werden durfte. Von daher konnte im Laufe der weiteren Jahrhunderte der Grundgedanke von der Würde jedes einzelnen Menschen auch als geschichtlich-politisches Postulat entwickelt werden.

Als Ergänzung für seine grundlegenden Gedanken zur Deutung der Geschichte veranlaßte Augustinus den spanischen Priester Orosius, eine Weltgeschichte zu schreiben, in der er den niedergedrückten Zeitgenossen darlegte, daß es in der Welt immer schon Unglück gegeben habe und die christlichen Zeiten durchaus nicht unglücklicher seien als die vorausgegangenen.

Bei der Durchführung seiner Aufgabe zog Orosius alle damals vorhandenen Geschichtswerke heran und schuf auf diese Weise ein Werk, das in Pauly-Wissowas Realenzyclopädie mit vollem Recht als die «erste in sich geschlossene und literarisch hochstehende Welt- und Universalgeschichte» bezeichnet wird. Mit dieser Feststellung wird nicht bestritten, daß es schon lange vor Orosius den Anspruch auf Weltherrschaft gab, der von einzelnen Reichen bzw. ihren Herrschern erhoben wurde. Welt*geschichte* jedoch ist mehr: Sie bedeutet eine Konzeption, welche die einzelnen politischen Gebilde übergreift und Veränderungen in den großen geschichtlichen Konstellationen anerkennt.

Natürlich umfaßt die Weltgeschichte des Orosius – objektiv betrachtet – keineswegs die Geschichte aller Völker, da selbstverständlich die damals noch unbekannten Erdteile in ihr keine Erwähnung finden. Entscheidend ist jedoch, daß Orosius die gesamte damals bekannte Menschheit in seine Darstellung einzubeziehen sucht, und daß unter der von Augustinus entwickelten Konzeption auch der «Rest der Welt» grundsätzlich einbezogen werden konnte. Der Glaube an einen Gott als den Schöpfer der Welt und den Herrn aller Völker hatte nunmehr in der Konzeption der Ge-

116

Heldinnen der Nächstenliebe

Elisabeth von Thüringen † 1231
Landesfürstin, Engel der Armen

Maria Theresia Scherer † 1888
Mutter von 4000 Schwestern

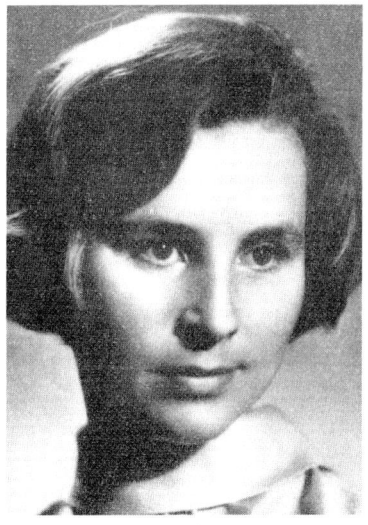

*Nijole Sadunaite * 1938 Litauen*
Krankenschwester in Sibirien

Mutter Teresa † 1997
Der Engel von Kalkutta

schichte als Weltgeschichte den ihm gemäßen Ausdruck gefunden.

Den einströmenden Germanenvölkern fiel rasch der gesamte westliche Teil des Römischen Reiches zum Opfer. Allerdings bildeten sie in den meisten Provinzen nur eine zahlenmäßig recht kleine kriegerische Oberschicht. In vielen Fällen ließen sie politisch die römischen Institutionen mehr oder weniger «ungestört» weiterarbeiten.

Vorübergehend schien es, als bildete sich auf diese Weise ein Staatensystem mit eigener Stabilität, dessen wichtigste Bestandteile das Vandalenreich in Nordafrika, das Westgotenreich in Spanien, das Frankenreich in Gallien und das Ostgotenreich in Italien bildeten.

Da, wie schon erwähnt wurde, ein Teil dieser Germanenvölker Arianer waren, die römische Reichsbevölkerung dagegen der vom Papst repräsentierten Trinitätslehre anhing, ergab sich auch die Frage gegenseitiger Toleranz. Sie wurde insgesamt positiv gelöst. Repräsentativ dafür ist das Verhältnis der arianischen Ostgoten zur italischen Bevölkerung.

Theoderich der Große suchte, ein gutes Einvernehmen zwischen Italikern und Goten zu sichern, indem er beiden besondere Aufgaben im Staate zuwies und erklärte: «Nur ein schlechter Römer will ein Gote sein, nur ein schlechter Gote will ein Römer werden.» Übertritte zur anderen Konfession wurden nicht gestattet. Da damals das Verhältnis zwischen dem Papst und dem Kaiser in Konstantinopel gespannt war, wurde die Kirchenpolitik Theoderichs auch von den Päpsten und den Bischöfen Italiens voll anerkannt. Im Jahre 498 wurde der arianische Heerkönig sogar bei einer strittigen Papstwahl als Schiedsrichter angerufen.

Schon kurz zuvor hatte Papst Gelasius I. (492-496) die Auffassung der Kirche über ihr Verhältnis zur staatlichen Gewalt offiziell in eine klassische Form gebracht. Er erklärte, eine wahre Verbindung von Königtum und Priestertum gäbe es nur in Jesus Christus. Jede menschliche Nachahmung dieser göttlichen Machtfülle sei ein Blendwerk des Teufels. Wegen der Gefahr des Stolzes habe Gott eine weise Gewaltenteilung getroffen. Die christlichen Kaiser seien für das ewige Wohl auf die Päpste, die Päpste für die zeitlichen Dinge auf die kaiserlichen Anordnungen angewiesen.

Dieser Auffassung entsprechend, die sich im Westen voll durchsetzte, konnte sich der Mensch nicht mehr blindlings einer einzigen Autorität anvertrauen. Das bedeutete indirekt einen bleibenden Impuls für die Freiheitsgeschichte in der weiteren Entwicklung Europas.

Das germanische Staatensystem in der Westhälfte des alten Römischen Reiches war allerdings nur von kurzer Dauer. Schon vor dem Tode Theoderichs brach es faktisch zusammen. Die Franken begannen, die Westgoten zu bedrängen, die Vandalen und die Ostgoten verfeindeten sich. Das Verhältnis zum Kaiser in Ostrom wurde gespannt. Im Inneren des Ostgotenreiches wurde das Verhältnis zwischen Italikern und Goten getrübt.

Ein Jahr nach dem Tode Theoderichs bestieg im Osten Justinian (527-565) den Kaiserthron. Er begann eine gewaltsame Restaurationspolitik und brachte Nordafrika und Italien sowie Teile Spaniens unter seine Herrschaft. Das Bleibende seiner Regierungsmaßnahmen waren jedoch nicht diese kriegerischen Erfolge, sondern innenpolitische Leistungen. In zahlreichen Städten errichtete er große Bauten, in Konstantinopel allein fünfundzwanzig Kirchen, unter ihnen als prächtigste die Hagia Sophia, an der zehntausend Arbeiter sechs Jahre lang bauten.

Seine geschichtlich größte Leistung war jedoch die Aufzeichnung des gesamten damals gültigen Rechts in einem einzigen großen Werk, dem Codex Justinianus, der später im Gegensatz zum kanonischen Recht der Kirche als corpus juris civilis bezeichnet wurde. Das Römische Recht hat in dieser Form Jahrhunderte überdauert und wirkt bis in unsere Tage fort.

Während die Rechtscodifikation Justinians entscheidend zur Wahrung antiker Traditionen beitrug, hat der gleiche Kaiser Einrichtungen, die er durch die Entwicklung als überholt betrachtete, konsequent beseitigt. Er schaffte das Konsulat ab und schloß im Jahre 529 die Akademie von Athen, die fast tausend Jahre lang Träger antik-heidnischer Bildung gewesen war. Die letzten Neuplatoniker suchten im Persischen Reich Zuflucht, wo sie eine lebhafte Übersetzungstätigkeit entfalteten, die später dem Islam zugute kam. Die Epoche der heidnischen Antike war endgültig zu Ende.

Bezeichnenderweise berechnete um die gleiche Zeit Dionysius Exeguus das Jahr der Geburt Jesu Christi, den Angelpunkt bzw. die Voraussetzung der heute allgemein üblichen Datierung der gesamten Weltgeschichte, deren Angelpunkt das Erscheinen Jesu Christi ist.[191] Wenn heute die gesamte vor- und nachchristliche Geschichte auf allen Kontinenten nach diesem Ereignis datiert wird, dokumentiert sich darin unübersehbar der Zusammenhang zwischen christlichem Denken und der Konzeption der Weltgeschichte.

Im gleichen Jahre 529, in dem Justinian die Akademie von Athen schloß, gründete Benedikt von Nursia südlich von Rom auf dem Monte Cassino ein Kloster, dessen Regel bald zur Richtschnur des abendländischen Mönchtums wurde.

Schon bald nach dem Tode Justinians zeigte sich, daß seine außenpolitischen Erfolge nicht von Dauer waren. Im Jahre 568 stießen die Langobarden nach Italien vor und entrissen den Oströmern den größten Teil des Landes. Um die gleiche Zeit verdrängten die Westgoten die Römer aus Südspanien. Ostrom konnte nicht an einen nochmaligen Restaurationsversuch denken, denn ein neuer Krieg mit den Persern war ausgebrochen. Der ganze Balkan litt unter Raubzügen der Slawen und Awaren. Einzelne höchst beachtliche kriegerische Erfolge konnten nicht darüber hinwegtäuschen, daß das Reich durch die immer neuen Angriffe und Gefahren letzthin überfordert war.

7. Die Herausforderung der Christenheit durch den Anspruch des Islam

Im 7. Jahrhundert erstand dem durch die Völkerwanderung und die Auseinandersetzungen mit dem Persischen Reich militärisch geschwächten und durch die noch nicht endgültig überwundene Spannung zwischen Anhängern der offiziell anerkannten Trinitätslehre und des verworfenen Arianismus innenpolitisch polarisierten Römischen Reich völlig unvorhersehbar ein neuer gefährlicher Gegner: Von religiöser Begeisterung getragene Kriegsscharen aus dem arabischen Raum.

In früheren Zeiten hatten die Araber trotz mancher Raubzüge nie eine ernste Gefahr für die christlich-antike Welt bedeutet. Sie waren in sich uneins, wobei besonders die Nomaden der Wüste in stetem Gegensatz zu den Bewohnern der Küstenstädte standen. Der jähe Umschwung der Verhältnisse, der nunmehr eintrat, war ausgelöst durch das Wirken eines einzigen Mannes: Mohammeds.

Mohammed gehörte der Sippe der Kureischiten an, die in der heiligen Kaaba zu Mekka einen schwarzen Meteoritstein als Heiligtum hütete. Als Kaufmann stand er in Verbindung mit jüdischen Händlern, die sich in großer Zahl in den Städten Arabiens niedergelassen hatten. So gewann er einen Einblick in die jüdische Religion. Auf seinen Reisen lernte er auch das Christentum kennen. Er schloß sich keiner dieser Religionen an. Er empfand jedoch, daß beide in ihrer Verehrung des einen Gottes den arabischen Götterkulten überlegen waren. Zugleich erkannte er die moralische Reformbedürftigkeit der arabischen Gesellschaft. Es bemächtigte sich seiner ein prophetisches Sendungsbewußtsein und er verkündigte schließlich seinen Landsleuten, er habe überirdische Erscheinungen gehabt, die er auf Weisungen des Erzengels Gabriel offenbare.

Allerdings schenkten ihm seine Mitbürger in Mekka zunächst keinen Glauben. Im Gegenteil: Die Stadtherren begegneten ihm mit so offener Feindschaft, daß er 622 mit wenigen Getreuen nach Medina floh. Diese «Auswanderung» – Hidschra oder auch Hedschra – wurde später vom Kalifen Omar I. zum Ausgangspunkt der mit dem 15./16.7.622 beginnenden und nach Mondjahren berechneten islamischen Zeitrechnung[192]. In Medina gewann Mohammed rasch eine große Anhängerschaft. Schon im Jahre 630 konnte er auch Mekka fast kampflos in seine Hand bekommen. Er «reinigte» die Kaaba von allen Götterbildern und machte sie zum Mittelpunkt einer neuen von ihm gegründeten streng monotheistischen Glaubensgemeinschaft. Seine Lehre wurde in den Suren des Koran niedergelegt und festgehalten. Viele von ihnen zeigen bis in die Formulierungen hinein eine starke Abhängigkeit vom Judentum und Christentum.

Mohammed selbst interpretierte sich als den letzten und größten Propheten, deren Reihe mit Abraham begann. In dieser Reihe gestand er auch Christus als seinem Vorläufer und dem künftigen Richter der Welt einen wichtigen Platz zu. Allerdings erkannte er ihn nicht als Sohn Gottes an, da er die Lehre von der Dreifaltigkeit für Vielgötterei hielt.

Von seinen Anhängern forderte er vor allem eine Hingabe – Islam – an Allahs Weisungen und Willen, wie er in den Suren zum Ausdruck gebracht sei. Denn diese sind nach dem Selbstverständnis Mohammeds und seiner Anhänger kein Werk von Menschen und auch nicht – der Bibel vergleichbar – «Gotteswort und Menschenwort», sondern reine Offenbarungen Gottes, die Mohammed unmittelbar bzw. durch Vermittlung des Erzengels Gabriel zuteil geworden seien. Bezeichnenderweise gibt der Koran jeweils an, ob die nachfolgende Sure in Mekka oder Medina geoffenbart wurde. Er kennt jedoch weder eine chronologische noch eine inhaltlich systematische Ordnung. Die einzelnen Suren sind vielmehr einfach nach ihrer Länge geordnet aneinander gereiht.

Die meisten Pflichten ähneln formal den Frömmigkeitsübungen der Pharisäer, doch erklärt Mohammed auch: «Gesetzlichkeit ohne Barmherzigkeit und Menschlichkeit ist wenig». Besonders charakteristisch für seine Religionsgemeinschaft ist die Auffassung, daß der kriegerische Kampf für Allah die herrlichste Tat sei: «Eine Nacht, die man in Waffen zugebracht, oder ein Tropfen Blutes, der für Allahs Sache vergossen ist, ist verdienstlicher als Fasten und Beten. Wer im Kampfe fällt, erlangt die Freuden des Paradieses, und jede seiner Wunden wird am Tage des Weltgerichtes wie Bisam duften und wie ein Leuchtkäfer glänzen. Er wird sitzen auf weichem Polster, angetan mit seidenen Kleidern und Armbändern von Gold und Perlen. Das ist das Reich des Entzückens, eine Fülle von Speisen und köstlichen Früchten und herrlichen Getränken in kristallenen Schalen»[193].

Noch Mohammed selbst gewann die Herrschaft über einen großen Teil Arabiens. Viele Städte und Stämme schlossen sich ihm freiwillig an. In missionarischem Selbstbewußtsein forderte er auch von Abessinien, Persien und sogar von Konstantinopel die freiwillige Annahme des Islam und erhob auf diese Weise unüberhörbar den Anspruch, die letzthin für alle verbindliche Weltreligion gegründet zu haben. Tatsächlich bildet das von ihm beherrschte Gebiet jedoch auch bei seinem Tode im Jahre 632 nur einen kleinen Teil der damals bekannten Welt.

Schon bald jedoch griffen seine Anhänger unter Führung der Kalifen mit ihren Eroberungszügen über Arabien hinaus und drangen insbesondere in die benachbarten römischen Provinzen ein. Angesichts der bereits angedeuteten Schwäche des Römischen Reiches fanden sie keinen entschiedenen Widerstand. Im Gegenteil: Ein großer Teil der Bevölkerung der syrischen und afrikanischen Provinzen seufzte unter dem verhaßten römischen Steuerdruck und war der kaiserlichen Regierung auch durch die erbitterten dogmatischen Auseinandersetzungen um die Natur Christi entfremdet. So wurden die Heere der Kalifen vielerorts nicht nur nicht bekämpft, sondern sogar freudig begrüßt, als sie in Syrien, in Palästina und schließlich auch in Ägypten einfielen. Hier machten sie Kairo, die «Siegreiche», zur neuen Hauptstadt.

Etwa um die gleiche Zeit drangen islamische Kriegsscharen im Osten in das Perserreich ein und brachten es in ihre Hand. Die Bewohner der syrischen und ägyptischen Städte ließen es in den folgenden Jahren nicht mit Sympathiekundgebungen für ihre neuen Herren bewenden, sondern rüsteten ihnen auch eine starke Flotte aus. Dadurch gewann die islamische Expansion weiteren Schwung und wurde zu einem allseitigen Kampf zu Wasser und zu Lande. Schon 682 hatten die Eroberer ganz Nordafrika vom Osten zum Westen durchstoßen und standen an den Küsten des Atlantischen Ozeans.

Im Jahre 711 drangen islamische Heere im Osten in das Indusgebiet ein. Zu gleicher Zeit setzte im Westen ein verhältnismäßig kleines Heer über die Meerenge von Gibralter. Es schlug die Westgoten vernichtend. Anhänger des Islam nahmen die gesamte Halbinsel mit Ausnahme Asturiens in Besitz. In kühnen Streifzügen stießen sie über die Pyrenäen bis in fränkisches Gebiet vor.

Andere islamische Heere erkämpften sich den Eintritt in das Kerngebiet des oströmischen Reiches und standen 716 bei Pergamon. Zugleich begann ihre Flotte eine umfassende Operation: 717 war Konstantinopel zu Wasser und zu Lande eingeschlossen. Mohammeds Ziel, die Weltherrschaft des Islam, schien von seinen Nachfolgern noch kein Jahrhundert nach seinem Tode nahezu erreicht zu sein. Die «grüne Fahne des Propheten» wehte über einem weiten Gebiet von Persien bis an den atlantischen Ozean. Der Fall Konstantinopels schien nur eine Frage der Zeit zu sein: Aber auch das fränkische Reich schien reif für die Einnahme. Daß dann auch Italien mit Rom nicht mehr zu halten gewesen wäre, bedarf keiner großen Diskussion.

In dieser Stunde höchster Gefahr, in der die christliche Welt in ihrer Gesamtheit unter die Herrschaft des Islam zu geraten drohte, erhob die oströmische Armee den Syrier Leo III. zum Kaiser. Mit großer Tatkraft übernahm er die Verteidigung Konstantinopels. Als eine neuartige Waffe setzte er in äußerster Bedrängnis gegen die mohammedanische Flotte das «Griechische Feuer» ein, ein dem «Flammenwerfer» des 1. Weltkrieges vergleichbares Kampfmittel aus Petroleum, Schwefelsalpeter und ungebranntem Kalk, das sich bei jeder Berührung mit Luft entzündete und sogar im Wasser weiter brannte.

Die Verteidiger errangen einen vollen Abwehrsieg, der ihnen in der Folgezeit die Rückgewinnung Kleinasiens ermöglichte. Zur Sicherung des zusammengeschmolzenen oströmischen Machtbereiches baute Leo III. die regionale Verteidigung aus. Konstantinopel und ein Kerngebiet des ehemaligen Weltreiches war vor-

Missionare

Ludwig Bertrán O.P. † 1581
Indianermissionar in Kolumbien

Franz Xaver S.J. (1506-52)
Apostel Indiens und Japans

Charles de Foucauld † 1916
Wüstenheiliger in der Sahara

Maurice Tornay CRB † 1949
Schweizer Märtyrer in Tibet

125

erst gerettet. Inzwischen hatten die Vorstöße der Araber nach Gallien ein immer bedrohlicheres Ausmaß angenommen. Der Herzog von Aquitanien arbeitete mit ihnen zusammen. Das Frankenreich war durch innere Auseinandersetzungen geschwächt. Auf Kosten der merowingischen Könige hatten die Karolinger, die Exponenten des germanischen Adels, der sich gegen eine drohende Romanisierung des Landes wehrte, als «Hausmeier» überragenden Einfluß gewonnen.

Als im Jahre 732 der arabische Statthalter Spaniens einen neuen Vorstoß in fränkisches Gebiet unternahm, trat ihm der karolingische Hausmeier Karl Martell – der Hammer – mit einem Reiteraufgebot entgegen. Zwischen Tours und Poitiers errang er einen glänzenden Sieg. Im Zusammenwirken mit den Langobarden bereitete er in den folgenden Jahren den mohammedanischen Plünderungszügen nach Südfrankreich ein Ende.

Durch die Abwehrsiege bei Konstantinopel und im Frankenreich war die islamische Expansion gestoppt. Trotz weiter schwelender Kämpfe trat eine gewisse Stabilisierung der politischen Lage ein, zumal da der Islam sich inzwischen selbst in konfessionelle Gruppen, die Schiiten und die Sunniten, aufgespalten hatte, deren Führung die Kalifen von Bagdad und die im spanischen Cordova residierenden Nachfahren einer älteren Kalifendynastie übernommen hatten.

Die relative Konsolidierung der Welt bedeutete allerdings keine Wiederherstellung der alten Ordnung, sondern eine Stabilisierung tiefgreifend veränderter Verhältnisse. Während das Mittelmeer zuvor jahrhundertelang primär ein verbindendes Meer gewesen war und in vieler Hinsicht geradezu als die Achse des Römischen Weltreiches betrachtet werden kann, war die Einheit der Mittelmeerwelt nunmehr zerschlagen:

Die spanischen, afrikanischen und syrischen Küsten wurden von den Nachfolgern Mohammeds beherrscht. Kleinasien, der Balkan und einige Küstenstriche Italiens standen unter der Herrschaft Konstantinopels. Der größte Teil Italiens und Galliens bildete zusammen mit England und Germanien das politisch stark differenzierte Restgebiet.

Von diesen politischen Gebilden war Konstantinopel bzw. Ostrom der unmittelbare Nachfahre des untergegangen Weltreiches. Obwohl die Kaiser nunmehr – fast 200 Jahre nach dem Tod Justinians – nicht mehr an eine Restauration des Gesamtreiches denken konnten, fühlten sie sich doch wenigstens ideell allen anderen Herrschern und Reichen überlegen. Tatsächlich besaß der christliche Westen kein Zentrum, das mit Konstantinopel konkurrieren konnte.

Das alte Rom war keine politische Metropole mehr, es war nur noch Sitz des Papstes, des ranghöchsten Bischofs der Christenheit, dessen Weisungen zwar im Osten wenig beachtet wurden, dessen Autorität jedoch im Westen ständig wuchs. Obgleich ihnen die staatliche Einheit fehlte, zeigten alle politischen Gebilde des Westens eine verwandte Grundstruktur: Ihre Bevölkerung oder zumindest ihre politisch führende Schicht bestand aus Germanen, die ihr Herkommen und ihre Eigenart nicht verleugneten, die jedoch zugleich bestrebt waren, die christlich-antike Kultur zu übernehmen und weiterzuführen. Da sie dabei jedoch ihre eigenen Vorstellungen mit einbrachten, überwanden sie die Gefahr eines sterilen Einmündens in vorgegebene römische Traditionen.

Gegenüber dem gesamten christlichen Bereich bildete der Islam trotz der Übernahme christlicher und jüdischer Elemente eine eigene Welt. Insbesondere war das Verhältnis zwischen Religion und Politik ein grundlegend anderes als in den christlichen Staaten, insbesondere denen des Westens. Wie dargelegt wurde, hatte schon Mohammed selbst in einem höchst wechselvollem Prozeß, in dem kriegerische Auseinandersetzungen eine entscheidende Rolle spielten, einen großen Teil Arabiens unter seine Herrschaft gebracht. Das bedeutete für dieses Gebiet nicht nur die Zusammenfassung unter einer Religion, sondern zugleich einen politischen Zusammenschluß zu einer größeren Einheit und einer neuen fortschrittlicheren Staatlichkeit.

Auch die weitere Ausbreitung des Islam durch die Kalifen bestand in kriegerischen Eroberungen. Im Gegensatz zur Ausbreitung des Christentums, die sich in der ersten Phase missionierend in der staatlich festgefügten und geordneten Welt des Römischen Reiches vollzog und sich in der folgenden Phase den germanischen Völkern zuwandte, ohne diesen eine politische Ordnung aufzuzwingen oder sie gar kriegerisch zu unterwerfen, bedeutete die Ausbreitung des Islam von seinen Anfängen bis zu seiner weitesten Ausbreitung stets politische und religiöse Einbeziehung unterworfener Gebiete und Völkerschaften in ein neues Machtsystem. Oder anders formuliert: Der Islam kennt nicht die für das Christentum, insbesondere für das westliche Christentum, kennzeichnende Selbständigkeit von geistlicher und politischer Gewalt. Beide Gewalten werden gleichermaßen durch die Weisungen des Koran geordnet und geprägt.

Allerdings übten die mohammedanischen Herrscher im allgemeinen keinen direkten Zwang aus, um die Bevölkerung der unterworfenen Gebiete zum Islam zu bekehren. «Ungläubige» wurden jedoch wirtschaftlich ausgebeutet und politisch sowie gesellschaftlich mißachtet. In der Einschätzung Mohammeds werden sie noch unter die Tiere gestellt: «Siehe, schlimmer als das Vieh sind bei Allah die Ungläubigen, die nicht glauben...»[194] Daher hatten sie faktisch nur die Wahl, sich entweder zu bekehren oder als Menschen ohne Würde und minderen Rechts dahinzuleben.

Die Geringschätzung gilt auf die Dauer grundsätzlich auch für Juden und Christen, zu denen der Koran keine einheitliche Stellung bezieht. Denn Mohammed selbst hat sie als Verehrer des einen Gottes in den frühen Phasen seiner Entwicklung verhältnismäßig positiv eingeschätzt. Offensichtlich hatte er zunächst die Illusion, er werde bei beiden zunehmend Anerkennung als letzter und größter Prophet finden.

Hierzu schreibt Johan Bouman, der viele Jahre lang als Professor für Islamwissenschaften in Beirut wirkte, in seinem Buch «Der Koran und die Juden – Die Geschichte einer Tragödie»: «Eine objektive Betrachtung der Tatsachen läßt darauf schließen, daß Muhammad den Juden in Medina mit gutem Willen entgegengekommen ist und sich sicherlich Mühe gegeben hat, sie für den Islam zu gewinnen. Die Tragik aber war dabei, daß sein Wissen über die tragenden Fundamente des jüdischen Glaubens zu bruchstückhaft war, um die von den Juden gestellten kritischen Fragen verstehen zu können ... Abgesehen von den wirtschaftlichen und politischen Spannungen zu den Juden, mußte es so zu groben Mißverständnissen kommen. Unumgänglich war, daß sich in Muhammad eine tiefe Enttäuschung ausbreiten mußte, die sich zu einem psychologischen Trauma steigerte. Die Juden wurden von Kronzeugen Gottes und des Islams zu Feinden Gottes. Die nicht mehr zu vermeidende Folge war, daß die Offenbarungen des Koran über die Juden in ihr Gegenteil umschlugen. Sobald Muhammad sah, daß seine Annäherungsversuche ihm nichts brachten, nahm er seine Zugeständnisse durch neue Interpretationen wieder zurück.»[195]

Wie schon angedeutet wurde, hat sich Mohammeds veränderte Einschätzung von Juden und Christen auch im Koran niedergeschlagen. In einigen frühen Suren wird die Gemeinsamkeit des Glaubens an den einen Gott herausgestellt: «Siehe, sie, die da glauben,[196] und die Juden und die Sabier[197] – wer immer an Allah glaubt und an den Jüngsten Tag und das Rechte tut, die haben ihren Lohn beim Herrn, und Furcht kommt nicht über sie und nicht werden sie traurig sein.»[198]

Diese Haltung zu Juden und Christen wird jedoch nicht durchgehalten. An anderer Stelle heißt es vielmehr: «O, ihr, die ihr glaubt, nehmt nicht die Juden und Christen zu Freunden ... Siehe, Allah leitet nicht ungerechte Leute.»[199]

Vom Christentum erfolgte auch eine klare dogmatische Abgrenzung. In der 19. Sure, die sich ausführlich mit Maria befaßt, wird die Gottessohnschaft Jesu mit emotionaler Empörung verworfen. Es heißt hier unter anderem: «Und sie sprechen: ‹Gezeugt hat der Erhabene einen Sohn›. Wahrlich, ihr behauptet ein ungeheuerliches Ding! Fast möchten die Himmel darauf zerreißen, und die Erde möchte sich spalten, und es möchten die Berge stürzen in Trümmer, daß sie dem Erbarmer, dem es nicht zukommt, einen Sohn zu zeugen, einen Sohn beilegen.»[200]

Diese dogmatische Distanzierung begründet den Vorwurf: «Sie sprechen nichts als Lüge.»[201] Der dogmatische Lügner jedoch wird ausdrücklich mit dem Ungläubigen gleichgesetzt: «Siehe Allah leitet nicht den, der da ist ein Lügner, ein Ungläubiger.»[202] Die Konsolidierung der Welt nach der islamischen Expansion bedeutete auch eine Konsolidierung des Islam selbst. Seine heilige Sprache blieb das Arabische, die Sprache des Koran, der nicht übersetzt werden durfte. Da zunächst auch die besiegten Völker sich nur in dieser Sprache an ihre Beherrscher wenden durften, nahm das Arabisch in der islamischen Welt rasch eine ähnliche Stellung ein wie das Latein im christlichen Westen und das Griechische im Osten. Die geistige Vorrangstellung des Arabischen blieb auch bestehen, als die politische Führung an die Perser und in späterer Zeit an die Türken überging.

Der schon erwähnte Übertritt vieler ehemals römischer Bürger vom Christentum zum Islam hatte weittragende geistesgeschichtliche Folgen. Es waren vornehmlich die abgefallenen Christen Nordafrikas, die dem Islam eine Theologie nach christlichem Muster entwarfen. Dabei brachten sie die verschiedenen, zum Teil sogar in Spannung und Widerspruch zueinander stehenden Aussagen des Koran nicht nur in eine systematische Ordnung, sondern untermauerten sie auch philosophisch, indem sie für den Islam eine geistige Arbeit leisteten, die in mancher Hinsicht mit derjenigen der Kirchenväter verglichen werden kann. Auf diese Weise entstand eine Offenheit des Islam zu den antiken Wissenschaften, die sich schließlich auf alle Fragestellungen auswirkte. So entwickelte sich der Islam auf vielen Gebieten als ein ebenbürtiger, auf manchen Gebieten sogar als überlegener Gesprächspartner der christlichen Welt.

Auf längere Sicht wurde das in besonderer Weise wirksam auf der Pyrenäenhalbinsel, auf der jahrhundertelang mehrere christliche Staaten in Rivalität miteinander und insbesondere zu den mohammedanischen Eroberern standen. Hierbei wurden nicht nur positive geistige Errungenschaften des Islam wie etwa Schriften des griechischen Altertums[203] von den Christen übernommen, sondern auch problematische Auffassungen und Einrichtungen wie insbesondere der Gedanke des «Heiligen Krieges».

Wie schon ausgeführt wurde, erfolgte die christliche Missionierung der römischen und germanischen Welt nicht durch militärische Unterwerfung. Daher wirkte es auf viele Christen zunächst schockierend, daß kriegerische Horden, die in ihre Gebiete einfielen, überdies behaupteten einen «Heiligen Krieg» zu führen und mit ihren Eroberungen Gott in einer ihm besonders wohlgefälligen Weise zu dienen. Die christliche Theologie kannte diesen Gedanken des Heiligen Krieges nicht. Sie hatte allerdings schon früh – hier muß insbesondere Augustinus genannt werden – die Frage eines «gerechten» Krieges erörtert und zu beantworten versucht.

Daran, daß der Abwehrkampf gegen die islamischen Eroberer ein «gerechter» Kampf war, bestand bei den Christen der Pyrenäenhalbinsel kein Zweifel. Daher stellte man sich schon bald die Frage, ob denn dieser Abwehrkampf nicht viel eher die Bezeichnung «Heiliger Krieg» verdiene als die Eroberungszüge des Islam. So wurde der Gedanke des «Heiligen Krieges» auf der Pyrenäenhalbinsel von den Christen übernommen und in späterer Zeit auch auf andere Kampfplätze übertragen und insbesondere überall dort angewandt, wo man gegen Anhänger des Islam kämpfte, deren Erwerbungen auf Kosten des Römischen Reiches man grundsätzlich als ungerecht betrachtete.

Auf der gleichen Pyrenäenhalbinsel, auf der christliche Staaten und Anhänger des Islam «Heilige Kriege» gegeneinander führten, gab es allerdings auch Zeiten einer Art friedlichen Koexistenz mit einer relativ großzügigen Duldung von Christen durch islamische Herren. Bis in die Gegenwart hinein wird von Anhängern des Islam oft mit gewissem Stolz auf diese Toleranz hingewiesen. Dabei wird hin und wieder ergänzend daran erinnert, daß die Christen ihrerseits auf der Pyrenäenhalbinsel zuweilen durchaus nicht «christlich» mit den nichtchristlichen Bevölkerungsteilen – das gilt für Muslime wie auch für Juden – umgingen.

Im Gegensatz zu den Anhängern des Islam, bei denen sich die Frage länger andauernden friedlichen Auskommens miteinander nur regional stellte, bildeten die Juden damals in allen christlichen Staaten eine mehr oder weniger große Minderheit der Bevölkerung, die sich nicht zum Christentum bekannte. Die Sonderstellung und das eigene Bewußtsein dieser Minderheit beschränkte sich jedoch nicht auf ihre religiöse Überzeugung, da diese, wie bereits zitiert wurde, eng verbunden war mit dem Bestreben, eine «organisierte jüdische Gesellschaft» zu schaffen, «deren Dasein von der Thora und ihrem Geboten bestimmt war», ein Judentum, das als «Volk ohne ein Land weiterbestand».[204]

In den folgenden Jahrhunderten wurde das Zusammenleben zwischen Christen und Juden in den einzelnen Regionen Europas in je besonderer Weise geregelt. Bis heute viel diskutiert und verschieden beurteilt ist die Zusammenfassung der Juden in Gettos. Sie bedeuten einerseits eine Aussonderung von den Christen, die zuweilen noch verschärft wurde, indem man den Juden bestimmte Kleidungsstücke vorschrieb, durch die sie überall erkennbar waren. Andererseits jedoch durften die Juden innerhalb des Gettos in einer gewissen Selbstverwaltung nach ihren eigenen Glaubensüberzeugungen und Gesetzen leben. An christlich-kirchliche Vorschriften waren sie im allgemeinen nicht gebunden.

Diese Freiheit «von christlichen Vorschriften» gewann besondere Bedeutung beim Verbot der Kirche, für geliehenes Geld Zinsen zu nehmen. Dieses Verbot war erlassen worden, weil die Zinsen als ein Gewinn ohne Arbeit und daher als ein Gewinn auf Kosten anderer betrachtet wurden.

Wie die moderne Werbung mancher Kreditinstitute zeigt[205], erfaßte diese Einschätzung durchaus einen richtigen und wichtigen Gesichtspunkt, jedoch keineswegs den einzigen, was sich nicht zuletzt darin dokumentiert, daß mit dem Fortschreiten der wirtschaftlichen Entwicklung im zunehmenden Maße eine Notwendigkeit entstand, vorübergehenden Geldbedarf durch Kredite zu decken. Das bedeutete jedoch: Solange für die Christen ein strenges Zinsverbot galt, hatten die Juden faktisch ein Monopol in der Kreditwirtschaft. Dadurch gewannen sie einerseits eine wirtschaftliche Chance, anderseits jedoch gerieten sie in Gefahr, sich als «Wucherer» unbeliebt und im Extremfall verhaßt zu machen.

Rechtlich betrachtet standen die Juden unter dem Schutz der Herrscher, die sich diesen Schutz allerdings bezahlen ließen und zudem nicht immer in der Lage, zuweilen auch nicht ernstlich gewillt waren, ihn wirksam wahrzunehmen. Dadurch waren die Juden in vielen Fällen der Willkür ihrer christlichen Mitbürger ausgesetzt und lebten im Gefühl einer Rechtsunsicherheit oder zumin-

Kaiser

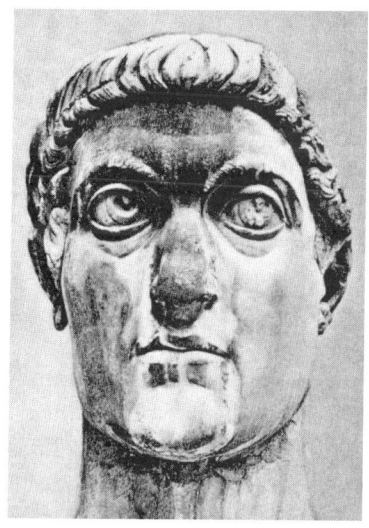

Konstantin der Große † 337
Erster christlicher Kaiser

Kaiser Heinrich II. (973-1024)
König, Kaiser und Heiliger

Kaiser Karl V. † 1576. In seinem
Reich ging die Sonne nicht unter.

Karl von Österreich † 1922
Der letzte Habsburger-Kaiser

dest stets bedrohten Rechtssicherheit. Die Christen jedoch suchten ihre Mißgunst und Abneigung gegenüber den Juden weithin damit zu begründen, daß diese Jesus dem Tode ausgeliefert hatten. Dabei machten sie sich weder klar, daß ja nicht nur die Gegner Jesu, sondern auch Jesus selbst und seine Jünger Juden waren, noch daß es – unbeschadet der bis heute umstrittenen Frage, wer die Hauptverantwortung an der Verurteilung Jesu Christi trägt – unter moralischen Gesichtspunkten keine Kollektivschuld gibt und es insbesondere grundsätzlich unangemessen ist, spätere Generationen für Entscheidungen zu bestrafen, die deren Vorfahren getroffen haben.[206]

Während man zu den Juden trotz sich wiederholender schwerer Übergriffe und poblematischer Regelungen insgesamt grundsätzlich ein geordnetes Verhältnis des Miteinanderauskommens suchte, empfand man die Anhänger des Islam fast durchweg als Feinde, gegen die Kampf und Krieg jederzeit berechtigt waren. Denn sie vertraten nicht nur religiös andere Auffassungen, sondern galten als ungerechte Eroberer von Teilen des Römischen Reiches, gegen die dessen Bürger jederzeit einen gerechten Krieg führen durften, zumal da die in islamischen Gebieten wohnenden Christen immer wieder Schikanen und Willkürakten ausgesetzt waren.

Dazu kam, daß der Islam seinerseits im Namen Allahs den Anspruch auf Herrschaft über die gesamte Menschheit erhob und Kriege gegen christliche Staaten grundsätzlich als «Heilige Kriege» betrachtete. Daher wurde der Islam von den Christen als ständige Herausforderung angesehen und als drohender Feind in das allgemeine Lebensgefühl einbezogen.

Weltgeschichtlich bedeuteten die Abwehrerfolge gegen den Islam, der die christliche Welt zu überrennen drohte, zugleich die Bewahrung bzw. Rettung des trinitarischen Gottesglaubens gegenüber einem kriegerisch erzwungenen Rückfall in eine monistische Gottesvorstellung und eine von daher geprägte Lebensauffassung.

8. Die abendländische Christenheit und die europäischen Nationen

Nach der Erschütterung der christlichen Welt durch die Expansion des Islam hatte die Christenheit im Osten weite Gebiete verloren, jedoch ein Kerngebiet mit der Hauptstadt Konstantinopel behauptet bzw. wiedergewonnen. Im Westen besaß sie im Papsttum zwar einen geistigen Mittelpunkt, war jedoch politisch weithin zerfallen und konzeptionslos. Erst allmählich kristallisierte sich das Fränkische Reich als ein politisches Gebilde heraus, das der westlichen Christenheit einen Weg in eine eigene – von Ostrom wie auch von der islamischen Welt klar unterschiedene – politische und geistige Zukunft sicherte. Dabei gingen die entscheidenden Impulse von den Karolingern aus, also von jenem Geschlecht, unter dessen Führung der Siegeszug des Islams bei Tours und Poitiers zum Stehen gebracht worden war. Zur Zeit dieses militärischen Erfolges herrschten im Frankenreich rein formal noch immer die merowingischen Könige, da angesichts des germanisch-fränkischen Glaubens, daß nur Königsblut Königsheil verbürge, niemand wagte, ihnen die Herrschaft zu nehmen.

Eine neue Lage trat ein, als das Frankenreich dank der Missions- und Organisationsleistungen des Heiligen Bonifatius einen engen Anschluß an die römische Kirche gewonnen hatte. Bezeichnenderweise erklärte die erste fränkische Gesamtsynode im Jahre 747 in einem Schreiben an den Papst ausdrücklich, «stets dem Nachfolger des heiligen Petrus ergeben zu sein und seinen Weisungen in allem zu gehorchen.» Jetzt setzte der karolingische Hausmeier Pippin die Autorität des Papstes, dessen Binde- und Lösegewalt dem ganzen Volke ins Bewußtsein getreten war, für eine Klärung der innenpolitischen Verhältnisse ein.

Auf seine Frage, betreffs der Könige im Frankenreich, die damals nicht die königliche Gewalt besaßen, ob das gut sei oder nicht, antwortete der Papst, es sei besser, daß *der* König heiße, der die Gewalt innehabe, als der, dem keine königliche Macht geblieben sei, damit die Ordnung nicht gestört werde. Pippin schickte daraufhin den letzten Merowinger in ein Kloster, ließ sich selbst zum König wählen und zu Soissons (Stadt an der Aisne) nach altjüdischem Brauch, den auch Westgoten und Angelsachsen schon übernommen hatten, von Bonifatius mit heiligem Öle salben. Damit war an die Stelle des durch Götterahnen verbürgten heidnischen Geblütsrechtes der Merowinger das christliche der Karolinger getreten, dessen Ansehen auf der Kraft der kirchlichen Salbung beruhte, die seitdem in Europa zum feststehenden Zeichen legitimen Königtums wurde.

In den folgenden Jahrzehnten konnten die Karolinger ihren Einfluß ständig erweitern. Besonders bedeutsam für die Folgeentwicklung wurde die Einbeziehung des bisher von Langobarden beherrschten nördlichen Italiens in ihren Machtbereich. Obgleich sich der Kaiser in Konstantinopel dagegen zu wehren suchte, verlieh der Papst dem Frankenkönig zudem den Patriziustitel und übertrug ihm damit die Schutzherrschaft auch über das römische Gebiet.

Ihre größten Erfolge erreichte die konsequente karolingische Politik unter Karl dem Großen (768-814). Im Jahre 774 setzte er sich selbst die Eiserne Krone der Langobarden[207] aufs Haupt und verband so das Langobardenreich in Personalunion mit dem Frankenreich. Im Norden unterwarf er in schwierigen Feldzügen und unter vorübergehenden Rückschlägen die Sachsen und zwang sie, das Christentum anzunehmen. In der Bekehrungsgeschichte der Germanenvölker bildet diese gewaltsame Christianisierung eine Ausnahmeerscheinung, die allein aus politischen Motiven hervorging, während sich sowohl Papst Hadrian wie auch die fränkischen Bischöfe von Zwangsbekehrungen ausdrücklich distanzierten.[208]

Zur Sicherung gegen islamische Vorstöße legte Karl der Große südlich der Pyrenäen eine Reihe befestigter Plätze an, die er 795 zur «Spanischen Mark» zusammenfaßte, deren Grenze später bis an den Ebro vorgeschoben wurde. Diese Mark bildete in der Folgezeit ein Bollwerk gegen die Araber und war der Keim für die mittelalterlichen Königreiche Aragon und Navarra. Im Osten seines Reiches gliederte Karl eine Reihe von slawischen Stämmen, zum Teil in freundschaftlichem Einvernehmen, zum Teil gewaltsam, an sein Herrschaftsgebiet an. Bayern, das bereits feste Bindungen an Franken besaß, behielt zwar eine gewisse Sonderstellung, wurde jedoch organisatorisch noch enger mit dem übrigen Gebiet verbunden.

So besaß Karl der Große schließlich eine politische Herrschaft, die sich vom Norden Spaniens bis an die Oder und von der Nordsee bis nach Mittelitalien erstreckte. Er fühlte sich damit dem Kaiser in Konstantinopel, dem nach dem Ansturm des Islam nur Kleinasien, Griechenland und Teile Süditaliens geblieben waren, durchaus ebenbürtig und war bestrebt, diese Ebenbürtigkeit auch nach außen zu dokumentieren. Als im Jahre 799 Papst Leo III. – von Aufständischen in Rom vertrieben – hilfesuchend bei Karl in Paderborn erschien, wurden auch über diese Frage Verhandlungen geführt.

Das Ergebnis war die Kaiserkrönung Karls im Jahre 800, über welche die Reichsannalen berichten: «Als der König gerade am heiligen Weihnachtstag sich vom Gebet vor dem Grab des Seligen Apostels Petrus zur Messe erhob, setzte ihm Papst Leo eine Krone aufs Haupt, und das ganze Römervolk rief dazu: «Dem erhabenen Karl, dem von Gott gekrönten, großen und friedbringenden Kaiser der Römer, Leben und Sieg!» Und nach den lobenden Zurufen wurde er vom Papst nach der Sitte der alten Kaiser durch Kniefall geehrt und fortan, unter Weglassung des Titels Patrizius, «Kaiser und Augustus» genannt.»[209]

Nach jahrelangen Kämpfen und Verhandlungen fand sich im Jahre 812 auch der oströmische Kaiser bereit, das Kaisertum Karls anzuerkennen. Damit hatte die westliche Christenheit ihre Gleichrangigkeit mit dem Osten eindrucksvoll dokumentiert. Der Anspruch auf Gleichrangigkeit beschränkte sich jedoch keineswegs auf den politischen Bereich, vielmehr suchte Karl der Große, diese Gleichrangigkeit auch in der geistigen Entwicklung zu fördern[210].

Hierzu gehören insbesondere alle Anstrengungen, die unter dem Stichwort «Karolingische Renaissance» in die Geschichte eingegangen sind. Allerdings darf diese Bezeichnung nicht darüber hinwegtäuschen, daß sich die «Karolingische Renaissance» in ihrem Selbstverständnis wesentlich von der späteren klassischen Renaissance unterscheidet. Sie war in keinem Bereich eine Wiederbelebung der Antike um der Antike willen, sondern griff nur überall dort auf antike Vorbilder zurück, wo man sie inhaltlich als Vorstufe zur Gegenwart einordnen oder formal als Norm gebrauchen konnte.

Insgesamt aber fühlte man sich nach dem einhelligen Zeugnis aller zeitgenössischen Quellen den vergangenen Zeiten überlegen. Denn erstens besaßen die Franken im Gegensatz zu den antiken Heiden die Botschaft und das Heil Christi, und zweitens glaubten Karl und seine Berater – von starkem fränkisch-germanischen Selbstbewußtsein erfüllt – daß der König des Frankenreiches von Haus aus eine höhere Würde besitze als die Kaiser Roms. Daher hatten sie den Blick nicht in erster Linie auf die antike Vergangenheit, sondern auf ihre große Gegenwart und die verheißungsvolle Zukunft gerichtet.

Als Träger des geistigen Aufbruchs hatte Karl führende Persönlichkeiten aus ganz Europa um sich geschart, mit denen er in einer ständigen Gemeinschaft des Gebens und Nehmens stand. Zu ihnen gehörte der Angelsachse Alkuin, einst Leiter der berühmten Domschule von York, dessen kulturpolitisches Ziel es war, «ein neues Athen» zu schaffen «geadelt durch Christi Lehramt und bereichert durch die sieben Gaben des Heiligen Geistes», der Westgote Theodulf, einer der profiliertesten Theologen der Zeit, dazu der Grammatiklehrer Petrus von Pisa, der Hymnendichter Paulinus, der sich später als Patriarch von Aquileia der Slawenmission widmete, sowie Paulus Diakonus, der die Benediktinerregel kommentierte, sich später nach Monte Cassino zurückzog und dort die Geschichte der Langobarden schrieb, und schließlich der Laie Angilbert, ein Dichter aus fränkischem Stamm. Mit ihnen stand Karl, der zwar nur mit Mühe seinen Namen schreiben konnte, aber Latein sprach und Griechisch verstand, in ständigem Gespräch.

Alkuins dogmatisches Werk über die Dreieinigkeit war der Anfang der mittelalterlichen Theologie des Kontinents. Als er in späteren Jahren die Abtei des Heiligen Martin in Tours leitete, wurde sein Kloster zum «Lehrerseminar» des Reiches. Sein bedeutendster Schüler war Hrabanus Maurus, der später als Abt von Fulda so große Bedeutung für die geistige Entwicklung der Osthälfte des

Reiches gewann, daß er den Ehrentitel «Praeceptor Germaniae» erhielt. Karl ging es jedoch primär nicht um die Bildung einer Elite, sondern aller Stände des damaligen Reiches: «Jeder soll seine Söhne zur Schule schicken, entweder in ein Kloster oder außerhalb zu einem Priester. Wer nicht anders kann, soll Glaubensbekenntnis und Vater-unser wenigstens in seiner Landessprache lernen.»[211]

In Liebe zur eigenen heimatlichen Sprache bemühte sich Karl, eine deutsche Grammatik auszuarbeiten, regte zur Übersetzung christlicher Texte ins Deutsche an und befahl auch die Aufzeichnung der alten heidnischen Heldenlieder. Eine solche Weite des Geistes konnte auch Alkuin nicht verstehen. Später ließ Karls eigener Sohn, Ludwig der Fromme, die Heldenliedersammlung verkommen, so daß uns nur durch einen glücklichen Zufall wenigstens ein einziges, das Hildebrandslied, erhalten ist. Gegen die Hoffnung Karls wurde die deutsche Sprache als Schriftsprache zunächst kaum entwickelt, so daß für die folgenden Jahrhunderte Schreibenlernen mit Lateinlernen gleichbedeutend wurde.

Nachdem zwei seiner Söhne gestorben waren, ernannte Karl der Große im Jahre 813 seinen dritten Sohn Ludwig zum Mitregenten. Schon im Januar des folgenden Jahres schloß der König der Franken, der Kaiser des Westens und der Schirmherr der Christenheit, in seiner Pfalz zu Aachen die Augen. Seine Größe und Bedeutung wird von allen europäischen Völkern bis heute einmütig anerkannt. So ist seine Person geradezu zu einem Symbol Europas geworden. Denn unter seiner Herrschaft hat die westliche Christenheit erstmals weltpolitische Größe erlangt, indem sie in jugendlichem Selbstbewußtsein weltpolitische Aufgaben zu übernehmen wagte.

Allerdings zeigte sich nach dem Tode Karls des Großen rasch, daß dem von ihm geschaffenen Reiche eine klare politische Konzeption fehlte. Eine klösterliche Reformbewegung des Abtes Benedikt von Aniane gab in dieser Lage die Losung aus: «Ein Gott, eine Christenheit, ein Kaiser!» Unter dieser Parole glaubte sie, in der abendländischen Christenheit das Gottesreich auf Erden verwirklichen zu können. Einer der glühendsten Vertreter dieser Reformgedanken, der Erzbischof Agobard von Lyon, forderte, alle Volksrechte durch ein biblisch fundiertes Einheitsrecht zu ersetzen. Eine radikale Verwirklichung solcher Forderungen war jedoch praktisch undurchführbar.

Den Grundgedanken allerdings, die Einheit des Reiches aus christlicher Haltung zu festigen, der auch vom Reichsadel voll unterstützt wurde, machte Ludwig der Fromme 817 zur Grundlage einer Reichsordnung, der «Ordinatio imperii». Der Kaiser teilte das Reich unter Wahrung seiner Obergewalt unter seine drei Söhne auf, wobei Lothar, der älteste, als Kaiser das Kernstück und eine gewisse Oberaufsicht über seine Brüder erhielt. Weitere Teilungen sollten nicht stattfinden, da entsprechend dem damals weithin herrschenden symbolischen Analogiedenken in dieser Dreiteilung das Trinitätsdogma einen politischen Ausdruck fand. Staatsrechtlich betrachtet war die «Ordinatio imperii» ein Versuch, das fränkische Erbrecht, wonach der König das ganze Land wie einen Privatbesitz an seine Söhne zu verteilen hatte, mit der religiös-politischen Idee eines als Stellvertretung Gottes interpretierten universalen Kaisertums in Einklang zu bringen.

Dieser Versuch scheiterte jedoch noch während der Regierung Ludwigs des Frommen selbst. Nachdem dieser nach dem Tode seiner ersten Frau von seiner zweiten Frau Judith im Jahre 823 einen weiteren Sohn erhalten hatte, ließ er sich von dieser für eine Änderung der «Ordinatio imperii» gewinnen. Die Folgen waren kriegerische Auseinandersetzungen zwischen ihm und seinen Söhnen, die jahrelang andauerten und schließlich mit Teilungsverträgen endeten, denen jede klare Gesamtkonzeption fehlte.

Das geschwächte Reich litt zudem unter äußeren Feinden: Die Araber, die den Oströmern Kreta und Sizilien entrissen hatten, bedrohten von daher auch Mittelitalien. Die Nordgermanen nahmen zwar seit dem Wirken des Hl. Ansgar (801-865) zunehmend das Christentum an[212], wurden jedoch zu einem höchst unruhigen und unberechenbaren Element des Weltgeschehens. Mit Flotten, die zum Teil aus hunderten von Schiffen bestanden, beherrschten sie die irische See und gründeten zahlreiche Kleinkönigreiche auf Irland. Am Dnjepr errichteten sie ein Reich um Kiew, am Ilmensee

Kaiserinnen

Hl. Helena (255-330)
Mutter Konstantins des Großen

Hl. Kunigunde (998-1033)
Gattin Kaiser Heinrich II.

Kaiserin Maria Theresia † 1780
Hatte 16 Kinder, regierte 35 J.

Kaiserin Zita (1892-1989)
Letzte Kaiserin von Österreich

ein weiteres um Nowgorod. An nahezu allen Küsten Europas überfielen und plünderten sie Städte und Landschaften. Zeitweise wurde von ihnen auch Konstantinopel unmittelbar bedroht.

Auch an der Ostgrenze des Frankenreiches waren die politischen Verhältnisse äußerst verworren und instabil, zumal da hier nicht nur die Slawen in wechselnden Konstellationen ein Element politischer Unberechenbarkeit darstellten, sondern dazu noch die Ungarn nach Westen vorstießen.

Gegen diese verschiedenen von außen drohenden Feinde gab es keine koordinierte Abwehr des Frankenreiches, sondern jeweils regionale Verteidigungsaktionen, an denen nicht nur Karolinger beteiligt waren. Das alles bedeutete insgesamt: Es gab zwar noch ein gewisses Bewußtsein der Zusammengehörigkeit im gesamten Frankenreich, und es gab zudem auch immer wieder Herrscher, die den Kaisertitel für sich in Anspruch nahmen und einzelne beachtliche Erfolge errangen. Faktisch jedoch zerfiel das Reich immer mehr in einzelne Teile, deren Grenzen sich zwar immer wieder verschoben, deren Stammgebiete jedoch die gleichen blieben. Die nun wechselvolle Geschichte im einzelnen darzustellen, ist im Rahmen der hier anstehenden «Kirchengeschichte» weder möglich noch notwendig. Statt dessen seien einige besonders wichtige Konsolidierungstendenzen und zukunftsträchtige Entwicklungen kurz gekennzeichnet:

1. Das westliche Kaisertum wurde in den folgenden Jahrhunderten jeweils durch eine Wahl von Fürsten, die sich schließlich auf die sieben Kurfürsten reduzierten, vergeben und faktisch in personaler Union mit dem ostfränkischen bzw. dem deutschen Königtum verbunden. In der Staatstheorie war der Kaiser – ebenso wie der Papst – Repräsentant der gesamten Christenheit, faktisch jedoch war seine Macht auf das Gebiet des Deutschen Reiches beschränkt, dem allerdings zumeist auch weite Teile Italiens und ein Teil slawischer Gebiete und Ungarn zugeordnet waren.

2. Auf längere Sicht scheiterten einerseits alle Versuche von Kaisern, sich das Papsttum unterzuordnen, wie auch andererseits alle Versuche des Papstes, eine päpstliche Obergewalt über den Kaiser und die Könige Westeuropas durchzusetzen. Stattdessen

behauptete sich faktisch die einst von Papst Gelasius proklamierte Trennung zwischen der politischen und der kirchlichen Gewalt, die allerdings keineswegs auf allen Ebenen konsequent durchgeführt wurde. So waren insbesondere in Deutschland die meisten Bischöfe auch Reichsfürsten, was zu lange dauernden Auseinandersetzungen um das Recht ihrer Einsetzung führte, die im Investiturstreit und langwierigen Auseinandersetzungen der Staufer mit den Päpsten ihren Höhepunkt fanden.

3. Die politischen Gebilde und ihre jeweiligen Grenzen waren nicht so sehr an dem Gebiet orientiert, das sie einnahmen, sondern vor allem an dem Personengefüge, das sie bildeten. Daher hat man für sie den Begriff «Personenverbandsstaat» geprägt. Der Staat wird primär dadurch gebildet, daß bestimmte Personen miteinander verbunden sind. Die Art dieser Verbindung war vor allem lehnsrechtlich geprägt. Die Art der Verbundenheit wurde durch den Begriff der «Treue» gekennzeichnet. Sie war einerseits gegenseitig, andererseits wirkte sie sich jedoch nach jeder Seite anders aus: Der Lehnsherr hatte Sorge zu tragen für den, der von ihm eine bestimmte Befugnis oder auch ein bestimmtes Gebiet zu seinem Lebensunterhalt erhalten hatte, und der Lehnsmann hatte als Gegenleistung jeweils bestimmte Dienste zu übernehmen.

So entstand insgesamt ein Geflecht gegenseitiger Verpflichtungen und Abhängigkeiten. Schon früh wurden die lehnsrechtlichen Beziehungen erblich. Auch dabei wurde jedoch die personale Struktur der Gesamtordnung nicht verletzt: Genaugenommen wurden nicht die Lehen als solche vererbt, sondern das Anrecht darauf, mit ihnen belehnt zu werden. Daher mußte nach dem Tode eines Lehnsherrn oder eines Lehnsmannes das Lehnsverhältnis jeweils von den Erben neu geschlossen und beschworen werden. Da die großen Lehnsträger Teile ihres Lehnsbesitzes «nach unten» weitergaben, entstand insgesamt ein Gebilde, das auch als Lehnspyramide bezeichnet und dargestellt worden ist.

4. Die Priorität personaler Bindungen bzw. Abhängigkeiten vor territorialen Festlegungen bedeutete eine gewisse Flexibilität oder auch Instabilität der Grenzen zwischen den einzelnen politischen Gebilden. Sie spiegelt sich bis heute in den Geschichtsatlanten wi-

der: Es gibt keine eindeutig festen Grenzen des mittelalterlichen deutschen Reiches, sondern es gehören zu ihm jeweils die Gebiete, deren Herrscher in einem Abhängigkeitsverhältnis zum deutschen König stehen.

5. Im Gegensatz zum Römischen und zu unserem heutigen Recht kennt das mittelalterliche keine Unterscheidung zwischen Staatsrecht und Privatrecht. Unter diesem Gesichtspunkt hat der König kein höheres Recht als andere. Man hat das mittelalterliche Recht insgesamt als ein großes Knäuel bezeichnet, das aus allen Rechten und Berechtigungen zusammengesetzt ist, die einzelne sich zugestanden oder vertraglich miteinander abgesichert haben. Trotzdem gibt es eine Reihe von ursprünglich königlichen Rechten wie etwa das Bergbaurecht, das Recht, Münzen zu prägen oder die höchste Gerichtsbarkeit auszuüben. Auch diese Rechte sind jedoch nicht unveräußerlich, sondern können vom König weiter verliehen werden. Er kann sie dann nicht nach freiem Willen wieder zurücknehmen. In diesem Sinne ist auch formuliert worden: Der König kann Recht geben, er kann jedoch nicht Recht nehmen. Gegen einen König, der selbst gegen das Recht verstößt, steht den übrigen Rechtsgenossen ein legitimes Widerstandsrecht zu.[213]

6. Eine Sonderstellung in diesem Rechtssystem nehmen die Gebote Gottes und der Kirche ein. Die Gebote Gottes stehen nach der Überzeugung der Zeit in keinem Fall zur Disposition. Von kirchlichen Geboten und Anordnungen jedoch können die dafür zuständigen Stellen dispensieren. So notwendig und hilfreich solche Dispensen hin und wieder waren und sind, so unbestreitbar ist mit ihnen grundsätzlich die Gefahr eines Mißbrauchs zur Bereicherung kirchlicher Institutionen oder Würdenträger verbunden.

7. Die volle Rechtsfähigkeit von Personen war grundsätzlich mit der Wehrfähigkeit verbunden. Das bedeutet, daß – außer den Kindern – auch Frauen nur beschränkt rechtsfähig waren, obgleich sie auch in der Politik zum Teil eine erhebliche Rolle spielten und Schlüsselpositionen bis hin zur Regentschaft über das Reich ausübten. Vergleichbares gilt für den gesamten Klerus. Die Bischöfe und Äbte stellten zwar einen nicht unerheblichen Teil des Reichsheeres, durften sich jedoch nicht selbst aktiv am Kampf beteili-

gen. In der Rechtsordnung mußten ihre Befugnisse weithin von Vögten wahrgenommen werden. Auch bei Hörigen und anderen Abhängigen ging in der Regel eine mindere Stellung innerhalb der Wehrordnung mit einer minderen Rechtsstellung Hand in Hand.

Während die bisherig genannten Punkte mehr oder weniger für den gesamten von der westlichen Christenheit beherrschten Raum gelten, gewannen im Laufe der Jahrhunderte die verschiedenen Regionen ein je eigenes unterschiedliches Gepräge. Wie schon ausgeführt wurde, war das Deutsche Reich durch die Verbindung der deutschen Königswürde mit dem Anspruch auf die Kaiserkrone ausgezeichnet. Dadurch hatte es eine universalpolitische Komponente. Sie bedeutete einerseits eine besondere Würde, andererseits begründete sie jedoch infolge des fehlenden Erbrechtes auch eine gewisse Instabilität. Diese Instabilität wurde außerdem durch das Fehlen einer kaiserlichen Haupt- bzw. einer ständigen königlichen Residenzstadt verstärkt. Ein vom Kaiser Otto III. (983-1002) unternommener Versuch, als römischer Kaiser die westliche Christenheit zusammen mit dem Papst von Rom aus zu regieren, scheiterte völlig.

Dagegen waren Bemühungen von Otto III. um eine Verselbständigung und Festigung der politischen Gebilde an der Ostgrenze des Reiches höchst erfolgreich: Auch hierbei handelte er im Einvernehmen mit dem Papst. Im Jahre 1000 erhielt Polen ein eigenes Erzbistum in Gnesen, dem die Bistümer Breslau, Krakau und Kolberg unterstellt wurden. Bei einem Besuch in Gnesen überreichte der Kaiser dem polnischen Herzog Boleslaw, dem Tapferen, eine Nachbildung der heiligen Lanze. Beim Festmahle setzte er ihm die eigene Krone aufs Haupt zum Zeichen dafür, daß er ihm als «Bruder und Mitarbeiter im Reich» die Ausübung der kaiserlichen Rechte über Polen übertrage. Eine Verleihung der Königswürde an Boleslaw war offensichtlich geplant, kam jedoch vorerst nicht zur Ausführung, so daß Polen erst nach wechselvollen Auseinandersetzungen zunächst 1025 vorübergehend und schließlich 1320 endgültig zum Königreich erhoben wurde.

Nach ihrer Niederlage durch Kaiser Otto I. auf dem Lechfeld vor Augsburg im Jahre 955 waren die Ungarn seßhaft geworden.

Ihr Herrscher Vayk hatte eine bayrische Prinzessin geheiratet und sich auf den Namen Stephan, den Patron Passaus, taufen lassen. Taufpate war Kaiser Otto III., der auch ihm eine Nachbildung der heiligen Lanze übergab. Im Einvernehmen mit dem Kaiser übersandte ihm der Papst eine Krone – vielleicht identisch mit dem oberen Teil der «Stephanskrone»[214] – und ließ ihn zum König krönen. Die Krönungsstadt Gran, magyarisch Esztergom, wurde zum Erzbistum für Ungarn erhoben.

Damit waren Polen und Ungarn endgültig für die westlich-abendländische Völkergemeinschaft gewonnen. Im gleichen Jahre wurde auch eine Gesandtschaft nach Kiew entsandt, die jedoch keinen sichtbaren Erfolg hatte. Offenbar waren hier die Bindungen an die Ostkirche schon so stark, daß eine Westorientierung nicht mehr zu erreichen war.

Während sich die Missionierung und staatliche Konsolidierung der meisten Slawen – das gilt für die nach Westen orientierten ebenso wie die von Konstantinopel missionierten – insgesamt friedlich vollzog, neigte der sächsische Grenzadel weithin zu einer gewaltsamen Unterwerfung benachbarter slawischer Gebiete und der in der späten Stauferzeit nach Preußen gerufene deutsche Ritterorden setzte Unterwerfung und Missionierung geradezu gleich. In einer höchst problematischen Weise übertrug er die Idee des Kampfes zur Befreiung des Heiligen Landes vom Islam auf den Kampf gegen die «heidnischen» Litauer und lud hierzu als «Gäste» Ritter aus ganz Europa ein. Nach einer «Litauerfahrt» zum Ritter geschlagen zu werden, galt in ganz Europa als eine besondere Auszeichnung.

Nachdem jedoch im Jahre 1386 Großfürst Jagiello von Litauen mit seinem Volke die Taufe angenommen und sein Land mit Polen vereint hatte[215], wurde die bis dahin herrschende geistige Konzeption des Deutschen Ritterordens völlig unhaltbar. Die militärischen Niederlagen, die er seit 1410 gegen das polnisch-litauische Großreich erlitt, müssen durchaus auch im Zusammenhang damit gesehen werden.

Während das Deutsche Königreich einen großen Teil seiner Energien auf die Erhaltung des Kaisertums und die damit verbundene Herrschaft über Teile Italiens verwendete, verlagerte sich die reale Basis seines politischen Gewichtes.

Bis zum Ende der Stauferzeit bzw. bis zu dem sogenannten Interregnum (1254-1273)[216] hatte das Königtum weithin aus den ihm eigenen Vorrechten und Besitztümern die notwendigen Mittel zur Erfüllung seiner Aufgaben aufbringen können. Diese waren jedoch durch Vergabe an Anhänger sowie Verluste an Gegner immer mehr zusammengeschmolzen und den miteinander konkurrierenden Reichsfürsten zugefallen. Ein am Ende dieser Zeit eingeleiteter Versuch Kaiser Friedrichs II. (1212-1250), mit Hilfe eines «Beamtentums» einen auf Finanzwirtschaft beruhenden «modernen Staat» zu schaffen, war nur vorübergehend in Sizilien erfolgreich, erwies sich jedoch schon im übrigen Italien gegen den Willen des Papstes und den Widerstand vieler Städte als undurchführbar.

Schließlich zogen die nach dem Interregnum aufsteigenden Habsburger die Konsequenz: Da das Königstum keine ausreichende Machtgrundlage mehr hatte, nachdem die dafür notwendige reale Basis an die Fürsten übergegangen war, war die Voraussetzung für eine neue Festigung des Königtums ein möglichst großer eigener fürstlicher Besitz des Herrschers. Das bedeutete: Die nunmehr einsetzende zuweilen diffamierte sogenannte «Hausmachtpolitik» war eine politische Notwendigkeit, um dem Königtum eine reale Basis seiner Herrschaft zu sichern. Diese Hausmachtpolitik wurde von den Habsburgern durch Heiraten und Erbverträge in einer geradezu genialen Planmäßigkeit, aber auch mit viel Glück erstaunlich erfolgreich betrieben. Herrschaftsansprüche, die über das deutsche Königreich und Teile Oberitaliens hinausgingen, konnten allerdings vom Kaisertum des Spätmittelalters nur noch theoretisch erhoben, jedoch faktisch nicht mehr realisiert werden. Der universale Anspruch allerdings wurde weiterhin aufrecht erhalten und unter besonderen Umständen bzw. in besonderen Situationen auch ins Spiel gebracht.

Während das Papsttum als Nachfolgeamt Petri seinen Sitz grundsätzlich in Rom hatte, und das Kaisertum als politisches Erbe Karls des Großen mit dem deutschen Königtum verbunden war, übernahm Frankreich über lange Zeit primär die von Karl dem Großen begründete Bildungstradition.

In Anlehnung an die durch das Trinitätsdenken vorgegebene Dreizahl hat man daher formuliert: Gott habe den Deutschen das Imperium, den Italienern das Sacerdotium und den Franzosen das Studium zugewiesen. Wie derartige schematische Formulierungen zumeist, so ist allerdings auch diese ambivalent. Sie enthält einerseits etwas Richtiges, indem sie die besondere Bedeutung Frankreichs für die wissenschaftliche Entwicklung unterstreicht, wird jedoch andererseits der Vielfalt der Erscheinungen nicht gerecht und übersieht insbesondere den englischen, aber auch den italienischen und deutschen Beitrag zur Entwicklung der europäischen Wissenschaften.

Repräsentatives Beispiel dafür, daß diese Wissenschaften tatsächlich europäischen Charakter trugen, ist schon der «Vater der Scholastik», Anselm. Er ist gebürtiger Langobarde, war später zunächst Abt des Kloster Bec in der Normandie und später Erzbischof von Canterbury. Der erste Teil seines grundlegenden Werkes «Cur deus homo?» – Warum Gott Mensch geworden – enthält «Die Einwürfe der Ungläubigen, die den christlichen Glauben, weil er nach ihrer Meinung der Vernunft widerspreche, zurückweisen, und die Erwiderungen der Gläubigen»[217]. Im folgenden versucht Anselm, die Grundwahrheiten der Offenbarung «mit zwingenden Gründen» so zu beweisen «als ob man von Christus nichts wüßte».[218]

Der Grundgedanke, daß man mit Hilfe der Offenbarung auch rein philosophisch Dinge erkennen könne, die man sonst nicht sehen würde, ist keineswegs so abwegig, wie es von manchen nichtchristlichen Skeptikern hingestellt wird. Es sei nur darauf hingewiesen, daß wir auch in einem verhältnismäßig dunklen Raum die einzelnen Gegenstände dann leichter und besser zu erkennen vermögen als andere, wenn wir diesen Raum zuvor einmal beleuchtet gesehen haben.

Allgemein verbreitet und in diesem Sinne zum Siege geführt wurde die junge Scholastik durch Abälard, der im Jahre 1113 in Paris eine Schule eröffnete, zu der auch zahlreiche Studenten aus

Könige

Stephan I. von Ungarn † 1038
Reliquiar mit unverwester Hand

Hl. Ferdinand III. (1210-52)
Besiegte die Mauren

Hl. Kasimir (1458-84)
König von Polen

Hl. Ludwig IX. (1226-70)
König von Frankreich

den Nachbarländern nach Frankreich strömten.[219] Wesentlich für seine philosophische Beweisführung war die Methode des «sic et non», die zugleich Titel einer seiner Schriften ist. Bei strittigen Fragen stellt er zunächst die bisher vorgebrachten Argumente beider Seiten einander gegenüber, dann sucht er durch eine dialektische Erörterung eine Lösung der scheinbaren oder wirklichen Widersprüche. «Denn indem wir verlegen nachdenken, kommen wir zur richtigen Fragestellung, und indem wir fragen, werden wir der Wahrheit inne». Dabei gibt Abälard die Grenzen seiner Methode zu, da die Geheimnisse der göttlichen Offenbarung die menschliche Vernunft übersteigen. Außerdem warnt er ausdrücklich vor einem Mißbrauch der Dialektik.

In eine kritische Lage geriet die christliche Philosophie, als eine neue geistige Strömung von Spanien her nach Europa, insbesondere nach Paris, vordrang. Einer ihrer bedeutendsten Vertreter war Averroes († 1198), dessen Philosophie sich an Aristoteles anlehnte, indem er dessen Lehre von der «Ewigkeit der Welt» mit einer deterministischen Tendenz so ausbaute, daß weder für einen persönlichen Gott noch für die menschliche Willensfreiheit Raum blieb. Dadurch geriet er zu den streng orthodoxen Mohammedanern in Spanien in Widerspruch.

Aber er stellte auch eine akute Gefahr für die christliche Theologie dar, zumal da die Schriften des Aristoteles damals mit einer averroistischen Tendenz vom Arabischen ins Lateinische übersetzt wurden. In Sorge um die Bewahrung des Glaubens erließen die Päpste damals strenge, aber doch letztlich wirkungslose Aristotelesverbote.

Diese geistig festgefahrene Situation haben die Dominikaner Albertus Magnus und sein Schüler Thomas von Aquin gemeistert. In einem Zweifrontenkampf gegen die Averroisten und gegen die strengen Aristotelesgegner, lösten sie zunächst Aristoteles aus der einseitigen Interpretation der Averroisten, indem sie ihn direkt aus dem Griechischen ins Lateinische übersetzen ließen und ihn so von den Eigenwilligkeiten des arabischen Textes befreiten.

Dann begann Thomas von Aquin eine grundlegende Auseinandersetzung und vollbrachte die ihm gestellte Aufgabe so glänzend, daß von nun an Aristoteles im christlichen Europa geradezu als *der* Philosoph gilt.

Insbesondere übernahm Thomas von Aristoteles zur Erklärung bzw. Deutung der Wirklichkeit dessen Substanz-Akzidenzien-Modell und entwickelte seine Lehre von Gott im Sinne der «Theologie» des Aristoteles als «Metaphysik». Auch seine Gottesbeweise formulierte er weitgehend in Anlehnung an Argumente des Aristoteles, indem er darlegte, «daß erstens aller Bewegung ein letztlich unbewegter Beweger, zweitens allem Verursachten eine in sich ruhende Erstursache, drittens allem Kontingenten ein absolut Notwendiges, viertens allem mehr oder weniger Vollkommenen ein ganz Vollkommenes, fünftens aller Sinnhaftigkeit und Zielstrebigkeit ein denkender Geist zu Grunde liege.»[220]

In Verteidigung der christlichen Schöpfungslehre legte Thomas dar, daß der Gedanke der Ewigkeit der Welt keineswegs zwingend sei. Er übernahm allerdings von Aristoteles die auch seinen eigenen unmittelbaren Erfahrungen entsprechende These von der Konstanz der Arten bei der Interpretation des Schöpfungsberichtes. Insgesamt hielt er sich weithin an die Konzeption einer die Zeitlichkeit und Geschichtlichkeit kaum berücksichtigenden Seinslehre. Er verband sie so eng und überzeugend mit der christlichen Theologie, daß die scholastischen Epigonen späterer Zeiten meinten, mit Thomas habe die christliche Philosophie eine endgültige Fassung gefunden, die vielleicht systemkonsequent ausgebaut und abgesichert, aber grundsätzlich nicht überholt werden könne.

So gab es jahrhundertelang innerhalb des christlichen Denkens kaum eine rationale Alternative zur Scholastik, sondern als geschichtswirksame Alternative nur die sich in der Mystik dokumentierende unmittelbare Gotteserfahrung, die schon seit den ersten Jahrhunderten als eine besondere Ausprägung der Frömmigkeit wirksam gewesen war, die jedoch erst im späten Mittelalter breite Schichten insbesondere auch Frauen zu erfassen begann[221] und eine der Komponenten der Frömmigkeitsbewegung darstellt, die unter der Sammelbezeichnung «Devotio moderna» in die Geschichte eingegangen ist.[222]

Politisch konnte Frankreich bis an die Schwelle der Neuzeit keine bedeutende Rolle spielen, da es nahezu permanent in Kämpfe mit England verwickelt war, das sich seinerseits mit dem zwischen Deutschland und Frankreich aufstrebenden Burgund verbündet hatte, zu dem nicht nur die burgundischen Kernlandschaften, sondern auch die reichen «Niederlande» – in etwa das Gebiet der heutigen Benelux-Staaten – gehörten. In diesen langwierigen Kämpfen gegen England und Burgund gewann Frankreich allerdings – insbesondere durch das Auftreten der Jungfrau von Orleans[223] – auf lange Sicht ein Nationalbewußtsein, welches das aller anderen europäischen Länder übertraf.

Im Laufe der Jahrhunderte festigte sich – trotz einer Reihe von entgegengesetzten Versuchen – der für die westliche Christenheit und auch für die gesamte Weltentwicklung grundlegende Gedanke einer Trennung von staatlicher und kirchlicher Kompetenz.

Damit war nicht zuletzt eine wichtige Voraussetzung dafür gegeben, daß der einzelne Mensch im zunehmenden Maße «Religionsfreiheit» gewinnen und somit sein Verhältnis zu Gott in eigener freier Entscheidung gestalten konnte. Der Grundgedanke des heiligen Augustinus, wonach die weltgeschichtliche Entscheidung über die Zugehörigkeit zum Reiche Gottes oder zum Reiche des Widersachers in jedem einzelnen Menschen falle, war damit zu einem auch politisch anerkannten Grundsatz geworden.

Deutsche Briefmarke 1998 zur Erinnerung an den Westfälischen Frieden von 1648 in Münster, der den Dreissigjährigen Krieg beendete.

152

III. Europa als Ferment der Weltgeschichte

9. Die Entdeckung und Kolonialisierung der Welt

Während die Rivalitäten und Auseinandersetzungen innerhalb der westlichen Christenheit – das gilt sowohl für die Spannungen zwischen Kaiser und Papst wie auch für die Kämpfe zwischen einzelnen Fürsten und Nationen – durch einen ständigen Wechsel der Konstellationen und der Intensität gekennzeichnet waren, gehörte die Gegnerschaft zur islamischen Welt zu den Konstanten der damaligen Politik. Diese Auseinandersetzungen vollzogen sich im Westen auf der iberische Halbinsel. Hier standen zwar auch die christlichen Staaten untereinander in ständigen Rivalitäten, die immer wieder in offene Kämpfe übergingen, insgesamt jedoch war die Entwicklung vor allem dadurch gekennzeichnet, daß immer mehr der beim Ansturm des Islam verlorenen Gebiete von den christlichen Staaten zurückgewonnen wurden.

Im Vergleich dazu verlief die Geschichte im östlichen Mittelmeerraum erheblich komplizierter, zumal da hier die Zahl der Beteiligten und die Verschiedenheit ihrer Interessen bedeutend größer waren. Konstantinopel konnte, wie schon erwähnt wurde, nach seinem Abwehrsieg im Jahre 718 zunächst einen Teil des oströmischen Gebietes zurückgewinnen, so daß es zur Zeit Karls des Großen nicht nur Kleinasien und Griechenland, sondern auch die Inseln Kreta, Sizilien und Sardinien sowie Teile Unteritaliens beherrschte und – in Konkurrenz mit dem Kalifat der Abbassiden – auch auf Zypern Anspruch erhob. In den folgenden Jahrhunderten verlor Konstantinopel jedoch in wechselvollen kriegerischen und politischen Auseinandersetzungen seinen gesamten süditalienischen Besitz und die westlichen Inseln an die Normannen und deren politische Nachfolger.

Östlich von Konstantinopel errichteten die kriegerischen Seldschuken im 11. Jahrhundert eine eigene mohammedanische Herrschaft und brachten auch Kleinasien in ihre Gewalt. Trotz beachtlicher Abwehrerfolge war Konstantinopel am Ende dieses Jahrhunderts erneut unmittelbar bedroht. In dieser Lage sandte der oströmische Kaiser – trotz der seit 1054 offiziell vollzogenen Trennung des Patriarchen von Konstantinopel von der römischen Papstkirche – eine Gesandtschaft zu einer Synode, die der mit dem Kaiser im Investiturstreit verfeindete Papst Urban II. nach Piacenza einberufen hatte. Die Gesandten baten um Hilfe «zur Verteidigung der Heiligen Kirche».

Der Papst nahm den Ruf grundsätzlich an, beschränkte sich jedoch nicht darauf, die erbetene «Hilfstruppe» zur Entlastung Konstantinopels zu schicken, sondern setzte das größte und gewagteste kriegerische Unternehmen in Gang, das die mittelalterliche Christenheit je unternommen hat: Einen «Kreuzzug» zur Befreiung Palästinas.

Dabei verschmolz die Idee des «Heiligen Krieges», die bei den Kämpfen in Spanien entwickelt worden war, mit dem Gedanken einer frommen Pilgerfahrt zu heiligen Stätten. Auf einer großen Kirchenversammlung in Clermont rief der Papst aus: «Die Wiege unseres Heils, das Vaterland des Herrn, das Mutterland der Religion, hat ein gottloses Volk in seiner Gewalt... Wer einen Eifer hat für das Gesetz Gottes, der schließe sich uns an! Wir wollen unseren Brüdern helfen. Ziehet aus, und der Herr wird mit euch sein... Wir aber erlassen allen gläubigen Christen, die gegen die Heiden die Waffen erheben und sich der Last dieses Pilgerzuges unterziehen, alle Strafen, welche die Kirche für ihre Sünden über sie verhängt hat, und wenn einer dort in wahrer Buße fällt, so darf er fest glauben, daß ihm die Vergebung seiner Sünden und die Frucht ewigen Lebens zuteil wird.»[224] Ein begeisterter zustimmender Jubelruf: «Deus lo vult – Gott will es!» war die Antwort der Menge.

Im Sommer des Jahres 1096 rückten die ersten christlichen Heere des Westens – vor allem Ritter aus Frankreich und Lothringen und einige normannische Abteilungen – nach Osten aus. Im folgenden Jahr begannen die kriegerischen Operationen in Kleinasien. 1099 stand das vereinigte Heer endlich vor Jerusalem und stürmte nach monatelanger Belagerung am 15. Juli die Stadt[225]. Ihr Führer, Gottfried von Lothringen, der an der Stätte, an der Christus die Dornenkrone getragen hatte, keine Königskrone tragen wollte, wurde zum «Beschützer des Heiligen Gra-

154

bes» ausgerufen. Der Kreuzzug hatte sein Ziel erreicht, die heilige Stadt befand sich in der Obhut der Christen. Die Siegesbotschaft durcheilte das Abendland. Ob der geistige Führer des Unternehmens, Papst Urban II., sie noch vernommen hat, wissen wir nicht. Er starb am 29.7.1099, vierzehn Tage nach dem Einzug «seiner» Truppen in Jerusalem.

Der Vorstoß in das östliche Mittelmeer hatte tiefgreifende wirtschaftliche Veränderungen zur Folge. Die Versorgung der an der Ostküste des Mittelmeers gegründeten Kreuzfahrerstaaten löste einen enormen Geldbedarf aus. Der Kontakt des Westens zu dem gut entwickelten Handelssystem des Ostens führte zu einer sprunghaften Belebung der Markt- und Geldwirtschaft, die besonders den großen oberitalienischen Städten zugute kam. Der Fernhandel im gesamten westeuropäischen Raum erlebte eine erhebliche Steigerung und bildete einen nachhaltigen Impuls für den Aufschwung der Städte.

Politisch und militärisch befanden sich die Kreuzfahrerstaaten von Anfang an in einer schwierigen Lage. Schon rein zahlenmäßig konnten sich ihre Heere auf längere Sicht umso weniger mit denen ihrer Gegner messen, da jeweils nur ein Teil der Aufgebrochenen im Heiligen Lande blieb. Die neugegründeten «Ritterorden» trugen zwar wesentlich zu einer gewissen Stabilisierung bei, bildeten jedoch ihrerseits wiederum nur einen Bruchteil der christlichen «Besatzungsmacht».

Schwere Rückschläge, die in dieser Lage nicht ausblieben, wurden immer wieder mit neuen Kreuzzugsaufrufen beantwortet. Erstes bedeutendes Beispiel dafür ist der Fall von Edessa im Jahre 1144, der die gesamte christliche Stellung im syrisch-palästinensischen Raum schwächte und alle Erfolge des Kreuzzugs in Gefahr brachte. In dieser Lage schlossen die damals verfeindeten europäischen Herrscher Frieden. Ludwig VII. von Frankreich und der deutsche König Konrad III. nahmen mit zahlreichen Fürsten das Kreuz. Allerdings – und das ist bezeichnend – kam kein gemeinsamer großer Kreuzzug zustande, vielmehr wurde den sächsischen Fürsten gestattet, anstelle der Fahrt ins Heilige Land einen Kriegszug gegen die noch heidnischen Slawen zu unternehmen[226], und ein drittes gleichzeitiges Unternehmen, an dem sich vor allem Spanier und Engländer beteiligten, sollte die mohammedanische Macht auf der iberischen Halbinsel treffen. So brach zwar nahezu das gesamte Abendland zum «Heiligen Krieg» auf, konnte jedoch auch in dieser Lage seine innere Uneinigkeit nicht verleugnen. Ein bleibender Erfolg wurde damals nur auf der iberischen Halbinsel erzielt, wo im Jahr 1147 Lissabon eingenommen wurde.

Die folgenden Jahrzehnte zeigten, daß eine dauerhafte Stabilisierung der christlichen Kreuzfahrerstaaten offensichtlich nicht möglich war. Nach der Niederlage eines christlichen Ritterheeres am See Genezareth fiel im Jahre 1187 auch Jerusalem erneut den Mohammedanern in die Hände. Hierdurch wurde ein weiterer großer Kreuzzug ausgelöst. Kaiser Friedrich Barbarossa, der ihn anführte, konnte zwar bei Ikonium in Kleinasien einen glänzenden Sieg erringen, fand jedoch kurz darauf 1190 beim Baden im Fluße Saleph den Tod. Im Zuge der weiteren Operationen wurde nach harten Kämpfen die starke Festung Akkon eingenommen. Auf eine Rückeroberung Jerusalems jedoch mußte man angesichts der Stärke des Gegners und der Uneinigkeit zwischen dem englischen und dem französischen König verzichten. Weitere militärische Anstrengungen und diplomatische Verhandlungen brachten nur vorübergehende Erfolge. 1291 – also etwa 200 Jahre nach dem ersten Kreuzzug – wurden die letzten christlichen Bastionen im Heiligen Land geräumt.

Damit ging die militärische und politische Offensive im östlichen Mittelmeerraum wieder auf die islamischen Mächte über, die in der Folgezeit nicht nur den größten Teil Kleinasiens, sondern auch weite Gebiete der Balkanhalbinsel besetzten, bis im Jahre 1453 schließlich auch Konstantinopel wie eine reife Frucht in ihre Hände fiel. Damit hatte das oströmische Reich endgültig zu bestehen aufgehört.

Sein Erbe wurde von Moskau beansprucht, das sich nunmehr als Hort der orthodoxen Kirche fühlte. Im Jahre 1472 heiratete Iwan III. in Rom die Nichte des letzten oströmischen Kaisers. Er nahm den byzantinischen Doppeladler in sein Wappen auf und beanspruchte den Zarentitel[227]. Um seine Macht zu repräsentieren,

Königinnen

Margareta von Schottland † 1093
1093 heiliggesprochen

Isabella I. von Spanien † 1504
Entsandte Christoph Kolumbus

Marie Antoinette (1755-1793)
In Frz. Revolution guillotiniert

Maria Stuart (1542-1587)
Von Elisabeth I. hingerichtet

ließ er den Kreml in Moskau durch italienische Renaissance-Künstler[228] ausbauen.

In kurzer Zeit bildete sich in Rußland ein Weltsendungsbewußtsein, das ein Mönch in Pleskau in die Sätze zusammenfaßte: «Ich möchte noch einige Worte über das bestehende orthodoxe Reich unseres Herrschers sagen: Er ist auf Erden der einzige Zar über die Christen, der Führer der Apostolischen Kirche, die anstatt in Rom und Konstantinopel in der gesegneten Stadt Moskau steht; sie allein leuchtet auf der ganzen Welt heller als die Sonne ... Alle christlichen Reiche sind vergangen: Statt ihrer aller steht gemäß den prophetischen Büchern allein das Reich unseres Herrschers, das ist das russische Reich. Denn zwei Rome sind gefallen[229], aber das dritte steht, und ein viertes wird es nicht geben.»[230]

Unterdessen zeigte sich, daß Mehmed, der Eroberer Konstantinopels, mit diesem Erfolg noch immer nicht zufrieden war. Schon bald erschien er mit 150'000 Mann vor Belgrad, der Pforte Ungarns. Allerdings gelang es Hunyadi, dem Führer der Ungarn, rasch ein Heer zu sammeln und die Türken zurückzuschlagen, bevor er – wenige Tage nach diesem Sieg – an der Pest starb. Trotz dieses Abwehrerfolges, der Ungarn vorerst rettete, blieben die christlichen Herrscher des Balkans insgesamt in die Defensive gedrängt bis zum entscheidenden Wendepunkt im Jahre 1683, in dem die Türken zum zweiten Male vor Wien scheiterten.

Im Gegensatz zu den wechselvollen Geschehnissen im Osten konnten die christlichen Mächte auf der iberischen Halbinsel ohne große Rückschläge beachtliche Erfolge erringen. Schon zu Beginn des 15. Jahrhunderts brachten die Portugiesen Teile der afrikanischen Gegenküste unter ihre Herrschaft, wo sie im Jahre 1415 Ceuta besetzten. Prinz Heinrich der Seefahrer (1394-1460), der sich dabei ausgezeichnet hatte, wollte nunmehr den Umfang der maurischen Herrschaft in Afrika erkunden und hoffte im Inneren des Landes christliche Herrscher zu finden.

Er errichtete in seinem Schloß die erste Sternwarte Portugals und gründete die erste Seefahrerschule der Welt. Jährlich rüstete er Schiffe zur Westküste Afrikas aus. Sie entdeckten die Azoren und die Kapverdischen Inseln. Dadurch wurde auch die zuvor herrschende Meinung widerlegt, die heiße Zone Afrikas sei unbewohnbar.

Mit seinen Entdeckungen öffnete Heinrich der Seefahrer zugleich neue Handelswege; er verlor jedoch sein ursprüngliches Ziel, die Mohammedaner zu umgehen, nie aus dem Auge und beteiligte sich bis ins hohe Alter an ihrer Bekämpfung in Nordafrika. So bildeten die Staaten der iberischen Halbinsel eine höchst aktive Front gegen den Islam. Im Gegensatz zum östlichen Mittelmeerraum waren hier die Christen das aktive und vorwärts drängende Element.

Die Tradition, die Heinrich der Seefahrer gegründet hatte, wurde auch nach dessen Tode fortgesetzt. 1485 erreichte eine Expedition, an der auch der Nürnberger Astronom und Geograph Behaim teilnahm, die Kongomündung. 1487 umsegelte Bartholomäo Diaz auf der Suche nach dem Reich des sagenhaften Priesterkönigs Johannes die Südspitze Afrikas. Damit war der Weg nach Osten, nach Indien frei.

Daher sprach man vom «Kap der Guten Hoffnung». Der König von Portugal sandte Boten nach Abessinien und Indien, um die Voraussetzungen für den Handelsverkehr zur See mit Indien zu erkundigen. Den Genuesen Christoph Kolumbus, der am portugiesischen Hofe mit dem Plan auftauchte, Indien, da die Erde ja eine Kugel sei, durch eine Fahrt nach Westen zu erreichen, wies man allerdings trotz eines günstigen Urteils von Behaim als Phantasten zurück.

Darauf wandte sich Kolumbus an Königin Isabella, die Herrscherin des inzwischen unter dem Namen Spanien mit Aragon vereinten Kastilien. Auch hier begegnete er zunächst großer Skepsis. Doch 1492 nach der Einnahme Granadas, der letzten islamischen Bastion auf der iberischen Halbinsel, stellte die Königin ihm schließlich drei Schiffe zur Verfügung, mit denen er noch im gleichen Jahr in See stach. Die Fahrt dauerte allerdings länger, als er berechnet hatte, und die Matrosen begannen schon zu verzweifeln. Nach sechs Wochen endlich landete er auf einer der Bahamainseln, die er zur Ehre Jesu Christi «San Salvador» nannte. Da Kolumbus glaubte, eine indische Inselgruppe erreicht zu haben, nannte er sie «Westindische Inseln» und ihre Bewohner «Indianer». Noch auf hoher See verfaßte er einen Bericht, der großes Aufsehen erregte und schon im Jahre 1497 in deutscher Übersetzung erschien.

Kolumbus führte sein gesamtes erfolgreiches Unternehmen auf die Heilspläne Gottes zurück und schrieb an die «Katholischen Könige», wie sich die Könige Spaniens nannten: «Wie ich schon sagte, halfen mir bei der Ausführung des indischen Unternehmens weder der Verstand, noch die Mathematik, noch die Weltkarte: Es ging ganz einfach das in herrlicher Erfüllung, was schon Jesaias weissagte.»[231]

Über sein Verhalten zu den Eingeborenen schreibt Kolumbus unter anderem, daß er ihnen «wohl tausenderlei gute Dinge gab, die ich bei mir hatte. Und tat es darum, daß sie möchten Christen werden und dienen unserem König und Königin und auch der Nation Kastilien». Dieser Missionseifer jedoch verband sich in einer uns merkwürdig erscheinenden Weise mit einer höchsten Wertschätzung des auf dem neuen Kontinent reichlich gefundenen Goldes. «Aus Gold sammelt man Schätze, und wer es hat, der macht damit alles, was er in der Welt nur will. Er kann selbst die armen Seelen ins Paradies bringen.»[232]

Auf seinen weiteren Fahrten erreichte Kolumbus auch das mittelamerikanische Festland. Später fiel er durch Verleumdungen beim König in Ungnade und starb verbittert. Wahrscheinlich hat er selbst nie gewußt, einen neuen Erdteil entdeckt zu haben.

Während die Spanier in den folgenden Jahren weite Gebiete Mittelamerikas erkundeten und besetzten, erreichten die Portugiesen ihr altes Ziel: Nach der Umseglung Afrikas landete Vasco da Gama 1498 in Indien. Mit großer Planmäßigkeit und Härte unterbanden die Portugiesen den Handelsverkehr der islamischen Araber zwischen Indien und dem Roten Meer. Bereits um die Jahrhundertwende konnten die Venezianer die gewünschte Pfeffermenge nicht mehr in Alexandria erhalten! Schon bald beteiligte sich auch das deutsche Handelshaus der Welser an den Indienfahrten. Zur Hauptstadt des indisch-portugiesischen Raumes entwickelte sich Goa.

Bei ihrem weiteren Vordringen stießen schließlich Portugiesen und Spanier auf den Philippinen zusammen. Nach vorübergehenden Kämpfen wurde die Teilung der neuentdeckten Welt zwischen Spanien und Portugal, die unter Billigung des Papstes vertraglich bereits grundsätzlich erfolgt war, endgültig festgelegt, ohne daß andere Länder dabei berücksichtigt wurden.

Nunmehr war die bekannte Erde weiter und größer geworden als je zuvor. Zugleich wurde sie seit der ersten Erdumseglung des Ferdinand Magalhães (1519-22) als ganze «überschaubar». Es gab zwar noch weite unentdeckte Gebiete, die Endlichkeit der Erde war jedoch nunmehr unbestreitbare Erfahrung, ihre Größe konnte berechnet und ihre Grenzen nicht mehr überschritten werden. Auch ihre vorerst noch unbekannten Regionen waren mit Billigung des Papstes grundsätzlich einer der beiden europäisch-christlichen Entdeckerstaaten Portugal oder Spanien zugewiesen. Die meisten Menschen der damaligen Zeit – auch führende Theologen – waren davon überzeugt, daß es den Spaniern und Portugiesen zustehe, von den jeweils neu entdeckten «herrenlosen» Ländern Besitz zu ergreifen.

In den Darstellungen der letzten Jahrzehnte ist oft einseitig herausgestellt worden, daß bei der Besetzung Mittel- und Südamerikas auch hohe Kulturen vernichtet wurden. Das ist jedoch nur die halbe Wahrheit. Denn diese Kulturen beruhten nicht zuletzt auf einer brutalen Unterdrückung der von ihnen unterworfenen Völkerschaften. Die Inbesitznahme der riesigen, zum Teil relativ dicht besiedelten Gebiete war den zahlenmäßig wenigen damals gelandeten Spaniern überhaupt nur möglich, weil sie von der Masse der einheimischen Bevölkerung als Befreier betrachtet und daher zum Teil aktiv unterstützt und zum anderen zumindest mit Sympathie begrüßt wurden.

Die eingedrungenen Spaniern waren – hierin Kolumbus vergleichbar – zum großen Teil einerseits bestrebt, die Einheimischen für das Christentum zu gewinnen und unter dieser Zielsetzung als «Brüder» zu behandeln, andererseits jedoch von Gier nach Reichtum ergriffen. Zu einer Verachtung und Vernichtung der vor ihrer Ankunft bestehenden Hochkulturen fühlten sie sich umso eindeutiger berechtigt, da diese zahlreiche grausame Elemente – bis hin zu mannigfaltigen Formen von Menschenopfern und deren Verzehr – enthielten, die auch heute kein vom christlichen Denken geprägter Europäer mit Sympathie betrachten und dulden könnte[233].

Insgesamt erfolgte die Annahme des Christentums durch die einheimische Bevölkerung mit deren freiem Willen. Das ist keineswegs verwunderlich, da die meisten missionierenden Priester und Mönche sich mit großer Energie für die einheimische Bevölkerung einsetzten.[234] Die rechtliche Basis dafür bildete die zugunsten der Indianer erlassene Kolonialgesetzgebung der spanischen Könige. Tatsächlich bestand bei ihnen grundsätzlich der Wille, die Eingeborenen als Mitmenschen angemessen zu behandeln und zum Christentum zu bekehren.

So verfügte z.B. Königin Isabella schon am 30. Oktober 1503, daß niemand «sich unterstehen solle, irgendjemand von den Indianern der Inseln und des Festlandes zu ergreifen und gefangenzusetzen, um sie dann hiernach in meine Königreiche oder anderswo hinzubringen, noch auch sonst ihnen irgendeinen Nachteil oder Schaden an Leib und Gut zuzufügen».[235]

Im folgenden teilt die Königin mit, sie habe angesichts unzulässiger Übergriffe auf die Indianer «einige Statthalter auf diese Inseln und Festländer geschickt und Geistliche mitgegeben, die ihnen predigen und sie in den Dingen unseres heiligen katholischen Glaubens unterrichten und ihnen ankündigen sollen, daß sie unsere Untertanen sind...»[236].

Trotz solcher Anordnungen herrschte allerdings faktisch in den entdeckten Gebieten weithin furchtbare Willkür. Eingeborene wurden brutal behandelt und zu schweren Arbeiten gezwungen, die sie gesundheitlich überforderten und zugrunde richteten.

So gab es zwar einerseits eine Kolonialgesetzgebung, die schon unter Kaiser Karl V. grundgelegt und insbesondere von Philipp II. mit großer Konsequenz vervollständigt wurde, andererseits jedoch Zustände, die dieser Gesetzgebung Hohn sprachen. Schon die Entfernung zwischen den Herrschern und ihren neuen Ländern machten eine wirksame Kontrolle nahezu unmöglich. Es dauerte immerhin Monate, bis Nachrichten ihren Bestimmungsort erreichten. Zu diesen konkreten Schwierigkeiten kam jedoch vor allem eine innere Inkonsequenz: Die Herrscher selbst nahmen die Reichtümer der neuen Länder mehr oder weniger bedenkenlos entgegen und profitierten damit von jener brutalen Ausbeutung, die sie in ihrer Gesetzgebung verurteilten. So unterliefen sie indirekt ihre eigenen Anordnungen.

Die enormen Verluste unter der einheimischen Bevölkerung sind allerdings nur zum Teil auf Unterdrückungspraktiken der Spanier zurückzuführen. Hauptursache dafür sind vielmehr eingeschleppte Seuchen und Krankheiten, auf die das Immunsystem der indianischen Bevölkerung nicht eingestellt war.

Die Tragik und Schwierigkeit derer, die sich damals für die amerikanische Bevölkerung engagierten, zeigt sich in der Person des Priesters und Mönches Las Casas, der bei Kaiser Karl V. die ersten Gesetze zum Schutze der Eingeborenen durchsetzte. Er hatte in diesem Bestreben – formal betrachtet[237] – durchaus Erfolg. Er sah jedoch auch, daß die gesundheitlich anfälligen Indianer viele der ihnen zugemuteten Arbeiten nicht durchhielten und gab daher den Rat, statt dessen robustere afrikanische Neger zum Einsatz zu bringen. Damit löste er – zu seinem eigenen Entsetzen – einen brutalen Sklavenhandel von Afrika nach Amerika aus, der noch Jahrhunderte lang währte[238].

Weltgeschichtlich betrachtet war trotz allem die spanische Kolonialgesetzgebung nicht ohne jeden Erfolg. Immerhin gab und gibt es in den spanischen Kolonien keinen Rassismus, sondern eine grundsätzliche Anerkennung aller Völker als gleichberechtigte Geschöpfe Gottes. Die Forderung nach völkerübergreifender Mitmenschlichkeit ins Bewußtsein gebracht zu haben und im Bewußtsein zu erhalten, ist nicht zuletzt Verdienst der Kirche. Folge davon ist das heute bestehende Völkergemisch in den mittel- und südamerikanischen Ländern, in das beträchtliche Teile der indianischen Bevölkerung, der eingeführten Neger und der eingewanderten Europäer eingegangen sind.

So aufschlußreich die Teilung der Welt zwischen Spanien und Portugal unter päpstlicher Billigung für das Denken der Menschen an der Wende zwischen Mittelalter und Neuzeit war, so entschieden ging die weitere geschichtliche Entwicklung über diese Grundsatzentscheidung hinweg. Dabei spielte England eine Schlüsselrolle. Wie schon erwähnt, hatte es sich – seit 1339 – in einem über hundertjährigen Krieg gegen Frankreich auf dem Kontinent engagiert[239]. Im Anschluß daran war es in innere Kämpfe verstrickt. Diese sogenannten «Rosenkriege» wurden 1485 mit dem Siege Heinrich VII. aus dem Hause Tudor beendet. Er verwickelte sein Land nicht erneut in die kontinentalen Auseinandersetzungen, sondern vollzog eine Wendung zur See. Durch Begünstigung von Handel und Schiffahrt begann er, für England ein neues weites Feld zu erschließen. In seinen Diensten unternahm der gebürtige Genuese John Cabot Fahrten nach Nordamerika und erreichte die kanadische Küste.

Die von Heinrich VII. eingeleitete Orientierung Englands erreichte ihren kritischen Höhepunkt unter Königin Elisabeth I. (1558-1603). Ohne einen offenen Kampf herauszufordern, löste sie sich vom spanischen Einfluß, unter dem England unter ihrer Vorgängerin gestanden hatte.[240] Im Gegensatz zu den spanischen und portugiesischen Unternehmungen, die von vornherein unter der politischen Verantwortung der Monarchen standen, duldete und förderte Elisabeth Überfälle auf spanische Besitztümer und Schiffe, ohne sich offiziell daran zu beteiligen und die politische Verantwortung dafür zu übernehmen.

Insbesondere begünstigte sie die kühnen und zugleich rücksichtslosen Entdeckungs- und Kaperfahrten von Männern wie Francis Drake und förderte private Handelsgesellschaften der «merchant adventurers» – der Abenteurer-Kaufleute – nach Afrika und Indien. Im Gegensatz zu den spanischen Königen ließ sie den von ihr begünstigten Händlern und Piraten auch bei der Behandlung der einheimischen Bevölkerung freie Hand. Die Folge davon war in weiten englisch besetzten Gebieten, insbesondere in Nordamerika, eine mehr oder weniger vollständige Ausrottung der ursprünglichen Bevölkerung.

Infolge der aggressiven Politik Englands wurde das Verhältnis zu Spanien immer gespannter. Alle Feinde Spaniens durften der

Reformatoren

Martin Luther (1483-1546)
Deutscher Reformator

Philipp Melanchthon † 1560
Wichtiger Mitarbeiter Luthers

Ulrich Zwingli (1484-1531)
Reformator der dt. Schweiz

Jean Calvin (1509-64)
Begründer des Calvinismus

offenen oder wenigstens heimlichen Unterstützung Elisabeths sicher sein. So wurde sie zur weltpolitischen Gegenspielerin von Philipp II. Als solche unterstützte sie auch den Aufstand der damals mit der Krone Spaniens vereinten Niederlande[241] gegen Philipp II. Inzwischen waren in Nordamerika die ersten englischen Kolonien Virginia und Nordcarolina gegründet worden. Die Übergriffe englischer Freibeuter auf spanische Handelsschiffe rissen nicht ab, auch an politischen Provokationen gegenüber Philipp II. fehlte es nicht[242]. Im Jahre 1588 entsandte dieser schließlich die «Große Armada», um nach England überzusetzen. Doch die plumpen Schiffe Spaniens waren den kleineren und wendigeren englischen nicht gewachsen. Zudem dezimierte ein schwerer Sturm die Armada. Nach einer Rückfahrt um Schottland erreichte nur ein kläglicher Rest der stolzen Flotte spanische Häfen. Mit dem Untergang der «Großen Armada» hatte England endgültig freie Bahn für die Unterwerfung weiter überseeischer Gebiete.

Seit ihrem Abfall von Spanien beteiligten sich auch die Niederlande an der Inbesitznahme überseeischer Stützpunkte und an dem mit Seeräuberei verbundenen Handel. Bezeichnenderweise befaßte sich eine der ersten grundlegenden Schriften des Niederländers Hugo Grotius, der weithin als Begründer des modernen Völkerrechts gefeiert wird, mit dem Thema «Über das Beuterecht» und versuchte, die räuberischen Praktiken niederländischer Seefahrer zu rechtfertigen.

Schon bald beteiligte sich auch Frankreich an der Inbesitznahme auswärtiger Gebiete, wobei vor allem wirtschaftliche Gesichtspunkte maßgeblich waren. Im Gegensatz zu England und Holland wurden die französischen Unternehmungen fast durchweg aus merkantilischen Motiven unter staatlicher Verantwortung durchgeführt.

Erst im 19. Jahrhundert erwarben auch das von Bismarck etablierte Deutsche Reich sowie Italien einige überseeische Gebiete, während Rußland statt dessen seine Grenzen in Asien ständig nach Osten und Süden vorschob.

Schließlich war zu Beginn des 20. Jahrhunderts nahezu die gesamte Welt unter europäische bzw. europäisierte christliche Mächte aufgeteilt und auch die nicht direkt von ihnen verwalteten Gebiete zumindest bestimmten «Einflußsphären» zugewiesen. Eine mehr oder weniger geschlossene Hinwendung zu einer bestimmten christlichen Kirche erfolgte jedoch im Gegensatz zu Mittel- und Südamerika nicht. Die Bemühungen um Missionierung wurden und werden von verschiedenen Kirchen und Sekten getragen. In einigen Gebieten Afrikas stehen sie in Konkurrenz zu islamischen Bestrebungen, die zumeist mit Versuchen gewalttätiger Unterwerfung verbunden sind.

Auf Weltebene betrachtet ist der Islam jedoch eher zu einer regionalen Erscheinung geworden.[243] Der größte Teil der zahlreichen asiatischen Bevölkerungen – vor allem derjenigen Chinas, Japans und des größeren Teils von Vorder- und Hinterindien – gehört weder dem Christentum noch dem Islam an.

10. Die Konfessionalisierung der Kirche

Die Konfessionalisierung der Kirche hängt unbestritten eng mit dem Auftreten Martin Luthers zu Beginn der Neuzeit zusammen. Sie wird jedoch geschichtlich nur verständlich, wenn man sich vergegenwärtigt, daß sich die Kirche damals schon mindestens zwei Jahrhunderte lang in einer schweren Krise befand. Von Anfang an spielte dabei auch der Ablaß eine wichtige Rolle. Es begann bereits im Jahre 1300. Papst Bonifatius VIII. hatte dieses Jahr zum «Jubeljahr» erklärt[244] und für die Wallfahrt zu den Gräbern der Apostelfürsten einen großen Ablaß ausgeschrieben. Zehntausende strömten nach Rom. In St. Peter scharrte man das Geld mit Rechen zusammen.

Im folgenden Jahr verbot der Papst dem französischen König Philipp IV., die Kleriker zu besteuern, und forderte ihn auf, sich vor einer römischen Synode zu verantworten. Und wiederum ein Jahr später im Jahr 1302 erließ er die Bulle «Unam sanctam», in der er im vollen Gegensatz zur abendländisch-christlichen Tradition erklärte: «Die geistliche Macht hat die weltliche einzusetzen und ist Richterin über sie, wenn sie nicht gut ist. So bewahrheitet sich über die Kirche und die kirchliche Gewalt die Voraussage des Propheten Jeremias: «Siehe, ich habe dich heute über die Völker und Reiche gesetzt.»[245]

Am Tage, bevor der Papst den französischen König feierlich exkommunizieren wollte, wurde er jedoch selbst überrumpelt; dann von Anhängern befreit, starb er kurz danach im Verfolgungswahn. Im Zuge der weiteren Entwicklung siegte bei einer Papstwahl eine französische Gruppe im Kardinalskollegium über die Italiener. Der ehemalige Erzbischof von Bordeaux, der den Namen Clemens V. annahm, ließ sich nicht in Rom, sondern in Lyon im Beisein des französischen Königs krönen und nahm 1309 seinen Sitz in Avignon, das zwar den Päpsten gehörte, aber im französischen Machtbereich lag. Damit begann die sogenannte «Babylonische Gefangenschaft» der Päpste[246].

In Avignon gewann das Papsttum als Finanzmacht einen erstaunlichen Einfluß. Es hatte sich in zahlreichen Kirchen das Recht verschafft, die Stellen zu besetzen, die oft mit reichen Pfründen verbunden waren. Für die Verleihung dieser Stellen verlangten die Päpste einen Anteil an den Einnahmen. Zum Teil forderten sie schon für die bloße Anwartschaft auf eine Stelle hohe Summen, die sogenannten Exspektanzen. Entgegen den kanonischen Vorschriften wurden durch entsprechende Dispensen oft mehrere Stellen an einen zahlungskräftigen Bewerber vergeben, der sich dann persönlich um sein Amt kaum kümmerte, sondern es durch schlecht bezahlte Vertreter verwalten ließ. Auch von zahlreichen anderen kirchlichen Vorschriften erteilten die Päpste gegen Zahlung entsprechender Summen Dispensen. Auf diese Weise steigerte Papst Johannes XXII. die Einnahmen der Kurie auf die damals enorme Summe von nahezu 30'000 Goldgulden. Bissig bemerkte dazu der Dichter Dante, der Papst verehre die Apostel Petrus und Paulus weniger als das Bild Johannes des Täufers – auf dem Florentiner Gulden.

Der so auf fragwürdige Weise mit reichlichem Geld ausgestattete päpstliche Hof wurde zum Mittelpunkt der europäischen Diplomatie. An den Auseinandersetzungen um die Herrschaft in Italien, die damals im Gang waren, nahmen eigene päpstliche Truppen teil. Exkommunikationen und Ketzerprozesse wurden in den Dienst päpstlicher Machtpolitik gestellt. Im Rahmen dieser «Maßnahmen» wurde auch der deutsche König Ludwig der Bayer, der einen Reichsvikar nach Oberitalien entsandt hatte, als «Ketzerhelfer» angeklagt, exkommuniziert und der Herrschaft für verlustig erklärt.

Bald fand Ludwig der Bayer jedoch zahlreiche Verbündete in den Reihen der Kirche selbst. Die Franziskaner, deren Armutsideal der finanzkräftige Papst mißachtete, suchten bei ihm Zuflucht und warnten vor dem den Armutsempfehlungen Christi widersprechenden Papsttum in Avignon.

Der vom Papst exkommunizierte geistig bedeutende Marsilius von Padua betonte in seinem Werk «Defensor pacis» das Eigenrecht der weltlichen Gewalt, das auf dem Volkswillen gründe. Unter Berufung darauf zog Ludwig der Bayer im Jahre 1328 in Rom ein, ließ sich vom jubelnden römischen Volke zum Kaiser wählen und vom Stadtregenten aus dem Hause Colonna in der Pe-

terskirche die Kaiserkrone aufs Haupt setzen. In den folgenden
Jahren betonten die deutschen Kurfürsten ihr Recht der Königs-
wahl, die keiner päpstlichen Bestätigung bedürfe und aus eigener
Kraft den Anspruch auf das Kaisertum begründe.

Erst im Jahre 1377 kehrte auf Drängen der Italiener und auf
die Mahnungen des deutschen Königs Karls IV. Papst Gregor XI.
nach Rom zurück, starb jedoch im folgenden Jahr. Darauf wählten die Kardinäle, die mit ihm nach Rom gezogen waren – elf
Franzosen, vier Italiener und ein Spanier – unter dem Druck einer
bewaffneten Volksmenge einen Italiener zum Papst. Er wurde zunächst allgemein anerkannt. Als er jedoch seine Reformpläne in
schroffer Form durchsetzen wollte, entflohen die französischen
Kardinäle, erklärten die unter Druck vollzogene Wahl für ungültig
und wählten 1378 einen Verwandten des französischen Königs zum
Papst, mit dem sie nach Avignon zurückzogen. Die beiden Päpste
und ihre jeweiligen Nachfolger bannten sich und ihren Anhang
gegenseitig.

In der Hoffnung, die Spaltung der Kirche zu beseitigen, trafen
sich 1409 Kirchenfürsten aus dem römischen und dem französischen Einflußbereich in Pisa. Sie erklärten beide Päpste für ab-
gesetzt und wählten an ihrer Stelle einen neuen. Im Endeffekt
wurde die Verwirrung dadurch jedoch nur noch größer, da keiner
der abgesetzten Päpste verzichtete und somit jetzt drei Päpste
Anspruch auf allgemeine Anerkennung erhoben.

In dieser Lage griff König Sigismund, der auch seinerseits erst
nach inneren Auseindersetzungen im Jahr 1411 allgemeine Aner-
kennung gewonnen hatte, in die kirchliche Entwicklung ein, um die
Einheit der abendländischen Christenheit wiederherzustellen. In
einer rastlosen diplomatischen Tätigkeit gewann er alle Herrscher
Europas für den Plan, ein allgemeines Konzil in die deutsche Stadt
Konstanz einzuberufen. Dabei arbeitete er mit dem Pisaner
Konzilspapst zusammen, der wegen verworrener Verhältnisse in
Italien auf seine Hilfe angewiesen war. Die anderen beiden Päp-
ste schickten wenigstens Legaten nach Konstanz, so daß die ge-
samte abendländische Christenheit samt ihren drei Päpsten auf dem
Konzil vertreten war. Es wurde 1414 eröffnet.

An den Beratungen nahmen über sechshundert Kleriker und etwa ebenso viele führende Laien teil. Dem Brauch der Universitäten entsprechend gliederte man das Konzil in Nationen: die deutsche, die englische, die französische, die italienische und die spanische. Sie wurden je mit einer Stimme bedacht, eine weitere Stimme erhielt das Kardinalskollegium. Oft gingen die Ansichten der einzelnen Gruppen weit auseinander. Aber König Sigismund, der als Schirmherr der Kirche den Vorsitz führte und seine ganze Autorität in den Dienst des Konzils stellte, setzte sich mit einer solchen Energie ein, daß die Verhandlungen trotz aller Schwierigkeiten immer wieder Ergebnisse zeitigten.

Vordringlichste Aufgabe des Konzils war zunächst die Beseitigung des Schismas bzw. die Wiederherstellung der Einheit der Kirche: die «causa unionis». Außerdem war schon seit langem heftige Kritik an der Organisation der Kirche und ihrer Hierarchie sowie dem Verhalten und der Lebensweise der Kleriker bis hinauf zu den Päpsten laut geworden.

Scharfe Kritik fand insbesondere das ständige Verlangen der Kurie nach Geld und die Art, es einzutreiben. Daraus ergab sich die Forderung nach einer Reform der Kirche an Haupt und Gliedern: die «causa reformationis». Dazu kam als dritte aktuelle Aufgabe des Konzils die Klärung einer Reihe von Glaubenssätzen, die durch den Prager Professor Hus und dessen Freund Hieronymus in Frage gestellt wurden: die «causa fidei».

Die ersten wichtigen Entscheidungen in der «causa unionis» fielen 1415. Der Pisaner Konzilspapst erklärte sich zur Abdankung bereit und ein Versuch, diese Entscheidung rückgängig zu machen, scheiterte. Der römische Papst trat freiwillig zurück, um den Weg für eine allgemeine Lösung freizugeben. Nur der Papst aus Avignon verschanzte sich auf einer spanischen Felsenfestung und ließ sich durch nichts zum Einlenken bewegen. Sigismund erreichte jedoch, daß sich alle Länder von ihm lossagten, und das Konzil sprach schließlich 1417 formal seine Absetzung aus. Damit war grundsätzlich der Weg für eine neue Papstwahl frei, an der sich außer den Kardinälen je sechs Vertreter der fünf Nationen beteiligten. Eine völlige Reorganisation der Kirche schien sich anzubahnen. Gewählt wurde der Italiener Martin V. Damit hatte die Kirche wieder einen allgemein anerkannten Papst.

Höchst problematisch dagegen gestaltete sich die Lösung der «causa fidei». Sie war schon deshalb kompliziert, weil es bei ihr keineswegs nur um Glaubensfragen ging. Hus war vielmehr auch politisch äußerst aktiv. Indem er die Universität Prag umgestaltete und eine einheitliche tschechische Schriftsprache schuf, betrieb er die kirchlich-nationale Eigenständigkeit der Tschechen. Dogmatisch übernahm er vom englischen Reformator Wyclif, dessen – faktisch eine Willkür Gottes proklamierende – Prädestinationslehre. Ihr zufolge umfaßt Kirche nur die von Gott zur ewigen Seligkeit Vorherbestimmten. Unter Todsünde stehende Amtsträger dürften keinerlei Gewalt ausüben. Diese der überkommenen Lehre widersprechenden Thesen verband Hus mit einer weithin berechtigten scharfen Kritik am Verhalten von Prälaten seiner Zeit und an den Mißständen der damaligen Kirche.

Obgleich sich Sigismund auch in der «causa fidei» ausgleichend einzusetzen suchte, spitzte sich die Lage zu, als Hus es ablehnte, einige unzweifelhaft mit der gesamten bisherigen Lehre der Kirche nicht übereinstimmende Sätze seiner Schriften zu widerrufen. Obgleich ihm Sigismund freies Geleit zugesichert hatte, setzten sich jetzt die Konzilsväter darüber hinweg, indem sie erklärten, daß ein Geleitbrief einem Ketzer gegenüber keine Gültigkeit habe. Gegen anfänglichen Widerstand des Kaisers wurde Hus und später auch Hieronymus dem Scheiterhaufen überantwortet.

Erledigt war jedoch die «causa fidei» damit umso weniger, da Hus bis zum letzten Augenblick eine imponierende Standhaftigkeit gezeigt hatte und von den Tschechen als Märtyrer und Nationalheld betrachtet wurde.

Im Jahre 1419 wurden in Prag von einer aufgebrachten Menge dreißig Ratsherren zum Fenster hinausgeworfen. Durch Mord und Vertreibung erlitt der deutsche Bevölkerungsanteil in Böhmen einen empfindlichen Schlag. Die von fanatischem Nationalgefühl erfüllten tschechischen Scharen fanden in Ziska und dessen Nachfolger Prokop tatkräftige Führer. Weite Teile des Reichsgebietes wurden geplündert und verwüstet. Erst 1433 wurde in den Pra-

Verteidiger der Christenheit

Prinz Eugen von Savoyen † 1736
Mehrf. Sieger in Türkenkriegen

Georg Kastriota † 1468
Verteid. Albanien gegen Türken

Don Juan d'Austria (1547-78)
Sieger Seeschlacht bei Lepanto

Johann III. Sobieski † 1696
Befreier Wiens von den Türken

ger Kompakten eine vorläufige Einigung erreicht[247], wobei den Hussiten eine Reihe von Zugeständnissen, insbesondere die Feier des Abendmahls in beiderlei Gestalten, gemacht wurden.

Nur wenig erreichte das Konzil von Konstanz in der «causa reformationis». Hier machte Martin V. den einzelnen Nationen durch Konkordate einige Zugeständnisse, die der Willkür bei der Stellenbesetzung und Besteuerung Grenzen setzten. Die erhoffte große Reform der Kirche jedoch blieb aus. Sie wurde auch auf einem weiteren Konzil in Basel (1431-1443) nicht erreicht, zumal da sich hier unter dem Einfluß der Universitäten der auf dem Konzil von Konstanz schon latente Streit, ob dem Papst oder dem Konzil die höhere Autorität zustehe, in einem offenen Konflikt entlud. Er führte schließlich dahin, daß der Papst mit seinen Anhängern das Konzil in Basel verließ und ein päpstliches Konzil nach Florenz einberief.

Auf ihm erschien Kaiser Johannes VI. aus Konstantinopel. Von den Türken bedrängt, schloß er in der Hoffnung auf Hilfe aus dem Westen eine Union mit Rom ab. Weltgeschichtlich wurde sie allerdings kaum wirksam, da Konstantinopel kurz darauf den Türken in die Hände fiel.[248] Andererseits blieben auch eine Absetzung des Papstes durch das immer noch in Basel tagende Restkonzil und die Wahl eines Gegenpapstes geschichtlich wirkungslos.

Daß der Papst «sein» Konzil gerade nach Florenz einberufen hatte, war durchaus kein Zufall. Gastgeber war dort Cosimo de Medici, der seit 1434 die Stadt beherrschte. Er war hervorragender Repräsentant einer neuen geistigen Bewegung, die sich zwar schon lange angekündigt hatte, jedoch erst im 15. Jahrhundert voll zum Durchbruch kam: der Renaissance. Heimstatt dieser Bewegung waren die italienische Städte, die im Gegensatz zum übrigen Europa Stadtschulen und Fachhochschulen besaßen, in denen einzelne Fertigkeiten und Wissenschaften – besonders Jurisprudenz und Medizin – ohne strenge Bindung an Theologie und Philosophie gelehrt wurden. Das gebildete Laienbürgertum wurde hier zum Träger einer neuen Lebens- und Geisteshaltung.

Ihr Ziel war die Erneuerung der Größe Roms. Da eine zunächst beabsichtigte politische Renaissance Roms jedoch scheiterte[249], mahnte Boccaccio, Rom solle sich bemühen «als Ersatz für das gefallene Imperium durch seine Kunst und Poesie eine neue Majestät vom Kapitol her aufzubauen». Die Antike wurde in allen Bereichen als unübertreffliches Vorbild gepriesen. Das mittelalterliche Latein erschien als barbarisch. Cicero und die klassischen Dichter wurden die großen Lehrmeister des Stils. Auch in Baukunst und Plastik schufen italienische Meister einen «neuen Stil» in Anlehnung an antike Formen.

Die neue geistige Haltung jedoch tritt am deutlichsten zutage in der Malerei, weil hier antike Vorbilder fehlten. Die Natur wurde neu entdeckt und die Landschaft in das Bild einbezogen. Den Raum bewältigte man mit der neuen – nur im Abendland entwickelten – mathematisch konstruierbaren Zentralperspektive. Sie ermöglichte eine eindeutig «richtige» Wiedergabe der Natur, beschränkte freilich zugleich die Darstellungsmöglichkeit auf den Horizont des Betrachters. Transzendente Wahrheiten waren nicht mehr Gegenstand der Kunst. Dementsprechend wurden auch Christus und seine Heiligen nur oder zumindest primär als Teilhaber an der irdischen Wirklichkeit dargestellt. Es ging vor allem um vollendete Formen. Demgegenüber trat die Frage nach der Wahrheit und Bedeutung des Dargestellten in den Hintergrund[250].

Ein neues Selbstbewußtsein und ein Drang nach Lebensfülle und Lebensgenuß ergriff die Menschen. Eine Erneuerung der Wissenschaften durch Weltoffenheit und geistigen Kontakt zu den lebensvollen Menschen der Antike wurde zum Programm. Einen Höhepunkt erreichte die Bewegung unter Lorenzo de Medici, einem Enkel Cosimos, des Gastgebers des Konzils von Florenz. Der junge Michelangelo war zeitweise sein täglicher Tischgenosse.

Der Platoniker und Humanist Pico de Mirandola, der ebenfalls zu seinem Kreis gehörte, suchte die Würde des Menschen neu zu begründen: «Als Gott alle Dinge erschaffen hatte... nahm er den Menschen als Geschöpf von schwankender Bildung in die Welt auf, setzte ihn in ihre Mitte und sprach zu ihm: «Keinen festen Sitz, keine Gestaltung, keine besondere Verrichtung habe ich dir gegeben, auf daß du dir Wohnsitz, Gestaltung und Verrichtung selbst wählst, und was du wählst, soll dein sein. Alle anderen Geschöpfe habe ich mit einer bestimmten Natur begabt und sie damit in feste Grenzen eingeschlossen. Dich engen keine Schranken ein, nach deinem Willen, in dessen Hand ich dich gegeben habe, schaffst du dir sie selbst»[251].

Mit freiem Blick sah der Mensch die Erde neu. Er erlebte in unmittelbarer Begegnung die Natur und suchte, in ihre Gesetze und Geheimnisse einzudringen. Er freute sich der Schönheit des Leibes und erforschte wißbegierig die Anatomie des menschlichen Körpers. Während das Mittelalter die Schöpfung nicht ohne den Schöpfer, den Leib nicht ohne die Seele, menschliche Größe nicht ohne göttliche Erlösung gedacht hatte, wurden jetzt die einzelnen Bereiche der Wirklichkeit in ihrer jeweiligen Eigenständigkeit und Eigengesetzlichkeit entdeckt und betrachtet.

Als ein markantes Beispiel dafür sei ein Abschnitt in Machiavellis Abhandlung über den Fürsten zitiert: «Nach meinem Dafürhalten ist es besser, wenn ich dem wirklichen Wesen einer Sache nachgehe als einem Phantasiegebilde von ihr. Es ist ein außerordentlicher Unterschied zwischen der Art, wie man wirklich lebt und wie man leben sollte...

Die Erfahrung unserer Tage lehrt uns, daß bloß jene Fürsten mächtig geworden sind, die es mit Treu und Glauben leicht nahmen und sich darauf verstanden, andere zu täuschen und zu betrügen, und daß jene, welche redlich ihre Verbindlichkeiten befolgten, am Ende übel wegkamen...

Ein Fürst kann nicht so handeln, wie die Menschen gewöhnlich sollen, um rechtschaffen genannt zu werden; das Staatserfordernis nötigt ihn oft, Treu und Glauben zu brechen und der Menschenliebe, der Menschlichkeit und Religion entgegenzuhandeln.»[252]

Mit diesen Sätzen distanziert sich Machiavelli ebenso von mittelalterlichen Fürstenspiegeln, die die Gebote Gottes zur Richtschnur fürstlichen Handelns machen, wie von den philosophischen Überlegungen des Plato, des Aristoteles und der Scholastiker, welche die Gerechtigkeit als Grundlage des Staates betrachten.

Die Art der Argumentation Machiavellis hat prinzipielle Bedeutung, da sie auch auf andere Bereiche angewandt werden kann. Zur Verdeutlichung genügt es, den eben zitierten Text geringfügig zu ändern: «Die Erfahrung unserer Tage lehrt uns, daß bloß jene Geschäftsleute reich geworden sind, die es mit Treu und Glauben leicht nahmen und sich darauf verstanden, andere zu täuschen und zu betrügen, und daß jene, welche redlich ihre Verbindlichkeiten befolgten, am Ende übel wegkamen... Ein Geschäftsmann kann nicht so handeln, wie die Menschen gewöhnlich handeln sollen, um rechtschaffen genannt zu werden. Das Geschäftsinteresse nötigt ihn oft, Treu und Glauben zu brechen und der Menschenliebe, der Menschlichkeit und Religion entgegenzuhandeln.»

Das Christentum wurde zwar kaum bekämpft, aber relativiert und mit einer religiös unentschiedenen Philosophie und Phantasie umsponnen. Eine Haltung bahnte sich an, aus der heraus der deutsche Humanist Mutianus Rufus schrieb: «Es gibt nur einen Gott und eine Göttin, aber verschiedene Vorstellungen und Namen davon, z.B. Jupiter, Sol, Apollo, Moses, Christus, Juno, Ceres, Proserpina, Tellus, Maria.»

Wie sehr auch das Papsttum von der neuen Bewegung ergriffen war, zeigen schon die Namen wichtiger Päpste. So nannte sich Pius II. (1458-64) nach dem Pius Aeneas des von ihm verehrten Vergil. Immerhin betrachtete er es noch als seine Hauptaufgabe, alle christlichen Kräfte zum Kampf gegen die Türken zusammenzufassen, während seine Nachfolger zum Teil einer rein kirchlichen Hausmachtpolitik ihre Hauptaufmerksamkeit widmeten.

Einen Tiefpunkt erreichte das Papsttum unter Alexander VI. aus dem Hause Borgia (1492-1503). Er war geradezu das Urbild eines Renaissancepolitikers: lebenskräftig, klug, skrupellos, zu Ausschweifungen und Gewalttaten geneigt. Dazu war er um die Versorgung seiner Kinder bemüht und duldete insbesondere die machtpolitischen Pläne und Verbrechen seines Sohnes Cesare. Sein Nachfolger Julius II. (1503-13), der seinen Namen nach dem von ihm bewunderten Julius Caesar gewählt hatte, bemühte sich zwar im Rahmen seiner Politik auch um eine Reform der Kirche. Mit besonderem Engagement jedoch nahm er an der Spitze eigener Truppen persönlich an den Kämpfen in Italien teil und wurde bald allgemein «il terribile» genannt. Er war es, der Bramante mit dem Neubau der Peterskirche beauftragte und auch Raffael und

Michelangelo nach Rom berief. Moses auf des Papstes Grabmal ist dessen eindrucksvolles Denkmal.

Ihm folgte aus dem Haus der Medici Leo X. (1513-21). Er widmete sich intensiv der Kunst und Wissenschaft und gründete ein eigenes Kollegium zur Herausgabe griechischer Schriftsteller. In einem Druckprivileg für den wiedergefundenen Tacitus nannte er die klassischen Autoren «Norm des Lebens und Trost im Unglück». Damit wies er ihnen eine Rolle zu, die in vorangegangenen Jahrhunderten nur die Heilige Schrift gehabt hatte.

Einer der hervorragendsten Repräsentanten der damaligen Zeit war Erasmus von Rotterdam. In einem Brief an Papst Leo X. formulierte er die überschwenglichen Erwartungen, die er mit dem Beginn des neuen Jahrhunderts verband: «Möge ich doch in diesem unserem Jahrhundert, das wahrlich ein Goldenes Jahrhundert zu werden verspricht, wenn es je ein goldenes gewesen ist, es mit ansehen können, wie unter deinen so besonders glücklichen Auspizien und deiner allerheiligsten Führung jene drei vornehmlichsten Güter des menschlichen Geschlechtes wiederhergestellt werden: jene wahrhaft christliche Frömmigkeit, die auf vielerlei Weise in Verfall geraten ist, die beste Wissenschaft, die zum Teil verwahrlost, zum Teil verdorben ist, und die politische immerwährende Eintracht der Christenheit, welche Quelle und Mutter ist für beide: für Frömmigkeit und Bildung.»[253]

Vereinigung von Frömmigkeit und Bildung war das große Programm des Erasmus. Früh verwaist war er in Deventer von den «Brüdern vom gemeinsamen Leben» erzogen worden, einer freien Gemeinschaft von Priestern und Laien, die neue Wege zu einer praktischen Frömmigkeit suchten. Das theologische Studium in Paris hatte in ihm nur einen Widerwillen gegen die Scholastik geweckt. Er erhoffte sich eine Erneuerung der Theologie «durch das Studium der alten, frommen, tugendhaften Heiden und der Kirchenväter». Liebe und Herzensfrömmigkeit sollten Früchte einer Philosophia Christi sein, die nicht an starre äußere Formen gebunden war. Gegenüber einem tätig-frommen Leben trat die Bedeutung von Sakrament und Dogma zurück. Zur Weckung rechter Frömmigkeit mußte nach seiner Überzeugung die Bibel ins Deut-

sche übersetzt werden und so «in die Hand jeder Frau, jedes Land-
arbeiters, Webers, Wanderers kommen».

Noch bevor das religiöse Bildungsprogramm des Erasmus und
anderer Humanisten die breiten Schichten des Volkes erfaßte, trat
eine geschichtliche Wende ein. Sie wurde ausgelöst durch das Auftreten und Wirken *eines* Mannes, des Mönches Martin Luther. Er
entstammte einer aus dem Bauernstand hervorgegangenen aufstrebenden Unternehmerfamilie. Zunächst studierte er Rechtswis-
senschaft, trat jedoch dann überraschend in das Erfurter Kloster
der Augustiner Bettelmönche ein. Beim Studium vertiefte er sich
in die Schriften des Engländers Wilhelm von Ockham, der einerseits die große Fremdheit und bis zur Willkür gesteigerte Allmacht
Gottes, andererseits die volle Verantwortlichkeit des Menschen gegenüber diesem Gott gelehrt hatte.

Nunmehr quälte Luther bei Tag und Nacht die Frage: «Wie fin-
de ich einen gnädigen Gott?». Immer wieder spürte er die menschliche Schwäche und Anfälligkeit. Auch das Sakrament der Buße,
das er zeitweise täglich zweimal empfing, gab ihm keinen inneren
Frieden.

Da erschloß sich ihm nach tagelangem Grübeln eine Stelle aus
dem Römerbrief zu einer freudigen Offenbarung: «In ihm (= im
Evangelium) wird offenbart die Rechtfertigung durch Gott aus dem
Glauben für den Glauben. Denn so steht geschrieben: ‹Der Gerechte lebt aus dem Glauben.›»[254] Diese Stelle wurde ihm zum
Schlüssel für das Verständnis der gesamten Offenbarung. Gottes
Gerechtigkeit war nicht eine richtende, sondern eine gerecht-
machende Gerechtigkeit. Dementsprechend war das einzig Entscheidende der Glaube an den unendlich barmherzigen Gott.

Seit 1512 war Luther Professor an der neuerrichteten Universität Wittenberg. Hier erlebte er, welche verhängnisvollen Wirkungen geschäftstüchtige Ablaßprediger, besonders der Dominikaner Tetzel, hervorriefen. Offiziell war der Ablaß von Papst Pius
X. zum Bau der Peterskirche ausgeschrieben. Die Hälfte der
Gelder erhielt jedoch Bischof Albrecht von Brandenburg, der zudem die Bistümer Mainz, Magdeburg und Halberstadt in seine
Hand vereinigte.

Für diese dem Kirchenrecht widersprechende Ämterhäufung hatte er beim Amtsantritt eine hohe Summe bezahlt, die ihm das Augsburger Handelshaus der Fugger vorgestreckt hatte. Die Fugger, die das Geliehene aus den Ablaßgeldern zurückerhalten sollten, ließen die Öffnung der Opfertruhen überwachen. Geschäftstüchtig auf Erfolg bedacht, betonte Tetzel den Wert der «guten Werke». Im Gegensatz zu der auch damals offiziell anerkannten Lehre der Kirche erklärte er, durch die Zahlung des Ablaßgeldes werde die Seele sogleich aus dem Fegefeuer befreit. In Folge der mangelhaften Bildung des niederen Klerus und des Volkes stiftete er damit heillose Verwirrung.

Um Klarheit zu schaffen, formulierte Luther nunmehr fünfundneunzig Thesen über den Ablaß und schlug sie nach der herrschenden Überlieferung am Vorabend des Allerheiligentages 1517 an das Tor der Schloßkirche zu Wittenberg an.[255]

In diesen Thesen hielt Luther an der Lehre vom Ablaß grundsätzlich fest, wandte sich jedoch scharf gegen herrschende Mißstände und falsche Darstellungen. In diesem Sinne lauteten die Thesen 71 und 72: «Wer gegen die Wahrheit des apostolischen Ablasses redet, der sei verdammt und verflucht! Wer aber gegen die mutwilligen und frechen Reden der Ablaßprediger auf der Wacht steht, der sei gesegnet.» Seine Kritik am Ablaß verband Luther zum Teil mit allgemeinen kritischen Äußerungen gegen die problematische Entwicklung der Kirche seiner Zeit. So lautete z.B. die These 86: «Warum baut jetzt der Papst nicht lieber die Sankt Peterskirche von seinem eigenen Geld als von dem Geld der armen Christen, da sich doch sein Vermögen höher beläuft als die Güter eines reichen Krösus.»

Innerhalb von 14 Tagen waren Luthers Thesen in ganz Deutschland bekannt und wurden fast überall mit heller Begeisterung aufgenommen. Auch der Klerus – insbesondere die Augustiner – stand größtenteils spontan zu Luther, nur einige Dominikaner verfaßten Gegenthesen. In Rom unterschätzte man zunächst das deutsche «Mönchsgezänk». Als man Luther schließlich zum Widerruf aufforderte und nach Rom lud, erreichte sein Landsherr Kurfürst Friedrich der Weise von Sachsen, daß die Verhandlun-

Philosophen

Erasmus von Rotterdam † 1536
Spiritus rector des Humanismus

John Henry Newman † 1890
Englischer Konvertit, Kardinal

Dietrich von Hildebrand † 1977
«Der verwüstete Weinberg»

Hans Urs von Balthasar † 1988
Ein Vordenker unserer Zeit

gen in Deutschland stattfanden. Bei einer Disputation in Leipzig 1519 trieb der Ingolstädter Theologieprofessor Dr. Eck Luther durch eine formal überlegene Diskussionsführung so in die Enge, daß dieser schließlich nicht nur den päpstlichen Primat, sondern auch die Unfehlbarkeit von Konzilien bestritt. Das bedeutete einen offenen Bruch mit der bislang allgemein anerkannten Überlieferung. Denn mochte man auch über die Frage, ob Papst oder Konzil höhere Autorität besäßen, streiten, daß es eine höchste, das heißt verbindliche kirchliche Lehrautorität gäbe, galt allgemein als sicher.

Der weitere höchst komplizierte Fortgang der Ereignisse im einzelnen kann in diesem Überblick nicht dargeboten werden. Zum Verständnis der Situation ist es jedoch notwendig, auf die emotionale Aufladung der gesamten Atmosphäre hinzuweisen. Während es Luther selbst zunächst vor allem um Klärungen ging, war sein Auftreten der Funke, der das Pulverfaß der angestauten Empörung über die jahrhundertelangen Mißstände in der Kirche zur Explosion brachte.

So berichtet z.B. der päpstliche Nuntius Oleander über die Stimmung in Worms, wohin Luther 1521 zum Reichstag geladen war: «Es droht ein Volksaufstand oder vielmehr ganz Deutschland ist in hellem Aufruhr. Neunzehntel sind für Luther, das letzte Zehntel schreit zumindest: «Tod dem römischen Hofe!» Sie verehren Luther in religiöser Inbrunst, nennen ihn sündenlos, kaufen und küssen sein Bild... Die Deutschen haben die Überzeugung gewonnen, daß sie auch im Widerspruch mit dem Papst gute Christen sein könnten.»[256]

Nachdem Luther den vom Kaiser geforderten Widerruf verweigert hatte, wurde in der folgenden Nacht von Unbekannten ein Zettel angeschlagen: «400 Edelleute haben sich verschworen, Luther zu beschützen. Sie sagen Fehde an den Römlingen und Fürsten. Schlecht schreib ich, einen großen Schaden mein ich. Mit 8000 Mann will ich kriegen. Bundschuh, Bundschuh, Bundschuh!»

Kaiser Karl V. ließ sich jedoch von der allgemeinen Stimmung nicht mitreißen. Er erkannte, daß es letzten Endes nicht nur um die Beseitigung von Mißständen, sondern um die Kontinuität der kirchlichen Lehre und des Glaubens ging. Daher erklärte er: «Ein einfacher Mönch, geleitet von seinem privaten Urteil, hat sich erhoben gegen den Glauben, den alle Christen seit mehr als 1000 Jahre bewahrten, und er behauptet dreist, daß alle Christen sich bis heute geirrt hätten ... Ich bin entschlossen, mich zu halten und vorzugehen gegen ihn wie gegen einen notorischen Häretiker, und von euch verlange ich, daß ihr euch in dieser Sache als gute Christen erweist.»[257]

Tatsächlich hatte Luther inzwischen in seinen ersten großen Reformschriften nicht nur Mißstände scharf angeprangert, sondern sich auch von wichtigen bislang anerkannten Lehren der Kirche distanziert. Dies gilt insbesondere für die Lehre von den Sakramenten. In seiner 1520 erschienen Schrift «Von der babylonischen Gefangenschaft der Kirche» lehnt Luther die im Laufe der Kirchengeschichte festgelegte Siebenzahl der Sakramente ab, und läßt nur Taufe, Buße (= Beichte) und Abendmahl bestehen.

Die Ablehnung des Sakramentes des Priesterweihe bedeutete zugleich, daß neben dem allgemeinen Priestertum der Gläubigen kein besonderes geweihtes Priesterum anerkannt wird. Im Laufe seiner weiteren Entwicklung lehnte Luther zwar die Buße bzw. Beichte nicht rundweg ab, erkannte jedoch auch sie als Sakrament nicht mehr an. Während in der katholischen Kirche immer wieder die Gefahr bestand, die Objektivität der Sakramente und ihrer Wirkungen in einer magischen Weise mißzuverstehen, wurde durch die Lehre Luthers nunmehr die subjektive Seite übergewichtig.

Das hat wichtige Konsequenzen auch für die faktische Gestaltung und Handhabung. Im Gegensatz zur katholischen Kirche hält es die evangelische für nicht notwendig, bei der Abendmahlsfeier übriggebliebene Hostien besonders zu beachten oder gar zu verehren. Dies gilt bis zum heutigen Tag.

In der Zeit der Reformation wurde die tatsächliche konkrete geschichtliche Weiterentwicklung jedoch nur zum Teil von diesen dogmatischen Differenzen geprägt, sondern wesentlich durch Komponenten bestimmt oder zumindest mitbestimmt, die eine eigene Dynamik in sich hatten. Hierzu seien beispielhaft einige Erscheinungen genannt:

1. Die von Luther auf der Wartburg erbrachte kraftvolle Übersetzung der Bibel ins Deutsche, fand rasche Verbreitung. Eine als
verbindlich anerkannte Auslegung jedoch fehlte. Zudem begünstigte die Erwartung eines baldigen Weltendes eigenwillige Spekulationen, so daß vielerorts gewalttätige Strömungen die Oberhand gewannen. Hierzu trug nicht zuletzt das radikale Auftreten
des Zwickauer Propheten Thomas Münzer bei: Messen wurden
gestört, Statuen und Bilder zerschlagen. Als Luther sich gegen
diese Ausschreitungen wandte, bekämpfte Münzer ihn als «Haupt-
hemmschuh» einer wahren Reform. Er drohte mit dem baldigen
Strafgericht Gottes. Seine Aufrufe unterschrieb er «Thomas Münzer mit dem Schwerte Gidons». Damit bezog er sich auf jenen is-
raelischen Heerführer, der einst den Baalsdienst ausrottete.

2. Als Folge der gesamten gesellschaftlichen und wirtschaftlichen Entwicklung hatte es schon im 15. Jahrhundert im europäischen Raum Unruhen und Aufstände unter den Bauern gegeben.
Diese griffen nunmehr Luthers Parole von der «Freiheit eines
Christenmenschen» auf, um ihre «alten Rechte» auf Weide, Wald
und Gewässer gegenüber den neu erstarkten Landesherren sicher-
zustellen und zugleich ihre Verpflichtungen zu Diensten und Ab-
gaben abzuschütteln. Bald gewannen auch unter ihnen radikale
Kräfte die Oberhand, Kirchen wurden geplündert, Klöster gingen
in Flammen auf. Dabei beriefen sich die Bauern auf Luther: «Mar-
tinus hat geraten, man soll die Pfaffen braten. Kyrieleis!»

3. Große Teile der Reichsritterschaft, deren Bedeutung durch
die auf Landsknechte gestützte Fürstenmacht zurückging, erhoben sich am Mittel- und Oberrhein und sagten unter der Führung
Sickingens und Huttens dem Kurfürsten von Trier die Fehde an.
Der Raubzug, der faktisch vor allem auf den Kirchenbesitz Triers
abzielte, wurde unter der Parole geführt: «Heerzug für Christus
gegen die Feinde der evangelischen Wahrheit, um dem Evangelium eine Bresche zu schlagen.»

Nach anfänglichem Zögern wandte sich Luther auch gegen diese radikalen Strömungen. Zunehmend erkannte er, daß die von ihm
gewollten kirchlichen Reformen einer ordnenden Organisation be-
durften. Daraus zog er Konsequenzen und schrieb 1526 an sei-

nen Landesherrn Johann von Sachsen, den Bruder und Nachfolger Friedrichs des Weisen:

«Nun aber in eurer kurfürstlichen Gnaden Fürstentum päpstlicher und geistlicher Zwang und Ordnung aus ist, und alle Klöster und Stifte eurer kurfürstlichen Gnaden als dem obersten Haupte in die Hände fallen, kommen zugleich auch die Pflichten und Beschwerden, solche Dinge zu ordnen.»[258]

Damit übertrug Luther die Sorge für die Ordnung der Kirche dem jeweiligen Landesherrn als «Notbischof». Dadurch erhielten die Fürsten nicht nur einen mehr oder weniger großen Einfluß auf die Kirche, den sie faktisch immer gehabt hatten, sondern die Trennung zwischen geistlicher und weltlicher Gewalt wurde im Gegensatz zur gesamten abendländischen Tradition grundsätzlich aufgehoben. Obgleich eine Reihe von Fürsten bei den nunmehr einsetzenden Kirchenvisitationen mit vorbildlicher Umsicht vorgingen und Mißstände abschafften, wurde damit eine auf längere Sicht höchst problematische Entwicklung eingeleitet.

Unabhängig von den durch die Fürsten geordneten und kontrollierten Landeskirchen bildeten sich – ausgehend von kleinen bürgerlichen Kreisen, in denen die Bibel gelesen und ausgelegt wurde – auch freie Gemeinschaften von «Heiligen», die jedes Zusammengehen mit weltlicher Gewalt mieden und ohne Lehramt im «brüderlichen Dienste» ihr Leben zu heiligen suchten. Sie waren der Obrigkeit als soziale Umstürzler verdächtig und wurden von katholischen und lutherischen Landesherren in gleicher Weise verfolgt.

Die geschichtliche Bedeutung dieser zumeist als «Sekten» bezeichneten Gemeinschaften beruht vor allem darin, auch den Kirchen und ihren Anhängern Anstoß zur Überprüfung der Ernsthaftigkeit ihrer Frömmigkeit zu geben.

Die weitere Entwicklung der konfessionalisierten Kirche und ihrer Geschichte wurde jedoch primär durch politische Entscheidungen bestimmt oder zumindest wesentlich mitbestimmt. Hierzu noch folgende zusammenfassende Anmerkungen:

Die emotionale Motivation derer, welche die alte Kirche verließen, war vor allem geprägt durch die Empörung über kirchliche

Mißstände. Insofern stellte sie mehr eine Negation des Bisherigen als einen klaren positiven Impuls dar. Daher war das allen diesen Bewegungen Gemeinsame verständlicherweise vor allem die Absage an die «alte» Papstkirche.

Zu der emotionalen Komponente kam jedoch schon bald eine Reihe rationaler Motive, zu denen nicht zuletzt Kompetenzfragen und die Frage von Besitzständen gehörte. So spielte bei verschiedenen Gesprächen, die auf den Deutschen Reichstagen und bei anderen Anlässen geführt wurden, die Frage des Kirchenbesitzes eine erhebliche Rolle.

Bei dem die erste Phase der Auseinandersetzungen abschließende Religionsfrieden von 1555 galt für die Religionszugehörigkeit das Prinzip des «Cuius regio, eius religio», so daß es in die Kompetenz des jeweiligen Landesherrn fiel, über die Religion seiner «Untertanen» zu entscheiden. Der Gewissensfreiheit des einzelnen suchte man dadurch formal gerecht zu werden, daß denen, die sich aus Gewissensgründen der Entscheidung ihres Landesherrn widersetzten, die Auswanderung zugestanden wurde. Durch die Bestimmung des «Cuius regio, eius religio» wurde nicht nur den evangelischen Landesherrn eine volle Oberhoheit über ihre Kirchen eingeräumt, sondern faktisch auch die Stellung der katholischen Landesherrn gegenüber der Kirche und ihren Bischöfen gestärkt.

Da in den evangelischen Gebieten auch die Verfügungsgewalt über den Kirchenbesitz den Landesherrn anheimfiel, entstand ein weiteres, von religiösen Überzeugungen völlig unabhängiges Motiv, sich von der alten Kirche zu lösen, das sich unter Umständen ganz und gar verselbständigte. Hervorragendes Beispiel dafür ist der Konfessionswechsel Schwedens. Hier war 1523 Gustav Wasa, der sein Land aus einer seit 1397 bestehenden Personalunion mit Dänemark – der Kalmarer Union - gelöst hatte, zum König ausgerufen worden. Da seiner Herrschaft jede wirtschaftliche Grundlage fehlte, einigte er sich mit dem Adel, das Land zu reformieren und den geistlichen Besitz zwischen König und Adel aufzuteilen. Diesem schwedischen Beispiel schlossen sich die übrigen nordischen Länder an.

Wiederum anders akzentuiert war die Motivation im Ordens-
land Preußen. Es wurde im Jahre 1525 von seinem Hochmeister
Albrecht von Hohenzollern auf Luthers Rat hin in ein weltliches
Herzogtum unter polnischer Lehnshoheit verwandelt. Dadurch
wurde der letzte Hochmeister zum Begründer einer zweiten ho-
henzollerschen Dynastie, und so die spätere Vereinigung mit Brandenburg grundgelegt.

Ein besonders eklatantes Beispiel dafür, daß es keineswegs in
jedem Falle Glaubensfragen waren, die zum Abfall von der alten
Kirche führten, bietet England. Hier hatte König Heinrich VIII.
zunächst persönlich in einer eigenen Schrift gegen Luther Stellung
bezogen und sich dadurch den kirchlichen Ehrentitel «Defensor
fidei» – Verteidiger des Glaubens – erworben, der noch heute von
den englischen Königen geführt wird. Als jedoch der Papst sich
weigerte, seine Ehe mit Katharina von Aragon für ungültig zu erklären, vollzog Heinrich selbst die Scheidung, sagte sich 1534 von Rom
los und nannte sich nunmehr «Oberstes Haupt auf Erden der Kirche von England unmittelbar unter Gott». Er zwang die Großen
seines Landes, diesen Schritt anzuerkennen. Den greisen Bischof
John Fisher und den unbestechlichen Kanzler Thomas Morus, die
sich weigerten, ließ er einkerkern und hinrichten. Trotzdem hielt
er am Glauben und der Lehre der alten Kirche fest und blieb bis
zu seinem Tode ein Gegner Luthers.

Wiederum anders verlief die Entwicklung in der Schweiz. Hier
schuf Calvin, ein streng juristisch geschulter Denker, in seiner
«Institutio religionis Christianae» die erste reformatorische Dogmatik. Er zog aus Luthers Gnadenlehre äußerste Konsequenzen:
Da der Mensch allein aus Gnade ohne jedes eigene Verdienst er-
löst wird, hat Gott «in seinem ewigen unwandelbaren Ratschluß
einmal festgestellt, welche er einst zum Heile annehmen und welche er andererseits dem Verderben anheimgeben will ... Gott handelt, wie er will ... Es ist unfromm, den göttlichen Willen nach seinen Gründen zu fragen ... Gottes Wille ist die höchste Norm aller
Gerechtigkeit.»

In Genf schuf Calvin 1541 eine theokratische Kirchenordnung,
die auf der politischen Gemeinde aufruhte. Alle Vergnügungen

wurden verboten, Kunst und Schmuck aus der Kirche verbannt. Wer von der rechten Lehre abwich, wurde hart zur Rechenschaft gezogen. In vier Jahren gab es in einer Stadt von etwa 20'000 Einwohnern achtundfünfzig Hinrichtungen. Die Calvinisten arbeiteten weniger mit den Fürsten zusammen, sondern begünstigten ihrer Kirchenverfassung entsprechend sich selbstverwaltende bürgerliche Gemeinden.

In einer Reihe von europäischen Ländern, insbesondere in Frankreich[259] und Deutschland, führte die konfessionelle Spaltung der Christenheit in Verbindung mit anderen gesellschaftlichen und politischen Problemen zu schweren jahrzehntelang währenden blutigen Auseinandersetzungen, die schließlich in den Dreißigjährigen Krieg mündeten und erst im Westfälischen Frieden von Münster und Osnabrück im Jahre 1648 ein Ende fanden.

Auch jetzt hielt man grundsätzlich am Prinzip des «Cuius regio, eius religio» fest. Dadurch wurde eine Entwicklung begünstigt, die zumindest in ihrer Grundtendenz auf eine Einheit zwischen «Thron und Altar» hinzielte. Sie wurde in den katholischen Ländern zwar durch die Rückbindung der Kirche an das Papsttum gemildert, jedoch nicht verhindert. Besonders stark war sie in Preußen, da hier auch nach der Säkularisierung das religiös begründete Ethos des Ordensstaates nachwirkte. Hier war die Kirche zuweilen völlig in die Struktur des Staates eingebunden.

Ein besonders makaberes Beispiel dafür ist ein Eid, den die Pastoren unter Friedrich Wilhelm III. von Preußen (1797-1840) zu leisten hatten: «Mit Lehre und Beispiel, mit Wort und Tat will ich die königliche Macht und Würde verteidigen, wie es in unserer heilsamen monarchischen Regierungsform festgesetzt ist. Auch will ich zur rechten Zeit aufdecken, wenn ich erfahren sollte, daß etwas vorhanden sei zur Änderung oder Aufhebung dieser trefflichen Grundverfassung, in welcher das Wohl des Staates bestand und bestehet, und der ich in allen Punkten gehorchen und nachkommen will und werde. Desgleichen will ich, soviel an mir ist, Gehorsam schaffen seiner königlichen Majestät, meinem allergnädigsten Könige, und denen, welche um seinetwegen zu gebieten und zu befehlen haben; auch alle meine Pfarrkinder und Gemeinde-

Dichter

Léon Bloy (1846-1917)
«Pilger des Absoluten»

Clemens Brentano † 1842
Führender Dichter der Romantik

Otto Gillen (1899-1986)
Feinsinniger Erzähler, Lyriker

Gertrud von Le Fort † 1971
«Hymnen an die Kirche»

189

glieder will ich anhalten, jeder Zeit recht zu denken und zu reden über das weltliche Regiment, welches von Gott verordnet ist.»[260]

Eine völlig neue Lage für die evangelischen Kirchen ergab sich mit dem Ende der Monarchien nach dem I. Weltkrieg. Die Einheit von Thron und Altar war zu Ende. Das Verhältnis zwischen politischer und kirchlicher Gewalt war ungeklärt und verunsichert. Symptome dafür sind die Polarisierung der evangelischen Kirche im «Dritten Reich», in dem die offiziellen Kirchenleitungen fast durchweg den sich anpassenden «deutschen Christen» angehörten oder zumindest Konflikte zu vermeiden suchten, während die zahlenmäßige Minderheit der «Bekennenden Kirche» eine imponierend klare und tapfere Haltung einnahm.

Analoges wiederholte sich später in der DDR, als die Formel «Kirche im Sozialismus» den offiziellen Kurs anzeigte[261], gegen den schließlich ein Mann wie Pfarrer Brüsewitz durch seine Selbstverbrennung protestierte, ohne daß seine Tat damals angemessene Beachtung gefunden oder wenigstens nach der «Wende» jemals offiziell gewürdigt worden wäre.

Aber nicht nur in totalitären Systemen, sondern auch in demokratischen Rechtsstaaten wie der Bundesrepublik Deutschland ist die Frage des Verhältnisses zwischen politischer Führung und Kirchenleitung unterschwellig offen und durch Unsicherheit gekennzeichnet.

Repräsentatives Beispiel sind Persönlichkeiten wie Manfred Stolpe, der in der DDR-Zeit prominenter Vertreter der «Kirche im Sozialismus» war und inzwischen Ministerpräsident des Landes Brandenburg ist, oder auch Jürgen Schmude, der gleichermaßen innerhalb der Kirche der Bundesrepublik wie auch politisch eine bedeutende Rolle spielt.

Eine vergleichbare Unsicherheit herrscht im Raum der orthodoxen Kirchen seit dem Sturz des Zaren. Sie wurde besonders offenbar bei der begrenzten Zusammenarbeit zwischen Stalin und der Kirche in der Zeit des «Großen Vaterländischen Krieges» und ist bis in die Gegenwart spürbar, in welcher die orthodoxe Kirche offensichtlich über eine Betätigungsfreiheit hinausgehend eine besondere Förderung durch den Staat – insbesondere auch die Benachteiligung konkurrierender kirchlicher Institutionen – erhofft. Die Unsicherheit der Orthodoxie bei ihren politischen Auseinandersetzungen dokumentiert sich jedoch auch in den verschiedenen Stellungnahmen während der jüngsten Bürgerkriege auf dem Balkan, wobei die Bandbreite der Verlautbarungen von fanatischem Nationalismus bis zur Ermahnung zu tätiger Versöhnungsbereitschaft reicht.

Durch diese Hinweise auf die Schwierigkeiten der evangelischen und orthodoxen Kirche bei der Klärung ihres Verhältnisses zur Politik soll keineswegs heruntergespielt werden, daß es ungute Erscheinungen und politischen Opportunismus auch in der katholischen Kirche gegeben hat. Grundsätzlich jedoch befand sie sich mit ihrer eigenen, von politischen Gewalten unabhängigen Hierarchie in einer günstigeren Ausgangslage. Daher konnte sie sich auch in politisch schwierigen Situationen insgesamt konsequenter verhalten. Dabei kam ihr zusätzlich zugute, daß ihre Repräsentanten dank des Zölibats persönlichen Erpressungen leichter Widerstand zu leisten vermögen als Amtsträger, die bei allen Entscheidungen auch das Wohl und Wehe ihrer Familie mitzubedenken haben.

Bezeichnenderweise zeigten sich erhebliche innerkirchliche Spannungen in der katholischen Kirche erst, nachdem sie keinem Druck von außen mehr ausgesetzt war. In diesem Zusammenhang sei nur auf die Aktivitäten einer «Kirche von unten» hingewiesen und andererseits auf das «Oratorium von der göttlichen Wahrheit», dessen Katechismus[262] den gegenwärtigen Papst des Abfalls von der wahren Kirche bezichtigt.

11. Die Säkularisierung des Denkens und die moderne Zivilisation

Die Hinwendung zur irdischen Wirklichkeit in der Renaissance und die Spaltung der Kirche in sich bekämpfende Konfessionen sind die Voraussetzungen für eine Bewegung, die jahrhundertelang die europäische Geistesgeschichte prägte: die Aufklärung. Sie enthält von Anfang an zwei wichtige zunächst zwar miteinander verbundene, aber auf längere Sicht doch unterschiedliche Komponenten. Die erste besteht vor allem in humanitären Forderungen und richtet sich zwar nicht ausschließlich aber anfangs mit besonderem Nachdruck gegen religiösen Fanatismus und konfessionelle Intoleranz. Die zweite ist eine Konsequenz aus der Hinwendung zur irdischen Realität und ihren Erscheinungen. Sie äußert sich vor allem in einer Hochschätzung naturwissenschaftlicher Erkenntnisse und naturwissenschaftlichen Denkens.

In das allgemeine Bewußtsein trat anfangs vor allem die erste Komponente der Aufklärung. Die zweite schien zunächst nur ein Teil allgemeiner Toleranzforderungen zu sein, da sie sich in ihrer frühen Phase vor allem in der Parole «Freiheit für die wissenschaftliche Forschung» äußerte und gegen eine Reglementierung der Wissenschaften durch die Kirchen wandte. Erst im Zuge der weiteren Entwicklung verselbständigte sie sich und wurde schließlich geradezu zu einer Ideologie.

Daß die Aufklärung gerade in Europa entstanden ist und schnell eine so große Bedeutung gewinnen konnte, hängt nicht zuletzt damit zusammen, daß schon die Genesis dem Menschen ein hohes Maß an Freiheit gesichert[263] und das Christentum von Anfang an ein positives Verhältnis zur menschlichen Vernunft gesucht hatte. Im Zuge der weiteren Entwicklung hatte insbesondere die Scholastik die Möglichkeit einer «vernünftigen Erkenntnis» von Offenbarungswahrheiten herausgestellt.

Zu diesen allgemeinen Voraussetzungen kamen allerdings durch die Konfessionalisierung der Kirche und daraus entspringenden brutalen politischen Unterdrückungen und Auseinandersetzungen aktuelle Impulse, nach einem «vernünftigen» Auskommen miteinander zu suchen. Die daraus erwachsene Forderung nach politischer Toleranz für Angehörige aller Konfessionen bedeutete faktisch zugleich eine Rückbesinnung auf das Prinzip einer Trennung von politischer und religiöser Zuständigkeit.

Angesichts der durch Luther proklamierten Hoheit der Landesherren auch über kirchliche Angelegenheiten und der Rückwirkungen, die diese Forderungen auch auf katholische Fürsten hatte, vollzog sich allerdings die Trennung der beiden Gewalten nicht mit einem Schlage und nur unter erheblichen Schwierigkeiten. Es begann zumeist damit, daß Angehörigen religiöser Minderheiten eine gewisse «Toleranz» zugesichert wurde, die ihnen jedoch in vielen Fällen nur eine «private» Religionsausübung gestattete oder die öffentliche Religionsausübung auf bestimmte Bezirke beschränkte.

Bei der Gewährung von Toleranz durch die Fürsten spielten häufig politische Motive eine entscheidende Rolle. Nach dem Zeugnis Melanchthons vertrat schon Moritz von Sachsen (1521-1553) die – in seiner Begründung allerdings höchst problematische – Meinung, angesichts der unsicheren Grundlage aller Religionen müsse man Glaubensfragen dem Wohl und dem Frieden der Staaten unterordnen. Im Frankreich der Hugenottenkriege fand sich eine Gruppe gemäßigter Katholiken und Protestanten bezeichnenderweise unter dem Namen «les Politiques» zusammen, die dem Staatsinteresse Vorrang vor konfessionellen Bindungen gab. Auch die oft gerühmte «Toleranz» Friedrichs des Großen wurzelt keineswegs in einer Achtung vor der jeweiligen persönlichen Glaubensentscheidung des einzelnen Menschen, sondern hat rein politische Motive.

Obgleich er das Christentum insgesamt für Aberglauben hielt[264], erklärte er: «Die Religionen müssen alle toleriert werden.» Er hoffte, damit dem Staatswohl am besten zu dienen: Denn «Katholiken, Lutheraner, Reformierte, Juden und zahlreiche christliche Sekten wohnen in diesem Staat und leben friedlich beieinander: wenn es dem Herrscher einfallen sollte, einer dieser Religionen den Vorzug zu geben, so würden ... die Anhänger der verfolgten Religion schließlich ihr Vaterland verlassen und Tausende von Untertanen der Volkszahl unserer Nachbarn und ihrer Industrie

Zuwachs bringen.»[265] Die humanitären Forderungen der Aufklärung beschränkten sich jedoch keineswegs auf religiöse Toleranz.
Die Aufklärer forderten und erreichten in den meistens europäischen Ländern auch eine Humanisierung des Strafvollzugs. Die
Anwendung von Folter- und Körperstrafen wurde immer weiter
zurückgedrängt und schließlich verboten. Vergleichbares gilt für
Demütigungen und Entwürdigungen des Menschen als Person.
Auch in diesen Forderungen war Friedrich der Große weithin Repräsentant aufgeklärten Denkens, so daß sein Staat bis heute als
das Musterbeispiel einer «aufgeklärten Monarchie» in das allgemeine Bewußtsein eingegangen ist.

Demgegenüber ging Friedrichs große Gegenspielerin Maria
Theresia (1740-1780) behutsamer, aber keineswegs weniger wirksam voran. Insbesondere baute sie das Bildungswesen zielstrebig
aus und erließ eine «Allgemeine Schulordnung für die deutschen
Normal-, Haupt- und Trivialschulen». Etwa 6000 Volksschulen wurden neu errichtet. Auch in der Gesetzgebung zum Schutze der Bauern ging Maria Theresia weit über das hinaus, was Friedrich in
Preußen durchsetzte. Während der Preußenkönig den Bauern nur
vor widerrechtlichem und hartem Druck von Seiten der adligen
Gutsherrn schützen wollte, begann die Kaiserin um 1770 eine
umfassende Agrarreform, deren letztes – erst nach ihrem Tod ver-
wirklichtes – Ziel die Lösung der Bauern aus der Leibeigenschaft
überhaupt war.

Im Gegensatz zu seiner Mutter suchte der 1765 zum Mitregenten erhobene Sohn Josef II., Forderungen der Aufklärung
weithin ohne Rücksicht auf die Gefühle des Volkes und das geschichtlich Gewordene mit einem Schlage durchzusetzen. Eines
seiner Ziele war, alle Teile der Monarchie «vollkommen miteinander zu verbrüdern». Daher unternahm er den Versuch, alle seine
Länder gleichzuschalten und im Rahmen dieses Programms überall
Deutsch als Amtssprache einzuführen. Er erreichte dadurch jedoch keineswegs eine allgemeine Verbrüderung, sondern weckte
eher einen antideutschen Nationalismus.

Auch in der Kirchenpolitik betrachtete er es als seine Pflicht,
gegen alles vorzugehen, was der Vernunft widerspräche. So hatte

er zwar Sympathie für alle Orden, die der Kranken- und Armen-
pflege dienten und somit sichtbare und berechenbare Leistungen
vollbrachten. Dagegen hob er die dem Gebet und der Betrachtung geweihten Orden auf, da «diejenigen Orden, welche dem
Nächsten ganz und gar unnütz sind, nicht Gott gefällig sein können»[266]. Wie in Preußen und Österreich so war auch in Rußland
die Politik der Herrscher in vieler Hinsicht vom Geiste der Aufklärung geprägt.

Anders dagegen verhielt es sich in Frankreich, in dem das von
Ludwig XIV. zu europäischem Glanz aufgestiegene absolute Königtum auch von seinen Nachfolgern weitergeführt wurde. Hier
lag der Schwerpunkt der Aufklärung bei den Wortführern der vor-
nehmen bürgerlichen Gesellschaft. Angesichts monarchistischer
Willkür zielten deren Forderungen nicht zuletzt auf eine größere
Rechtssicherheit, insbesondere auch eine größere Sicherheit vor
einer willkürlichen Handhabung der Rechtsordnung durch den Staat
ab.

Der Abbau staatlicher Willkür schien am besten gewährleistet,
wenn den Bürgern Kontrollrechte und Mitbestimmungsrechte zugestanden wurden, die schließlich in den theoretischen Überlegungen in der Forderung nach einer demokratisch legitimierten Regierung gipfelten. Faktisch mündeten diese Forderungen in die
Französische Revolution. Deren wechselvoller und vielschichtiger
Ablauf kann im Rahmen dieser kurzen Darstellung nicht gekennzeichnet werden. Unter dem Gesichtspunkt der «Kirchengeschichte» sind jedoch folgende Feststellungen wichtig:

Unter den Denkern, welche die Französische Revolution gei-
stig vorbereiteten, gab es zwei deutlich voneinander verschiedene
Auffassungen über die künftige Stellung der Religion, die beide je
eigene Konsequenzen aus der absolutistischen Verfilzung von
«Thron und Altar» zogen. Die Mehrheit der aufgeklärten Denker
betrachtete die Religion als einen Stabilisierungsfaktor politischer
Macht und wollte sie daher als solchen erhalten und den neuen
Zielen entsprechend umgestalten. So forderte z.B. der in der
Schweiz geborene Rousseau († 1778) eine Staatsreligion, deren
Anerkennung Voraussetzung für die Zugehörigkeit zum Staat sein

sollte. Dogma dieser Staatsreligion sollte sein: der Glaube an «die Existenz der mächtigen, weisen, wohltuenden, vorsehenden und fürsorgenden Gottheit, das künftige Leben, das Glück der Gerechten, die Züchtigung der Bösen, die Heiligkeit des Gesellschaftsvertrages und seiner Gesetze».[267]

Auch Voltaire († 1778), der in voller Schärfe gegen die Kirche Stellung nahm und das Christentum als Aberglauben bezeichnete, fragte sich: «Werden die Menschen tugendhaft, wenn sie einen Gott, der die Tugend befiehlt, nicht mehr anerkennen?» Seine Antwort lautet: «Zweifellos nicht». Daraus zieht er die Konsequenz: «Wenn es Gott nicht gäbe, so müßte man ihn erfinden.» Gegenüber solchen Überlegungen, welche die Religion im Dienste des Staates bzw. der Gesellschaft instrumentalisieren wollten, stand nur eine kleine Gruppe, die ihre völlige Abschaffung forderte.

Im konkreten Ablauf der Französischen Revolution blieb die feierliche Erhebung der Vernunft zur Göttin letztlich eine Episode. Das gleiche gilt jedoch für den Versuch Robespierres, gemäß den Forderungen Rousseaus einen «Kult des höchsten Wesens» einzuführen. Zum grundlegenden Kritiker an derartigen künstlichen Religionen machte sich ein wenig später Talleyrand. Einem jener «vernünftigen» Religionsstifter, den man nach einem langen Vortrag allgemein beglückwünschte, erklärte er auf eine entsprechende Frage: «Für meinen Teil habe ich nur eins zu bemerken: Jesus wurde, um seine Religion zu gründen, gekreuzigt und ist wieder auferstanden. Sie sollten etwas von dieser Art zu tun versuchen!»

Noch weniger geschichtswirksam als die Verfechter einer Instrumentalisierung der Religion wurde eine radikale atheistische Gruppe unter Hébert. Sie wurde von Robespierre mit dem Argument «Der Atheismus ist aristokratisch» ausgeschaltet.

Keine bleibende Bedeutung hatte ein schon früh eingeleiteter Versuch, die Kirche Frankreichs durch allgemeine Wahlen der Amtsträger neu zu ordnen. Nachhaltige Folgen dagegen hatte die Enteignung des Kirchengutes und die dadurch verursachte Verarmung der französischen Kirche, zumal da der Papst später in einem Konkordat mit Napoleon die revolutionäre Enteignung der Kirchengüter anerkannte. Insgesamt wurde mit der Französischen

Naturwissenschaftler

Nikolaus Kopernikus † 1543
Entdecker des neuen Weltbildes

Blaise Pascal (1623-62)
Philosoph, Mathem., Physiker

Niels Stensen (1638-86), Bischof
Begr. Paläontologie, Geologie

Max Planck (1858-1947)
Begründer der Quantentheorie

Revolution eine Entwicklung eingeleitet, die auf längere Sicht in allen Staaten Europas zu demokratisch gewählten oder zumindest kontrollierten Regierungen führte und mit Ausnahme Englands[268] eine Selbständigkeit von Staat und Kirche anerkannte, jedoch eine Kooperation nicht ausschloß. Zwischen der katholischen Kirche und den Regierungen wurde sie zumeist in Konkordaten rechtlich abgesichert. Diese Entwicklung war umso leichter möglich, da auch die Kirchen nach anfänglichem Zögern die Religionsfreiheit ausdrücklich anerkannten, die sie im Gegensatz zu Moritz von Sachsen oder auch Friedrich dem Großen allerdings nicht primär politisch, sondern mit der Notwendigkeit begründeten, das Gewissen jedes Menschen zu achten.

So kam es insgesamt nach mannigfaltigen Spannungen und Auseinandersetzungen auf die Dauer zu einem harmonischen oder zumindest verständnisvollen Verhältnis zwischen der humanitären Komponente aufgeklärter Forderungen und den christlichen Kirchen.

Die tiefere Ursache für diese positive Entwicklung lag letzten Endes darin, daß die Aufklärer selbst bewußt oder unbewußt in der christlichen Tradition standen und daß die intoleranten und inhumanen Forderungen, die zeitweilig von den Kirchen vertreten wurden, zutiefst mit der Wahrheit und den daraus entspringenden ethiscl en Prinzipien der Offenbarung unvereinbar waren.

Diese positive Zuordnung von christlicher Offenbarung und Aufklärung wurde allerdings beeinträchtigt durch die schon genannte zweite Komponente aufgeklärten Denkens: Ihre Bindung an die modernen Wissenschaften.

Dabei sind das eigentlich und dauerhaft Trennende keineswegs konkrete Streitfragen wie etwa die Auseinandersetzung um das heliozentrische Weltbild, die zum Streit mit Galilei führte, oder die bis in unser Jahrhundert hinein wirkende Auseinandersetzung zwischen den Kirchen und dem Darwinismus, sondern bedeutend grundsätzlichere Fragen. Sie ergeben sich zutiefst aus der inneren Konzeption der modernen Wissenschaften, die ihrerseits wiederum unterschwellig in der platonisch-aristotelischen Interpretation der Wirklichkeit wurzelt.

Wie schon bemerkt wurde[269], hatte die von Plato proklamierte Orientierung des Denkens an mathematischen Begriffen bzw. «Ideen» eine Entwertung des Konkreten und Individuellen zur Folge. Diese negative Seite der Ideenlehre fiel solange kaum ins Gewicht wie sie reine Theorie war.

Das änderte sich jedoch grundlegend durch die neue Konzeption der Wissenschaften zu Beginn der Neuzeit und durch die damit verbundene technische Umgestaltung der menschlichen Lebenswelt. In vieler Hinsicht kann die Konzeption der klassischen Naturwissenschaften samt der entsprechenden Weltgestaltung als ein grandioser Versuch betrachtet werden, die platonisch-aristotelische griechische Philosophie theoretisch zu vollenden und in die Praxis umzusetzen.

Was die Theorie anbelangt, so sei an die Überzeugung des Aristoteles erinnert, derzufolge streng mathematische Gesetzmäßigkeit nur für die himmlischen Regionen gilt, während es im irdischen Bereich viel Unberechenbares gibt. Die klassischen Naturwissenschaften jedoch entdeckten «Naturgesetze», die für alle Bereiche der Wirklichkeit gleiche Geltung beanspruchten. Repräsentativ dafür ist die Entdeckung des Gesetzes der Schwerkraft durch Isaak Newton. Es war nunmehr möglich, mit einem einzigen Gesetz die Bewegungen der Himmelskörper, die Gezeiten des Meeres und das Fallen von Gegenständen «exakt» zu berechnen. Von solchen Entdeckungen tief beeindruckt war man in Anlehnung an eine Formulierung des Alten Testaments davon überzeugt, daß Gott die gesamte Schöpfung «nach Maß und Zahl» konstruiert habe und daß dementsprechend Mathematik der Schlüssel zum Verständnis der Wirklichkeit sei.

Diese Auffassung hatte weitreichende Folgen. Wenn man Mathematik als Schlüssel zum Verständnis der Wirklichkeit betrachtet, dann wird «Verstehen» gleichbedeutend mit «Berechnen-können». Die Wirklichkeit ist jeweils soweit verstanden, wie sie berechnet werden kann. Das bedeutet zwangsläufig auch eine einseitige Programmierung der Vernunft selbst.

Als Beispiel sei auf Dietrich von Holbach verwiesen, jenen Baron aus der Pfalz, der nicht zu Unrecht als «Nährvater der

Enzyklopädisten» bezeichnet wird. Er erklärt lapidar, Vernunft sei «nichts anderes als auf das soziale Leben angewandte Naturwissenschaft».[270] Seine Sicht der Welt legt er unter dem Titel «System der Natur oder die Gesetze der physischen und moralischen Welt» dar: «Die Welt zeigt uns allenthalben nichts als Materie und Bewegung. Sie ist eine unendliche Kette von Ursachen und Wirkungen. Die Materie und die Bewegung sind ewig, und die Schöpfung aus dem Nichts ist ein leeres Wort.»[271] In diese Weltdeutung wurde auch der Mensch selbst einbezogen: «Und ist denn der Mensch etwas anderes als eine zusammengesetzte, zu immer neuen Gestalten übergehende Materie?»[272] Mit dieser Auffassung steht Holbach keineswegs allein. Um die gleiche Zeit verfaßt der zur Tafelrunde Friedrich des Großen gehörende Arzt Lamettrie sein Werk «L'homme machine».

Obgleich die Naturgesetze anfangs auch als «Ideen Gottes» interpretiert wurden, erschien in diesem naturwissenschaftlichen Ansatz – im Gegensatz zur Konzeption des Aristoteles und der mittelalterlichen Philosophie – die materielle Komponente faktisch als Ausgangs- und Angelpunkt der Welterklärung schlechthin. Ziel war nunmehr, die gesamte Welt gewissermaßen von unten her, allein durch materielle Veränderungen und naturgesetzliche Mechanismen zu erklären.

Dieses Bestreben zeigt sich in dem Versuch, die Chemie auf Mikrophysik zurückzuführen, biologische Vorgänge als chemische Reaktionen aufzufassen und schließlich die gesamte Entwicklung des Lebendigen als ein Zusammenspiel von «Zufall und Notwendigkeit» zu deuten. Folgerichtig erscheint dann z.B. bei Jacques Monod auch der Mensch als Zufallsprodukt der Evolution, als ein «Zigeuner am Rande des Universums».[273] In dieser Konzeption läßt sich menschliche Würde kaum begründen. Die humanitäre Komponente der Aufklärung ist überspielt durch eine positivistisch-wissenschaftliche Deutung von Mensch und Welt. Dieser Zusammenhang wird von Horkheimer und Adorno in vielfältigen Ansätzen analysiert: «Das Programm der Aufklärung war die Entzauberung der Welt. Sie wollte die Mythen auflösen und Einbildung durch Wissen stürzen.»[274] Dabei jedoch verfiel sie durch

200

die Gleichsetzung der Wirklichkeit mit Zahlen und Zahlenverhältnissen in eine neue Art Mythologie, «in Positivismus, den Mythos dessen, was der Fall ist».[275] Horkheimer und Adorno verweisen insbesondere darauf, daß durch die Orientierung an Zahlen
und Zahlenverhältnissen alle Qualitäten und alle individuellen Unterschiede eingeebnet bzw. überspielt werden. Dies gelte ebenso
für die theoretische Interpretation der Wirklichkeit wie für die Gestaltung der Gesellschaft:

«Die bürgerliche Gesellschaft ist beherrscht vom Äquivalent.
Sie macht Ungleichnamiges komparabel, indem sie es auf abstrakte
Größen reduziert. Der Aufklärung wird zum Schein, was in Zah-
len ... nicht aufgeht; der moderne Positivismus verweist es in die
Dichtung ... Beharrt wird auf der Zerstörung von Göttern und
Qualitäten.»[276]

Was die griechische Philosophie in ihrer Ideenlehre proklamiert
hatte, den Vorrang der allgemeinen Idee vor dem Konkreten und
Einzelnen, wird auf der Basis der klassischen Naturwissenschaften durch technische Produktion realisiert[277]. Es gibt jeweils Muster und Standards, nach denen sich die gesamte Produktion aus-
richtet und die zugleich als normativ gelten. Exemplare, die davon
abweichen, werden als Stücke zweiter oder dritter Wahl verbilligt
abgegeben oder in krassen Fällen aussortiert und eingestampft.

Diese Prinzipien gelten im zunehmenden Maße nicht nur für die
industrielle Warenproduktion. Auch die Landwirtschaft hat sich
entsprechend eingerichtet: Pflanzen und Tiere werden nach EU-
Normen herangezüchtet und in Güteklassen eingeteilt. Schon
werden auch Menschen nach gleichen Prinzipien behandelt. Vor-
geburtliche Untersuchungen stellen fest, welche Exemplare dem
Mindeststandard nicht genügen, so daß sie durch Abtreibung recht-
zeitig aussortiert und beseitigt werden können.

Zudem sind alle Bereiche der wissenschaftlich-technisch gestalteten Wirklichkeit durch funktionale Verrechenbarkeit gekennzeichnet. Wirtschaftliche Beratungsbüros stellen fest, ob sich die
Anschaffung bestimmter Apparaturen und ihre Wartung bei gleich-
zeitiger Entlassung von Arbeitskräften lohnt oder nicht. Experten
überlegen, ob und wie die in den Abtreibungskliniken anfallen-

den Embryonen in der Forschung, in der Pharmaindustrie oder auch für kosmetische Produkte am nutzbringendsten verwertet werden können. Es geht jeweils nur darum, was «machbar» ist. Jeder Hinweis auf Unangemessenheit kann nach «Abschaffung alles von sich aus Verbindlichen»[278] vor der auf Effekt abzielenden Vernunft nicht bestehen.

Mit Recht stellen Horkheimer und Adorno fest: «Die Menschen bezahlen die Vermehrung ihrer Macht mit der Entfremdung von dem, worüber sie Macht ausüben. Die Aufklärung verhält sich zu den Dingen wie der Diktator zu den Menschen. Er kennt sie, insofern er sie manipulieren kann. Der Mann der Wissenschaft kennt die Dinge, insofern er sie machen kann.»[279]

Angesichts dieser Entwicklung versteht man Horkheimers und Adornos Feststellung, daß Aufklärung totalitär sei wie nur irgendein System. «Sie setzt Denken und Mathematik in eins. Dadurch wird diese gleichsam losgelassen, zur absoluten Instanz gemacht.[280] ... Die Eliminierung der Qualitäten, ihre Umrechnung in Funktionen, überträgt sich von der Wissenschaft ... auf die Erfahrungswelt der Völker...»[281] Je mehr das reibungslose Funktionieren der Gesamtmechanerie der Gesellschaft unter dem trügerischen Etikett «allgemeiner Wohlstand» selbst zum höchsten Wert wird, desto weniger vermag man freilich anzugeben, welchen Sinn das Ganze letzthin hat. Denn die Wissenschaft in ihrer gegenwärtigen Konzeption leistet «auf Sinn Verzicht»[282] und betrachtet zudem jeden Gedanken, «in intelligible Welten auszuschweifen, nicht mehr bloß als verboten, sondern als sinnloses Geplapper».[283] Alles Denken, was über die funktionale Fragestellung hinausgeht, ist als unwissenschaftlich abqualifiziert. Wie Horkheimer und Adorno feststellen, hat Aufklärung mit dieser «Preisgabe des Denkens ... ihrer eigenen Verwirklichung entsagt».[284] Wissenschaft wird zum Ritual. Es «dispensiert vom Denken und von der Freiheit».[285] Daher erleben wir «schließlich die Identität von Intelligenz und Geistfeindschaft».[286] Denn dem Begriff der Wissenschaft, der sich unaufhaltsam ausbreitet, «seitdem sie und die Philosophie, aus beider Schuld und zu beider Schaden auseinanderbrachen, ist die Entgeistung immanent».[287]

Tintoretto (1518-1594) Venezianischer Maler Wie Horkheimer feststellt, ist damit zugleich eine grundlegende Verkennung der Wirklichkeit verbunden: «Die durch quantitative Methoden ermittelten sogenannten Tatsachen, welche die Positivisten als die einzig wissenschaftlichen zu betrachten pflegen, sind oft Oberflächenphänomene, welche die ihr zugrundeliegende Realität mehr verdunkeln als enthüllen.»[288]

Angesichts dieser Entwicklung sprechen Horkheimer und Adorno von einer «rastlosen Selbstzerstörung der Aufklärung».[289] Durch ihre Überlegungen wollen sie der Aufklärung einen neuen Impuls geben, der sie zu ihrer eigenen Wahrheit zurückzwingt. Diese geistige Neuorientierung hat man nicht zu Unrecht als «Zweite Aufklärung» bezeichnet.

Ihr Hauptanliegen ist es, angesichts der abendländischen Denktradition, die sich am Begrifflichen, Allgemeinen und Berechenbaren orientiert, das Recht und die Würde des Einzelnen zu wahren bzw. wiederherzustellen. Wie Adorno betont, hat Philosophie heute «ihr wahres Interesse ... beim Begrifflosen, Einzelnen und Besonderen; bei dem, was seit Plato als vergänglich und unerheblich abgefertigt wurde und worauf Hegel das Etikett der faulen Existenz klebte. Ihr Thema wären die von ihr als kontingent zur «quantité négligeable» degradierten Qualitäten.»[290]

Bei seinen Überlegungen wird Adorno nicht zuletzt von einem moralischen Impuls getragen. Es ist der Schock angesichts einer organisationstechnisch perfekten Vernichtung von Millionen von Menschen durch ein totalitäres System, wobei «in den Lagern nicht mehr das Individuum starb, sondern das Exemplar».[291] Die Erfahrung, daß bei dieser Massenvernichtung nach dem, was der einzelne Mensch war, was er persönlich getan oder unterlassen hatte, ob er sich als Individuum verdient oder schuldig gemacht hatte, schlechthin nicht gefragt wurde, sondern nur danach, ob er Exemplar einer bestimmten Rasse war, zwingt nach Adornos Überzeugung das Denken, grundsätzlich über das Verhältnis zwischen Allgemeinem und Individuellem neu nachzudenken. Während das bisher herrschende begriffliche Denken primär sagte, «worunter etwas fällt, wovon es Exemplar ist oder Repräsentant, was es also nicht selbst ist», muß künftig die Frage neu gestellt werden, «was etwas sei».[292] Diese Forderung bedeutet eine Absage an den wissenschaftlichen Positivismus, bzw. positiv formuliert, eine neue Öffnung des Denkens zur metaphysischen Fragestellung und damit auch zur Religion.[293]

Kaiser Konstantin zog anno 312 gegen Maxentius, den Beherrscher Roms, zu Felde. Im Traum erschien ihm, wie Eusebius und Laktanz berichten, Christus, wies auf sein Kreuz und verhieß ihm: «In hoc signo vinces – in diesem Zeichen wirst du siegen.» Konstantin bekehrte sich, stellte sich und sein Heer unter den Schutz des Christengottes und siegte an der Milvischen Brücke nördlich von Rom. Maxentius ertrank auf der Flucht im Tiber. Kontantin wurde der erste christliche Kaiser, und seither ist das Kreuz zum Siegeszeichen für die Christen geworden. Es gibt kaum Orte auf der Erde, in welchen nicht das christliche Kreuz vom Turm christlicher Gotteshäuser erstrahlt. Millionen Christen bekreuzigen sich jeden Tag und tragen ein Kreuz auf der Brust.

Unser Bild: Kuppel der anno 425 in Ravenna errichteten Kapelle S. Lorenzo (Mausoleum der Galla Placidia).

Künstler

Raffael Santi (1483-1520)
Bauleiter der Peterskirche

Michelangelo Buonarotti † 1564
Bildhauer, Maler, Architekt

Tintoretto (1518-94)
Venezianischer Maler

Leonardo da Vinci † 1519
Der Maler des «Abendmahles»

205

12. Die Christenheit in der Krise der Gegenwart

Wie schon in der Einleitung angedeutet und in späteren Kapiteln ausgeführt wurde, ist die Menschheit tatsächlich durch die Aktivitäten der Christenheit zu jener *einen* Welt geworden, als die sie heute erscheint. Zwar gibt es noch keine Menschheitsregierung; und man kann gewiß fragen, ob das eher ein Glück oder ein Unglück ist. Immerhin hat Carl Friedrich von Weizsäcker schon im Jahre 1963, als ihm der Friedenspreis des Deutschen Buchhandels verliehen wurde, die Ambivalenz eines allgemeinen Weltfriedens betont. Er erklärte einerseits: «Der Weltfriede ist notwendig... er ist Lebensbedingung des technischen Zeitalters.»

Die Richtigkeit diese Feststellung hat sich inzwischen durch vielfältige Erfahrung erhärtet. Der Zweite Weltkrieg war wahrscheinlich der letzte Krieg, der unter Einsatz aller damals verfügbaren Mittel ohne völlige Vernichtung der Erdbevölkerung oder zumindest ganze Kontinente geführt werden konnte.

In den folgenden Jahren des «Kalten Krieges» gab es zwar höchst kritische Zeitpunkte, zu denen ein Krieg unmittelbar bevorzustehen schien. Die beiden Supermächte USA und UdSSR ließen es jedoch beide nicht zum Äußersten kommen, da ihnen bewußt war, daß selbst eine relative Überlegenheit des einen auch dessen Vernichtung kaum verhindern konnte. So herrschte jahrzehntelang ein «Gleichgewicht des Schreckens» mit einem Waffenarsenal, von dem schon ein Bruchteil ausgereicht hätte, um die gesamte Menschheit zu vernichten und die Erde unbewohnbar zu machen. Kriegerische Auseinandersetzungen wurden jeweils nur regional geführt.

Die Supermächte beschränkten sich darauf, ihre Sympathisanten bzw. Satelliten mit Waffen auszustatten und zu beraten. Auf diese Weise gab es nur regionale Auseinandersetzungen, die allerdings auch ihrerseits eher bestätigten als widerlegten, daß der Weltfriede die Lebensbedingung des technischen Zeitalters ist.

Das gilt grundsätzlich auch nach der weltpolitischen Wende und der zumindest relativen Beendigung des Kalten Krieges. Auch kurze kriegerische Auseinandersetzungen wie etwa der «Golfkrieg» passen nicht in die gegenwärtige Situation. Besondere Gefahren drohen vor allem von Staaten, die im Besitz modernster Massenvernichtungswaffen sind. Auch regionale Konflikte, in die sie bewußt eingreifen oder zwangsläufig verwickelt werden, können sich rasch zu Katastrophen ausweiten. Die Kompliziertheit der Weltlage samt der Notwendigkeit des Weltfriedens dokumentiert sich nicht zuletzt darin, daß die verbliebene intakte Supermacht USA trotz ihrer militärischen Überlegenheit bei regionalen Konflikten in vielen Fällen kein Machtwort sprechen kann, da ein Einsatz ihrer Überlegenheit selbst unabsehbare, das heißt unter Umständen katastrophale Folgen hätte.

Hält man sich diese schwierige Lage vor Augen, so versteht man, daß Carl Friedrich von Weizsäcker seiner These von der Notwendigkeit des Weltfriedens damals kritisch hinzufügte: «Der Weltfriede ist nicht das Goldene Zeitalter... der Weltfriede fordert von uns eine außerordentliche moralische Anstrengung.»[294] Bei anderer Gelegenheit äußerte der gleiche Denker: «Expertentum und formale Demokratie sind Mittel, denen das Verständnis der Zwekke, der existentiellen Werte nicht «eo ipso» unterstellt werden kann... die moderne Kultur in ihrer gegenwärtigen Entwicklungsphase ist eine Kultur ohne Weisheit, ohne Vernunft»[295]. Diese Einschätzung trifft sich im Ergebnis mit den Analysen von Horkheimer und Adorno[296].

Solche eher pessimistischen Feststellungen sind in vieler Hinsicht richtig. Vorübergehend konnte es scheinen, als könne eine neue Bewegung, die sich unter dem Stichwort «New Age» darbot, die kritische Lage überwinden oder zumindest Impulse zu ihrer Überwindung bereitstellen. In dieser Erwartung schrieb Fritjof Capra, einer der geistigen Wegweiser dieser Bewegung: «In den 60er und 70er Jahren sind eine ganze Reihe gesellschaftlicher Bewegungen in Gang gekommen, die sich alle in derselben Richtung zu entwickeln scheinen, wobei jeweils unterschiedliche Aspekte der neuen Sicht der Wirklichkeit hervorgehoben werden...

Das weltumspannende Ausmaß unserer gegenwärtigen Krise deutet darauf hin, daß dieser Wandel zu einer Umgestaltung von beispiellosen Dimensionen führen wird, einem Wendepunkt für unseren Planeten in seiner Gesamtheit.»[297] Die New Age-Bewegung empfahl sich selbst als «die Überhöhung des menschlichen Selbst zum planetarischen Selbst».[298] Dabei suchte man abendländisches Denken mit östlicher Weisheit zu verbinden. Mit Recht wurde darauf hingewiesen, daß das abendländische Denken, wie auch aus den hier vorgelegten Überlegungen hervorgeht, die Bedeutung der Relationen unterschätzt habe.[299]

Trotz beachtenswerter Impulse, die von der New-Age-Bewegung ausgingen, hat sie jedoch entgegen ihren programmatischen Forderungen keine «Wendezeit» herbeigeführt. Dagegen gingen weltweite positive Impulse von der «Allgemeinen Erklärung der Menschenrechte» aus, die von der Vollversammlung der Vereinten Nationen im Jahre 1948 als ein zwar nicht rechtsverbindliches, aber doch höchst beachtliches Programm für die Zukunft verabschiedet wurde.

Dieses Programm hat seinen Vorläufer in verschiedenen amerikanischen und europäischen Erklärungen über Grund- und Menschenrechte. Auf sie im einzelnen und ihre je besondere Akzentuierung einzugehen, ist im Rahmen dieser Überlegungen nicht nötig[300].

Notwendig ist jedoch der Hinweis, daß die Allgemeine Erklärung der Menschenrechte samt und sonders auf einer vom Christentum wesentlich geprägten Auffassung vom Menschen beruht. Ihre ohne Gegenstimme erfolgte Annahme durch die Vollversammlung der Vereinten Nationen am 10. Dezember 1948 bedeutet daher faktisch auch eine weltweite prinzipielle Anerkennung einer von der Offenbarung geprägten Auffassung von Menschen. Sie findet ihren Niederschlag schon im Artikel 1: «Alle Menschen sind frei und gleich an Würde und Rechten geboren, sie sind mit Vernunft und Gewissen begabt und sollen einander im Geiste der Brüderlichkeit begegnen.»

In der christlichen Tradition stehenden Menschen, also insbesondere auch den meisten Europäern, ist der Inhalt dieses Artikels so selbstverständlich, daß sie sich Alternativen kaum vorstellen können. Tatsächlich jedoch hat es nicht nur in längst vergangenen Zeiten und nicht nur in fern liegenden Regionen auch völlig andere Auffassungen gegeben, sondern wir haben noch in

unserem Jahrhundert in Deutschland die Herrschaft einer brutalen Rassenideologie erlebt, die in mannigfaltigen Variationen mancherorts bis heute wirksam ist. In weiten Teilen Asiens – vor allem in Indien – hatten wir bis in unser Jahrhundert hinein offiziell
ein strenges Kastensystem, das in vielerlei Hinsicht bis heute nach-
wirkt und keineswegs von der gleichen Würde aller Menschen
überzeugt war und ist. Einzelne Haltungen und Handlungen, die
faktisch mit dem Gedanken einer gleichen Würde aller Menschen
unvereinbar sind, erleben wir tagtäglich in allen Teilen der Welt,
auch in Ländern, die sich theoretisch, das heißt vor allem in ihren
Verfassungen, uneingeschränkt zu Menschenrechten und Men-
schenwürde bekennen.

Auch die Aussage, daß alle Menschen mit Vernunft und Gewissen begabt sind, ist keineswegs so selbstverständlich, wie es vielen Europäern scheint. Das gilt insbesondere, wenn man mit-
bedenkt, daß der Begriff des «Gewissens» bewußt oder unbewußt
eine Instanz voraussetzt, der dieses Gewissen verantwortlich ist.

Was für den Artikel 1 kurz erläutert wurde – eine Abhängigkeit
von christlich vorgeprägten Grundüberzeugungen – gilt, wie eine
sorgfältige Interpretation zeigen könnte, auch für viele andere Artikel. Besonders nachdrücklich hingewiesen sei auf den Artikel 18,
der nicht nur grundsätzlich den «Anspruch auf Gedanken-, Ge-
wissens- und Religionsfreiheit» gewährt, sondern konkret auch jedem Menschen die Freiheit zuspricht, «seine Religion oder seine
Überzeugung allein oder in Gemeinschaft mit anderen, in der
Öffentlichkeit oder privat, durch Lehre, Ausübung, Gottesdienst
und Vollziehen von Riten zu bekunden».

Von einer weltweiten Respektierung dieses wichtigen Artikels
kann vorerst keine Rede sein. Allerdings muß dieser kritischen
Feststellung redlicherweise hinzugefügt werden, daß die Allgemeine Erklärung der Menschenrechte zu einem Zeitpunkt formuliert
und beschlossen wurde, in der die Welt insgesamt noch unter dem
Eindruck der Verbrechen des Dritten Reiches stand, in der die
Entkolonialisierung noch nicht abgeschlossen war, also keineswegs
alle Völker der Erde eine selbständige Entscheidung für die Menschenrechte treffen konnten und in der schließlich die USA einen

maßgebenden Einfluß auf die UNO-Vollversammlung hatte. Aber auch damals hätten manche Staaten der Allgemeinen Erklärung der Menschenrechte wahrscheinlich nicht zugestimmt bzw. sich nicht der Stimme enthalten, wenn sie als völkerrechtlich verbindliche Norm deklariert worden wäre. Stattdessen weist ihre Präambel sie zurückhaltend aus, «als das von allen Völkern und Nationen zu erreichende gemeinsame Ideal».

Tatsächlich hat die Entwicklung der folgenden Jahrzehnte bis heute gezeigt, daß dieses gemeinsame Ideal in vielen Regionen der Erde noch nicht erreicht ist und daß in einigen Ländern auch die Voraussetzungen dafür und der Wille dazu fehlen. Das letztere gilt insbesondere für die meistens islamische Länder, in denen die sogenannte Scharia als maßgeblich für die Rechtspflege betrachtet wird. Dabei handelt es sich nicht um ein klar formuliertes Rechtssystem, sondern um politische, gesellschaftliche und religiöse Verhaltensnormen, die auf Gott als obersten Gesetzgeber – Scheri – zurückgeführt werden.

Dementsprechend enthält die Scharia kultische und rituelle Gebote, Reinheitsvorschriften, Almosenverpflichtungen, Regelung der Fastenzeiten und der Feiertage, der Pilgerfahrten und des Heiligen Krieges bis hin zum Familien-, Erb- und Vermögensrecht sowie dem Verfahrensrecht bei der Ahndung von Übertretungen und Straftaten. Als Quelle des Scharia-Rechtes gilt vor allem der Koran. Dazu kommt das als normativ empfundene Verhalten Mohammeds und seiner Gefährten und schließlich das Rechtsempfinden der Rechtsgelehrten und der Gemeinschaft.

Die strenge Bindung der Scharia an den Koran, wie sie insbesondere von den Islamisten gefordert wird, bedeutet in vielen Fällen faktisch eine Einschränkung von Bestimmungen der Allgemeinen Menschenrechte. Das gilt z.B. für die Anwendung der Folter, Prügelstrafen, Steinigung, Abhacken der Hände und dergleichen mehr, ebenso für die im Koran vorgesehene Todesstrafe bei Abfall vom Islam, sowie für die grundsätzlich mindere Rechtsstellung der Frau.

Da zumindest die strengen Islamisten in jeder Abweichung von Weisungen des Koran eine Mißachtung von Allahs Willen sehen, kann es in dieser Konzeption keine dem Koran übergeordneten Menschenrechte geben. Denn das würde bedeuten, daß der Mensch sich bzw. seine menschlichen Rechtsvorstellungen über die Weisungen Allahs stellt. Bezeichnenderweise bestimmt die am 5. August 1990 von der islamischen Konferenz in Kairo verabschiedete Erklärung der Menschenrechte im Artikel 24: «Alle Rechte und Freiheiten, die in dieser Erklärung genannt wurden, unterstehen der islamischen Scharia». Und der folgende Artikel 25 lautet: «Die islamische Scharia ist die einzige zuständige Quelle für die Auslegung oder Erklärung jedes einzelnen Artikels dieser Erklärung.»[301]

Da der Islam, wie bereits erwähnt wurde[302], infolge seiner geschichtlichen Entwicklung zunächst keine Trennung von Staat und Religionsgemeinschaft kennt, ist es verständlich bzw. systemkonsequent, daß dieser Tradition gemäß die Anweisungen des Koran in islamischen Staaten auch als verbindlich für die staatliche Rechtsordnung angesehen werden. Daher bedeutete es den Beginn eines völlig neuen Kapitels islamischer Geschichte, als sich nach dem 1. Weltkrieg die moderne Türkei ausdrücklich als säkularen Staat proklamierte und eine von der Verfassung garantierte Trennung zwischen Staat und Religion schuf.

Seither gibt es Ansätze dazu auch in anderen islamischen Staaten. Andererseits gibt es in der Türkei auch fundamentalistische Gegenbewegungen und Zugeständnisse an deren Auffassungen. Daher wird die gegenwärtige islamische Welt insgesamt durch eine innere Spannung gekennzeichnet: Die einen sind davon überzeugt, daß man sich, um auf Weltebene nicht rückständig zu bleiben, der Moderne öffnen und daher über kurz oder lang auch die Bindung der staatlichen Ordnung an die Weisungen des Koran aufgeben oder zumindest lockern müsse. Die anderen warnen vor derartigem «Abfall» von den in den Suren des Koran geoffenbarten Weisungen Allahs und erkennen dementsprechend die Menschenrechte nur im Sinne der zitierten Kairoer Erklärung als der Scharia untergeordnete Rechtsquelle an.

Eine ausdrückliche Absage an eine uneingeschränkte Anerkennung der Menschenrechte wurde in den letzten Jahren auch von einigen Politikern Chinas gegeben. Dabei bezeichneten die Chinesen Aufforderungen zu deren uneingeschränkter Anerkennung als eine amerikanische und europäische Einmischung in die inneren Angelegenheiten ihres Staates, der über seine Interpretation und seine Art der Anwendung der Menschenrechte selbst zu entscheiden habe. Diese Begründung legt die Vermutung nahe, daß sich die immer noch offiziell dem Marxismus ergebenen Chinesen gegen indirekte christliche Einflüsse abzuschirmen suchen. Allerdings haben auch sie noch keinen Versuch unternommen, die Allgemeine Erklärung der Menschenrechte, die bei ihrer Verabschiedung auch in Chinesisch als Urtext vorlag, als programmatische Vorgabe für eine künftige Welt grundsätzlich abzulehnen.

Bei der Frage nach uneingeschränkter Anerkennung der Menschenrechtserklärung muß auch auf die besondere Situation Israels hingewiesen werden. Für Jahrhunderte galt für die Juden die bereits zitierte Feststellung: «Da es weder ein Staatswesen noch einen Tempel gab, wurde das Volk mit seinem Nationalgefühl zum Kern der nationalen Existenz; Hauptziel war jetzt die Schaffung einer organisierten jüdischen Gesellschaft, deren Dasein von der Thora und ihren Geboten bestimmt war. Diese Werte waren Grundlage und Stütze für das Leben und Streben der Nation in der langen Zeit, in der sie als Volk ohne ein Land weiterbestand.»[303]

In dieser Weise überlebte sie auch die furchtbare Diskriminierung durch die Rassenideologie des Dritten Reiches, derzufolge die Juden als «Untermenschen» und «Parasitenrasse» diffamiert und durch planmäßige Vernichtungsmaßnahmen etwa 6 Millionen von ihnen umgebracht wurden[304]. Zur gleichen Zeit allerdings, in der im Machtbereich Hitlers die Vernichtungsaktionen ideologisch vorbereitet und faktisch durchgeführt wurden, wurden in Palästina die Vorbereitungen zur Neugründung eines eigenen jüdischen Staates geschaffen, der trotz erbitterten arabischen Widerstands nach dem 2. Weltkrieg tatsächlich errichtet wurde.[305]

Damit trat das jüdische Volk politisch in eine neue Phase der Entwicklung: Da sich keineswegs alle – oder auch nur annähernd alle – Juden nach Palästina aufmachten, um im Land ihrer Väter

Komponisten

Josef Haydn (1732-1809)
Hauptwerk: «Die Schöpfung»

Anton Bruckner (1824-96)
Schuf Werke tiefer Frömmigkeit

Johann Sebastian Bach † 1750
Musik letztmöglicher Vollendung

Wolfg. Amadeus Mozart † 1791
Wunder genialer Produktivität

zu leben, blieben sie zu einem großen Teil als «organisierte jüdische Gesellschaft, deren Dasein von der Thora und ihren Geboten bestimmt war» bzw. als Minderheiten in anderen Staaten bestehen, waren jedoch im Gegensatz zu den früheren Jahrhunderten nicht mehr schlechthin ein «Volk ohne ein Land».

Diese neue Situation ist gegenwärtig in zweifacher Hinsicht noch nicht konsolidiert:

1. Der Staat Israel wird auch heute noch nicht von allen Nachbarstaaten als ein Staat unter Staaten mit international unumstrittenen Grenzen anerkannt[306].

2. Die in anderen Staaten lebenden Juden haben noch keine klare Entscheidung darüber getroffen, ob sie ihr Judentum künftig als eine reine Religionsgemeinschaft betrachten oder sich auch weiterhin als ein eigenes «Volk» fühlen.[307]

Obgleich im Staate Israel – hierin den islamischen Ländern bis zu einem gewissen Grade vergleichbar – Religion und Politik nicht völlig unabhängig voneinander sind, bestehen keine vergleichbaren Schwierigkeiten bei der Frage der Anerkennung der Menschenrechte, da diese von Israel uneingeschränkt anerkannt werden und der Staat Israel sich politisch keinen – der Scharia vergleichbaren – mit den Menschenrechten unvereinbaren übergeordneten Weisungen Gottes verpflichtet fühlt.

Versucht man nach diesen Überlegungen zur «Allgemeinen Erklärung der Menschenrechte» als weltweitem Programm und einigen Schwierigkeiten und Besonderheiten bei seiner weltweiten Verwirklichung eine Gesamtanalyse faktischer Gegebenheiten und weltpolitischer Grundtendenzen oder gar einer Prognose, so können die dramatischen Umgestaltungen der letzten Jahre nur als ein warnender Hinweis vor allzu selbstsicheren Interpretationen und forschen Voraussagen betrachtet werden.

Unter dem Gesichtspunkt «Kirchengeschichte» läßt sich zunächst feststellen, daß der Auftrag Jesu Christi, alle Völker zu seinen Jüngern zu machen, in einer damals schlechthin nicht vorauszusehender Weise weithin verwirklicht worden ist: Etwa ein Drittel der gesamten Weltbevölkerung – das heißt auch der Bevölkerung der Erdteile, die zur Zeit Jesu «unbekannt» bzw. «unentdeckt» waren – gehört heute christlichen Kirchen bzw. Religionsgemeinschaften an.

Der Teil der Weltbevölkerung, die von der christlichen Botschaft noch nichts gehört hat, beträgt nur noch ein Fünftel und nimmt ständig so rapide ab, daß es vermutlich in kurzer Zeit keinen Menschen mehr geben wird, der mit dem Namen Jesus Christus schlechthin nichts zu verbinden weiß. Die Bibel ist mit Abstand das weltweit verbreitetste Buch, das in nahezu alle Sprachen übersetzt wurde[308]. Besonders bemerkenswert ist, daß die Entkolonialisierung insgesamt nicht mit einer Absage an das Christentum verbunden war, daß die Zahl der Christen vielmehr weiterhin zugenommen hat und zwar auch in Ländern – man denke etwa an China – in denen die Regierungen den Kirchen keine freie Entfaltung gewährten.

Diese Feststellungen können allerdings nicht getroffen werden, ohne zugleich an die Konfessionalisierung der Kirche zu denken. Weltweit stellen die Katholiken mit über einer Milliarde knapp zwei Drittel der gesamten Christenheit. Es folgen die evangelischen Christen mit etwa 363 Millionen, die Orthodoxen mit 186 Millionen und die Anglikaner mit 56 Millionen Mitgliedern.

Auf die Wahrheitsfrage geben diese Zahlen sicher keine Antwort, aber sie legen die Vermutung nahe, daß eine künftige kirchliche Einheit nur durch eine Aussöhnung der verschiedenen Konfessionen mit der unter dem Papst stehenden katholischen Kirche möglich ist, so wie ehedem die Spaltung der Kirche in Konfessionen durch eine je besonders motivierte Lossage von dieser Papstkirche erfolgte. Tatsächlich gibt es zahlreiche auf Aussöhnung und Wiedervereinigung abzielenden Initiativen und Verhandlungen, auf die hier im einzelnen nicht eingegangen werden kann.

Hingewiesen sei allerdings darauf, daß in vielen Fällen scheinbar unüberwindliche Alternativen aus jeweils besonderen Akzentuierungen hervorgegangen sind, die durchaus als versöhnbar betrachtet werden müssen. Auf diese Weise ist durch Gespräche zwischen den Konfessionen in den letzten Jahrzehnten auf vielen Gebieten ein größeres Verständnis für einander, in manchen Fragen – etwa der anfangs so heiß umstrittenen Rechtfertigungslehre – sogar eine Übereinstimmung erreicht worden.

In den letzten Jahren gibt es darüberhinaus auch Anstrengungen, Gespräche zwischen Christen, Juden und Vertretern des Islam in Gang zu bringen. Hierbei ist die Ausgangslage jedoch bedeutend schwieriger. Einerseits kann man zwar mit Recht darauf hinweisen, daß diese drei Religionen sich an den gleichen einen Gott Abrahams, Isaaks und Jakobs wenden. Andererseits darf jedoch nicht übersehen oder überspielt werden, daß eben dieser Gott sich nach der Überzeugung der Christen in Jesus Christus endgültig[309] als der dreifaltige Gott geoffenbart hat und daß diese Offenbarung von Juden und Mohammedanern eindeutig abgelehnt wird.

Das bedeutet in christlicher Terminologie formuliert: Im Hinblick auf das Wesen Gottes wenden sich Juden, Christen und Muslime zwar an den gleichen Gott, im Hinblick auf die Personalität Gottes jedoch, gibt es diese Übereinstimmung nicht. Diese Differenz ist nicht zweitrangig, sondern grundlegend für das gesamte Glaubensverständnis und den Glaubensvollzug. Sie beruht nicht auf einem Mißverständnis, das klargestellt werden könnte, und ist auch nicht kompromißfähig im Sinne eines gegenseitigen Entgegenkommens.

Noch schwerer harmonisierbar sind die Differenzen zwischen Christen und Hindus, Buddhisten und Angehörigen anderer Religionen. Gemeinsame Gebete – insbesondere um den Weltfrieden – haben zwar einige Male stattgefunden, blieben jedoch nicht unumstritten.

Es stellte sich hier die Frage religiöser Redlichkeit. Gespräche zum besseren Verständnis der jeweils anderen, die am entschlossensten und planmäßigsten von der katholischen Kirche unter Initiative des Papstes begonnen worden sind, fanden dagegen weithin Zustimmung. Prognosen, wie sich das Verhältnis zueinander auf die Dauer gestalten wird, sind kaum möglich.

Soweit sich erkennen läßt, findet jedoch die weltgeschichtlich entscheidendste Auseinandersetzung der Gegenwart und absehbaren Zukunft nicht zwischen den Konfessionen und Religionen, sondern zwischen dem Christentum und dem sich auf die Ergebnisse der Wissenschaften berufenden Atheismus statt. Auf dem Hintergrund dieser Auseinandersetzung steht am unübersehbarsten und unversöhnbarsten die Wahrheitsfrage. Es geht um eine wahrheitsgemäße Interpretation von Welt und Mensch.

Zu Beginn unseres Jahrhunderts konnte es scheinen, als sei diese Frage durch die Wissenschaften bereits zu Gunsten des Atheismus entschieden. Im Jahre vor der Jahrhundertwende, also 1899, waren damals als eine Bilanz der naturwissenschaftlichen Erkenntnissen Ernst Haeckels «Welträtsel» erschienen, ein Buch, das den Zeitgenossen verkündete: «Das 19. Jahrhundert hat größere Fortschritte in der Kenntnis der Natur und dem Verständnis ihres Wesens herbeigeführt als alle früheren Jahrhunderte; es hat viele große «Welträtsel» gelöst, die an seinem Beginn für unlösbar galten; es hat uns neue Gebiete des Wissens und Erkennens aufgeschlossen, von deren Existenz der Mensch vor hundert Jahren noch keine Ahnung hatte...

Da überragt alle anderen Fortschritte und Entdeckungen des verflossenen «großen Jahrhunderts» das allumfassende Substanzgesetz, das «Grundgesetz von der Erhaltung der Kraft und des Stoffes». Die Tatsache, daß die Substanzen überall einer ewigen Bewegung und Umbildung unterworfen sind, stempelt es zugleich zum universalen Entwicklungsgesetz. Indem dieses höchste Naturgesetz festgestellt und alle anderen ihm untergeordnet wurden, gelangten wir zu der Überzeugung von der universalen Einheit der Natur und der ewigen Geltung der Naturgesetze ... Der Monismus des Kosmos, den wir darauf begründen ... vernichtet ... die drei großen Zentraldogmen der bisherigen dualistischen Philosophie, den persönlichen Gott, die Unsterblichkeit der Seele und die Freiheit des Willens.»[310]

Es gibt kaum ein Buch, das eine bereitwilligere Aufnahme gefunden hätte wie «Die Welträtsel». In weniger als zehn Jahren war es in einer Auflage von einer Viertelmillion Exemplaren verbreitet. Es wurde in etwa dreißig Sprachen übersetzt. Im Jahre 1914 schreibt der Engländer Mac Cabe: «Ich sah die ‹Welträtsel› unter den einfachsten Fischern der Orkney-Inseln ... von Hand zu Hand gehen; ich fand es unter den Bergleuten von Schottland und Wales, unter den Schafscherern Australiens und sogar bei den Maoris Neuseelands.»[311] Rudolf Steiner nannte «Die Welträtsel» «eines der bedeutendsten Manifeste vom Ende des 19. Jahrhunderts, in reifer Form eine vollständige Auseinandersetzung der modernen Naturwissenschaft mit dem philosophischen Denken aus dem Geiste des genialsten weitblickendsten Naturforschers unserer Zeit heraus.»[312]

Die Lehre vom Monismus des Kosmos fand umso mehr begeisterte Anhänger, als Haeckel zugleich einen «reinen Kultus des Wahren, Guten und Schönen» proklamierte, den er als «Kern unserer neuen monistischen Religion» bezeichnete.

Der 1906 gegründete Monistenbund verfügte über eine weite Anhängerschaft und eine eigene Wochenzeitschrift, die seit 1912 den programmatischen Titel «Das monistische Jahrhundert» führte.

Politisch wurde in der Folgezeit jahrzehntelang ein Großteil der Menschheit von der marxistischen Ideologie beherrscht, in der sich soziale Forderungen und kämpferischer Atheismus in einer eigenwilligen Weise miteinander verbanden. Hierauf im einzelnen einzugehen ist nicht notwendig, da die mit der Industrialisierung Europas entstandene «soziale Frage» inzwischen in den verschiedensten Teilen der Welt eigene Formen angenommen und Probleme geschaffen hat, da im Gegensatz zur Zeit des Kalten Krieges auch keine einheitliche Ideologie mehr wirksam ist, die weltweite Bedeutung hat.

Es gibt vielmehr neben dem klassischen Marxismus einen bedeutenden demokratischen Sozialismus und schließlich eine christliche Soziallehre, die insbesondere in der Dritten Welt in verschiedenen Variationen eine bedeutende Rolle spielt. Dennoch schien das Christentum jahrzehntelang sowohl in der geistigen Auseinandersetzung wie auch in der wirksamen politischen Gestaltung allenfalls noch zu Rückzugsgefechten fähig zu sein.

Inzwischen ist jedoch nicht nur politisch, sondern vor allem auch wissenschaftlich eine völlig neue Lage entstanden. Obgleich die politischen Veränderungen in ihrem Fortgang und ihrem Endeffekt vorerst kaum absehbar sind, kann als sicher angesehen werden, daß sie nicht zuletzt auch vom Ausgang der geistigen Auseinandersetzung zwischen Christentum und Atheismus abhängen werden.

Versucht man eine möglichst unbefangene Kennzeichnung der gegenwärtigen Lage, so kann man einerseits feststellen, daß den Theologen – allerdings nicht nur ihnen[313] – mit dem Substanz-Akzidenzien-Modell die Basis ihrer bisherigen rationalen Diskussion entzogen oder zumindest verunsichert ist. Dazu kommt, daß den Kirchen der Schock, den sie durch den Siegeszug der modernen Wissenschaften erlitten haben, noch tief in den Knochen sitzt und sie sich daher zu einem erheblichen Teil einer geistigen Auseinandersetzung zu entziehen suchen. Symptomatisch dafür ist die Versicherung zahlreicher Amtsträger und Theologen, daß die Bibel weder ein naturwissenschaftliches noch ein geschichtliches Lehrbuch sei und daher weder von den Natur- noch von den Geschichtswissenschaften in Frage gestellt werden könne.

Durch diese Selbstbescheidung entstand zwischen Theologie und Wissenschaften ein Zustand, den Werner von Braun als «friedliche Koexistenz»[314] bezeichnet hat, in dem jedoch Max Horkheimer nur einen «faulen Frieden»[315] zu sehen vermochte. Er warf der Theologie vor, sich der Wahrheitsfrage zu entziehen und dadurch die Annahme der Offenbarung zu einer mehr oder weniger willkürlichen subjektiven Option zu machen.

Auf der anderen Seite zeigen die Naturwissenschaften nach dem Zusammenbruch ihrer klassischen Konzeption ein recht uneinheitliches Bild. Einerseits wagen sie spekulative Deutungen der vergangenen und künftigen Welt- und Lebensentwicklung, die durch abenteuerliche Selbstsicherheit und forscher Unseriosität gekennzeichnet sind, andererseits sind sie gerade in ihren besten Vertretern verunsichert durch ihre eigene Entwicklung, die auch ihnen mit dem Substanz-Akzidenzien-Modell ihre bisherige theoretische Basis entzogen hat, ihnen bei ihrer Anwendung auf die Weltgestaltung den Vorwurf «lebensbedrohlicher Fortschritte» einbrachte und sie auf diese Weise vor bisher kaum bedachte ethische Fragen stellte. Diese Situation bedeutete für viele Naturwissenschaftler zugleich eine Herausforderung, das Gespräch mit Theologie und Philosophie erneut aufzunehmen.

Ein solches Gespräch kann sich jedoch nicht auf die Ethik beschränken, da diese selbst einer Verankerung bedarf. Daher kann ein Gespräch nur dann angemessen geführt werden, wenn auch von Seiten der Theologie eine umfassende Gesprächsbereitschaft besteht und man sich nicht mit der pauschalen Kurzschlußformel, die Bibel sei weder ein naturwissenschaftliches noch ein geschichtliches Lehrbuch, dem Gespräch entzieht.

Zur Verdeutlichung und Klärung sei nur darauf hingewiesen, daß schon der Apostel Paulus an die Römer schreibt, Gott habe sich auch den Heiden kundgetan: «Ist doch sein unsichtbares Wesen, seine ewige Macht und Göttlichkeit seit der Erschaffung der Welt durch seine Werke erkennbar zu sehen»[316]. Der darin zum Ausdruck gebrachte Grundgedanke, Gott lasse sich nicht nur in der biblischen Offenbarung, sondern auch im «Buch der Natur» erkennen, wird grundsätzlich bis in die Gegenwart hinein anerkannt.[317]

Ein echter Friede zwischen Theologie und Naturwissenschaft ist allerdings nur erreichbar, wenn sich einerseits die Theologie vor Augen hält, daß das Buch, auf das sie sich beruft, also die Bibel, nicht nur reines Gotteswort ist, sondern auch Menschenwort und daher auch zeitgebundene Vorstellungen und Aussagen enthält. Andererseits müssen die Naturwissenschaften sich noch mehr als bisher bewußt werden, daß das «Buch der Natur» keinen einfach formulierten und eindeutig interpretierbaren Text enthält und daß wir von diesem «Buch» jeweils nur die Seite lesen können, die zur Zeit aufgeschlagen ist.

Das hat man grundsätzlich immer gewußt. Man glaubte jedoch, daß auf den anderen Seiten im Prinzip der gleiche Text stehe, daß sich also in der Vergangenheit nichts ereignet habe und in der Zukunft nichts ereignen werde, was sich grundlegend von den Erfahrungen der Gegenwart unterscheidet. In diesem Sinne versicherte noch Albert Einstein: «Für uns gläubige Physiker hat die Scheidung zwischen Vergangenheit, Gegenwart und Zukunft nur die Bedeutung einer, wenn auch hartnäckigen, Illusion.»[318]

Heute jedoch sind wir, wie schon im ersten Kapitel dargelegt wurde, davon überzeugt, daß die Zeit irreversibel in eine Richtung

Entdecker

Christoph Kolumbus † 1506
Entdecker Amerikas

Bartolomé de Las Casas † 1566
Vater und Beschützer der Indios

Innokentij Veniaminov † 1879
Erforscher, Missionar Alaskas

Paul Schulte (1895-1974)
«Der fliegende Pater»

läuft und es daher in der Vergangenheit Vorgänge gegeben hat, die sich in der Gegenwart nicht wiederholen, und in der Zukunft Ereignisse geben wird, die es bislang noch nicht gegeben hat. Das heißt jenseits unserer «normalen» Erfahrung gibt es offensichtlich immer wieder Ereignisse, die sich nicht zwangsläufig aus bestimmten Konstellationen ergeben, die man zwar im Nachhinein erklärend beschreiben, aber nicht als zwangsläufige Folge aus gegebenen Anfangsbedingungen ableiten kann.

Hieraus ergibt sich eine Abhängigkeit unseres Erkenntnishorizontes von unserem Erfahrungshorizont.[319] Daher dürfen wir unsere gegenwärtigen Erfahrungen nicht unkritisch in Vergangenheit und Zukunft verlängern, wie das Aristoteles tat, als er die Ewigkeit der Welt und die Konstanz der Art lehrte.

Zu diesen und anderen Einwänden gegen viele Veröffentlichungen unserer Zeit kommt schließlich noch eine weitere Tatsache: Alle Deutungen, die wir naturwissenschaftlichen Erscheinungen geben, sind standortgebunden, und wir müssen dabei Modelle verwenden, welche die Wirklichkeit jeweils nur unter bestimmten Gesichtspunkten zu sehen und zu deuten vermögen. Das wohl bekannteste Beispiel dafür ist das Licht, das uns je nach dem Experiment, das wir mit ihm machen, bzw. je nach dem Zusammenhang, in dem wir es betrachten, einmal als Welle und ein anderes Mal als Korpuskel erscheint. Aber auch unsere Vorstellungen von Atomen sind an bestimmte Modelle gebunden, die uns jeweils nur bestimmte Erscheinungsweisen bzw. Eigenschaften der Materie vor Augen stellen. Eines der bekanntesten ist das Schalenmodell, mit dessen Hilfe wir das Periodische System der Elemente besonders eindrucksvoll darzustellen vermögen.

Auch mathematische Formeln, mit denen wir bestimmte Erscheinungen berechnen, müssen in einem weiteren Sinne als bloße Modelle betrachtet werden. Sie erfassen die Wirklichkeit jeweils nur unter bestimmten quantitativen Gesichtspunkten. Dabei erscheinen je nach dem aktuellen Gesichtspunkt Dinge gleich, die unter anderen Gesichtspunkten als verschieden betrachtet werden müssen. So ist z.B. für die Berechnung, wieviel Kugeln ein bestimmter Behälter faßt, die Frage, aus welchem Material die

Kugeln bestehen, bedeutungslos, während sie bei der Berechnung ihres Einflusses auf ein elektromagnetisches Feld wichtig ist.

So läßt sich insgesamt feststellen: Wir wissen jeweils nur, wie die Wirklichkeit unter ganz bestimmten Bedingungen erscheint. Sie selbst jedoch bleibt verborgen und in ihrem Wesen unerkannt. Bezeichnenderweise vermag niemand zu sagen, was Materie selbst eigentlich ist, was Leben ist oder gar was Geist ist. Dennoch bedienen wir uns dieser Begriffe, um die verschiedenen Bereiche der Wirklichkeit zu kennzeichnen.

Was für einzelne Erscheinungen der Wirklichkeit gilt, gilt in noch stärkerem Maße für ihre Gesamtheit. Wir können sie schlechthin nicht überblicken. Daher vermögen wir auch nicht zu sagen, wie bedeutend oder unbedeutend ihre einzelnen Erscheinungen sind. So ist z.B. die Behauptung, angesichts der Größe des Weltalls habe unsere Erde keine entscheidende Bedeutung, spekulative Willkür. Denn wir wissen nicht, ob der Gesichtspunkt der Größe der angemessene Gesichtspunkt für die Einschätzung der Bedeutung der Dinge ist. Zur Veranschaulichung nur ein Hinweis:

Die Teilchenbeschleunigungsanlage LEP bei Genf, ein gemeinsames Projekt der Staaten Westeuropas, hat einen Umfang von 30 km. Sie wurde gebaut, um Teilchen zu erforschen, die bedeutend kleiner sind als die kleinsten Atome. Unter dem Gesichtspunkt der Größe müßte man es für eine völlig unglaubwürdige Spekulation erklären, daß man für so kleine Teilchen eine derart riesige Anlage konstruiert habe bzw. daß man diese gewaltige Ausdehnung nur verstehen könne, wenn man zur Erklärung von Teilchen ausgeht, die man normalerweise wegen ihrer Winzigkeit schlechthin nicht wahrzunehmen vermag. Aber der Gesichtspunkt der Größe ist eben in diesem Falle für eine Interpretation unangemessen. Vergleichbares könnte auch für eine angemessene Interpretation der Erde in Beziehung zum Weltall gelten. Tatsächlich sollte man bei der Einschätzung ihrer Bedeutung z.B. bedenken, daß sie – zumindest nach dem gegenwärtigen Stand unserer Erkenntnis – der einzige Ort ist, auf dem sich Beobachter befinden, die das Gesamt des Weltalls zu beobachten und zu erforschen suchen[320].

Wie diese Gesichtspunkte, die sich ohne Schwierigkeit vermehren und vertiefen ließen, zeigen, ist eine wissenschaftliche Deutung der Wirklichkeit bedeutend schwieriger und unsicherer, als es zuweilen dargestellt wird. Trotzdem werden immer wieder derartige Versuche unternommen. Dabei zeigt sich ein im Rahmen dieser Überlegungen bemerkenswertes Ergebnis: Atheistische Wissenschaftler kommen bei ihren Deutungsversuchen fast durchweg entweder zu ideologischen Spekulationen oder zu der These, daß die gesamte Wirklichkeit das Ergebnis zufälliger Konstellationen und Entwicklungen sei und das menschliche Dasein als sinnlos und absurd betrachtet werden müsse. Repräsentativ dafür ist einerseits der Dialektische Materialismus, andererseits die Feststellung des schon zitierten Jacques Monod, der heutige Mensch wisse endlich, «daß er in der teilnahmslosen Unermeßlichkeit des Universums allein ist, aus dem er zufällig hervortrat»[321].

Beim nachdenklichen Leser fordert eine solche These allerdings eine kritische Überlegung heraus: Es gibt in der Wirklichkeit offensichtlich sinnvolle Erscheinungen. Diesen Sinn vermögen wir freilich jeweils nur dann zu erkennen, wenn wir die einzelne Erscheinung in den Zusammenhängen betrachten, in denen sie steht. Gerade durch die Erkenntnisfortschritte der letzten Jahrzehnte ist die Bedeutung der Relationen für das Verständnis der Wirklichkeit immer deutlicher ins Bewußtsein getreten. So wurde z.B. von der Physik die Feldtheorie und die Relativitätstheorie entwickelt. Von der Biologie werden Öko-Systeme und Biotope erforscht. Die Humanwissenschaften wissen, daß ein Mensch ohne seine sozialen Beziehungen nicht verstanden werden kann. In dieser Situation stellt sich zwangsläufig die Frage, ob die These von der Absurdität des menschlichen Daseins und der sinnlosen Zufälligkeit der Welt darin gründet, daß Mensch und Welt in einem Bezugssystem stehen, das aus atheistischer Sicht unerkennbar ist.

Stellt man nach diesen Überlegungen zum Stande unserer heutigen naturwissenschaftlichen Forschung nochmals die Frage nach dem Verhältnis bzw. nach der Vereinbarkeit zwischen dem Text der Bibel und dem Text des «Buches der Natur», so kann man diese Frage, wie an anderer Stelle ausführlich dargelegt wurde,

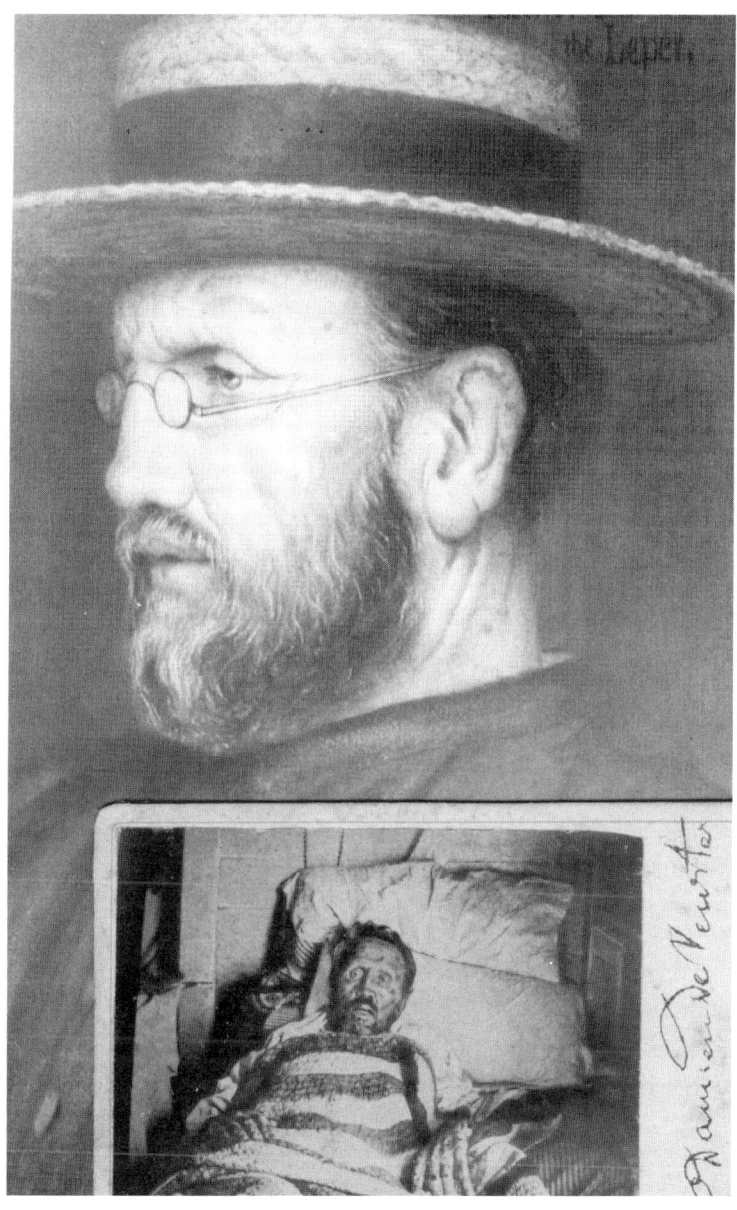

Unzählige Missionare haben bei der Verkündigung der Frohbotschaft ihr Leben aufgeopfert wie P. Damian de Veuster, der Apostel der Aussätzigen, der 1889 auf den Molukken im Stillen Ozean an Aussatz starb.

eindeutig bejahen[322]. Umstritten ist allerdings die eingangs zitierte These des Apostels Paulus, der zufolge Gott auch den Heiden «seit Erschaffung der Welt durch seine Werke erkennbar» gewesen sei[323], daß heißt, ob der Mensch auch ohne jede weitere «Hilfe» das in vieler Hinsicht rätselhafte und uns nur beschränkt zugängliche Buch der Natur angemessen zu lesen vermag. Die bisherige Geschichte der Wissenschaften ist eher eine Warnung vor zu großem Optimismus.

Überraschend für jeden redlichen Atheisten ist jedoch die nachweisbare Tatsache, daß der Mensch von den frühesten Zeiten bis heute immer wieder die Frage nach Gott, nach der Welt als ganzer und nach dem Sinn seines eigenen Lebens gestellt hat. Dadurch gerät gerade der Skeptiker, der die Auffassung vertritt, daß diese Fragen nicht schlüssig zu beantworten seien, in eine paradoxe Situation: Es gibt seiner Überzeugung nach mit dem Menschen ein Wesen, das überall in der Welt, wo es auftritt, Fragen stellt, die es aus eigener Kraft nicht zu beantworten vermag, für deren Beantwortung es also auf eine Hilfe bzw. «Vorgabe» angewiesen ist.

Zu diesem Dilemma kann der Christ eine positive Aussage machen: Es gibt tatsächlich eine solche Vorgabe, da Gott sich eben nicht nur im zuweilen schwer lesbaren Buch der Natur, sondern auch in der Geschichte geoffenbart hat, und da diese Offenbarung in der Geschichte in einer Weise geschehen ist, die nicht nur eine in sich überzeugende Deutung der Geschichte ermöglicht, sondern auch bei der Entzifferung des Buches der Natur hilfreich sein kann.

Mit dieser Feststellung könnte man die Überlegungen abschließen. Unter dem Thema «Kirchengeschichte als Interpretation der Weltgeschichte» sei jedoch noch eine letzte Anmerkung gemacht: Wie dargelegt wurde, steht nach dem Bericht der Genesis am Anfang der Menschheitsgeschichte eine Versuchung, welcher der Mensch erliegt. Mit den Worten der Schlange wird diese Versuchung in den Satz gefaßt: «Ihr werdet sein wie Gott»[324].

Es sollte hellhörig machen, daß diese Versuchung im Laufe der Geschichte immer wieder wirksam wird und in vieler Hinsicht auch den modernen Atheismus kennzeichnet. So hat sich der Marxismus nicht zuletzt damit angepriesen, daß für ihn der Mensch das höchste Wesen für den Menschen sei und ein sich selbst als Vertreter eines «radikalen Humanismus» interpretierender Denker wie Erich Fromm versichert in seinem Buch «Ihr werdet sein wie Gott»[375], er wolle deutlich machen, wie die Bibel verstanden werden kann: als ermutigendes Beispiel für die Fähigkeit des Menschen, seine eigenen Kräfte zu entwickeln.

Offensichtlich ist jedoch der Mensch, sofern er sich selbst zum höchsten Wesen macht, überfordert und daher zum Scheitern verurteilt. Es fängt damit an, daß er als höchstes Wesen selbst zu entscheiden hat, wann menschliches Leben lebenswert und wann es nicht lebenswert ist, bzw. welchen Menschen das Leben «zugemutet» werden kann und welchen nicht. Und es endet damit, daß er allein nicht nur für die Zukunft bzw. die Bewohnbarkeit der Erde, sondern auch für eine allseits gerechte Gestaltung der menschlichen Ordnung verantwortlich ist und damit zu vielfachen Maßnahmen herausgefordert wird, die den besten Zustand der Gesellschaft zu erzwingen suchen.

Dabei können auch «Maßnahmen» wünschenswert bzw. notwendig erscheinen, die mit den Menschenrechten kaum vereinbar oder sogar völlig unvereinbar sind. Bereits jetzt gibt es ja z.B. Organisationen, die für eine systematische Beseitigung der alten und kranken Menschen eintreten, deren Leid nicht anders als durch Beseitigung der Leidenden beendet werden kann.

Diese Hinweise fordern die Frage heraus, wie weit tatsächlich unter einer von der Offenbarung her bestimmten Interpretation eine weltgeschichtliche Kontinuität erkennbar wird, die von den Anfängen der Menschheit bis in unsere Tage reicht. Im Lichte der Offenbarung wird offensichtlich eine «Krisis», eine Herausforderung zur Entscheidung sichtbar, in der die Menschheit seit ihren Anfängen bis heute steht. Es hat den Anschein, als ob diese Herausforderung im 3. Jahrtausend nach dem Erscheinen Jesu Christi in der Auseinandersetzung zwischen Christentum und wissenschaftlich-atheistischer Weltdeutung einem neuen Höhepunkt entgegengeht.

Im Straßburger Münster befinden sich die zwei berühmten allegorischen Figuren, die die christliche Kirche und die Synagoge darstellen. Hier das Bild der Ecclesia mit der Kreuzstabfahne in der rechten Hand. Die beiden Plastiken entstanden anno 1225 und befinden sich am Oberhausportal des Straßburger Münsters.

228

Allerdings ist auch offensichtlich, daß von den Jüngern Jesu – auch von denen, die mit einer längeren Zeitspanne zu seiner Wiederkunft rechneten – kaum einer gedacht hätte, daß die Wiederkunft noch Jahrtausende auf sich warten lassen werde.

Der Grund für diese Differenz zwischen den Erwartungen der Jünger und den Erfahrungen bis in unsere Tage liegt jedoch primär darin begründet, daß die Jünger Jesu den Auftrag, allen Völkern das Evangelium zu verkünden, in seiner gewaltigen Tragweite schlechthin noch nicht begreifen konnten. Offensichtlich sind die Verheißungen Gottes insgesamt auf bedeutend größere Zeitspannen angelegt, als es uns kurzlebigen Menschen zunächst erscheinen mag.

Daher sollten wir auch heute mit Spekulationen über den weiteren Fortgang zurückhaltend sein und die alte Überzeugung bedenken, daß prophetische Worte in ihrer vollen Bedeutung jeweils erst dann erkennbar werden, wenn sie sich erfüllen.

Richtet man im Bewußtsein dieser Wahrheit den Blick auf die gesamte Geschichte von den Anfängen bis zur Gegenwart, wird man eher darüber staunen, wieviel sich schon erfüllt hat, als sich darüber zu beunruhigen, daß manches noch aussteht oder zumindest schwer erkennbar ist.

Anmerkungen

[1] Wie an anderer Stelle ausführlich dargelegt wurde, (Hugo Staudinger, Gotteswort und Menschenwort – Kritische Überlegungen angesichts der Wege und Irrwege moderner Exegese, Paderborn 1993, S. 10 ff.), kann dieses Weltbild in seiner Grundstruktur als ein Vorläufer des Weltbildes der klassischen Naturwissenschaften betrachtet werden.

[2] Deutsch zitiert nach Aristoteles' Hauptwerke, ausgew., übers. von W. Nestle, Gröners Taschenbuch-Ausgabe, Bd. 129, Stuttgart 1963, S. 30

[3] Ilya Prigogine, Vom Sein zum Werden, München [4]1985, S. 227

[4] Genaugenommen unterscheidet sich die Vorgeschichte von der Geschichte nicht nur für uns, die wir die Vorgeschichte nur aus Funden deuten, jedoch nicht durch Selbstaussagen bzw. Eigeninterpretationen verstehen können, sondern das Einsetzen schriftlicher Quellen dokumentiert auch eine neue Qualität des geschichtlichen Bewußtseins: Die Menschen haben das Bestreben, bestimmte Dinge für folgende Generationen zu bewahren. Diese Feststellung gilt unabhängig von der Frage, ob die ersten Aufzeichnungen nur der Sicherung innerhalb der eigenen Generation galten.

[5] Hugo Staudinger, Gotteswort und Menschenwort, Paderborn 1993, S. 55

[6] Siehe Kapitel 12

[7] Neuerdings hat man versucht, auch Pulsierungsmodelle für die Weltbewegung zu entwickeln, sie sind insgesamt jedoch wenig überzeugend.

[8] Gen 1,1

[9] Martin Buber übersetzt: «Irrsal und Wirrsal».

[10] Dabei ist zudem erstaunlich, daß die Eigenschaften der neu entstandenen Gebilde nicht mit denen ihrer Bestandteile übereinstimmen und zumindest in diesem Sinne nicht aus ihnen abgeleitet werden können.

[11] Dort wo der Mensch Übergangsexemplare gezüchtet hat wie etwa die Maultiere und Maulesel, sind diese bezeichnenderweise nicht vermehrungsfähig, so daß sie als Art instabil sind. Das gleiche gilt von gentechnischen Manipulationen wie etwa dem Ziegenschaf.

[12] Bei allmählichen Übergängen müßte es ja unter den Fossilien von allen Entwicklungsstadien zahlreiche Übergangsexemplare geben. Das ist jedoch keineswegs der Fall.

[13] Darwin bringt als Beispiel dafür die Hundezucht. Tatsächlich hat diese zu erstaunlich großen Variationen geführt. Grundsätzlich jedoch wurden die Artgrenzen nicht überschritten, so daß auch bei diesem Beispiel als Ergebnis der einfache Satz «Hund ist und bleibt Hund» formuliert werden kann.

[14] Gegen diese Hypothese spricht nur scheinbar der sogenannte Archäopteryx. Denn mit ihm gleichzeitig gab es schon voll ausgeprägte Vögel. Letzten Endes wissen wir nicht, wie er legitimerweise eingeordnet werden muß. Das gleiche gilt für andere Tiere, die zumeist als Beweis für entsprechende Übergänge angeführt werden. So finden sich z.B. zusammen mit den Quastenflossern, die nach weitverbreiteter Auffassung als Urform der Vierfüßler gelten, bereits die ersten Amphibien. Sie treten also gleichzeitig mit jenen Fischen auf, aus denen sie sich entwickelt haben sollen. Zwischen Amphi-

bien und Reptilien gibt es zwar einen morphologischen Übergang in der Form der Gattung Seymuria. Nur tritt diese leider erst 40 Millionen Jahre später auf als die Reptilien, so daß sie als deren Vorfahre für den kritisch Denkenden nicht glaubhaft ist.

[15] Vgl. Seite 11

[16] Dieses Modell wurde schon von der klassischen griechischen Philosophie entwickelt und beherrschte das europäische Denken bis tief in die Neuzeit hinein. Vgl. Kapitel 4

[17] Da wir nur einen relativ kleinen Bereich des Weltraums genau genug erkennen können, wäre es selbstverständlich voreilig zu behaupten, daß es außer unserem kein weiteres Planetensystem gibt. Eines jedoch läßt sich mit Sicherheit sagen: Planetensysteme sind keine häufigen Erscheinungen.

[18] Diese Akzentuierung von Kontingenz findet sich freilich schon bei Duns Scotus, der erklärt: «Weil Gott absolut frei ist, darum hat alles, was er tut und wirkt, den Charakter des von Grund auf Nicht-Notwendigen, des in bestimmtem Sinne «Zufälligen» (Kontingenten).»
Mit dieser einseitigen Akzentuierung des Kontingenzbegriffs beantwortet Duns Scotus die entgegengesetzte Einseitigkeit des «griechischen Notwendigkeitsdenkens» (vgl. hierzu: Josef Pieper, Scholastik Gestalten und Probleme mittelalterlicher Philosophie, München [2]1986, S. 190 ff.). Es findet sich also bereits hier im Mittelalter die Alternative zwischen Notwendigem und Zufälligem.

[19] Als Beispiel sei nur auf die verschiedenen mehr oder weniger wahrscheinlichen Bahnen der Elektronen um den Atomkern verwiesen, die bei dem herrschenden Atommodell eine wichtige Rolle spielen.

[20] Vgl. auch Kapitel 12

[21] Jacques Monod, Zufall und Notwendigkeit – Philosophische Fragen der modernen Biologie, dtv 1069, S. 128

[22] Ebd., S. 124

[23] Ebd., S. 129

[24] Vgl. hierzu: Peter Hägele in: Glaube und Denken, Jahrbuch der Karl-Heim-Gesellschaft, Band 4, 1991, S. 67

[25] Wie ein interdisziplinäres Symposion im Institut für Wissenschaftstheoretische Grundlagenforschung der Forschungsstelle des Deutschen Instituts für Bildung und Wissen in Paderborn gezeigt hat, ist das dafür angebotene Modell einer «Selbstorganisation der Materie» unzulänglich.
Vgl. dazu das Tonband-Protokoll des Symposions: Ulrich Niemann, Zum Problem der Selbstorganisation der Materie – Symposion des Instituts für Wissenschaftstheoretische Grundlagenforschung, Paderborn 1991.

[26] Die Grenze zwischen anorganischer und organischer Chemie wurde erst 1828 überwunden, als Friedrich Wöhler die Synthese des Harnstoffs gelang.

[27] George Gale, Das anthropische Prinzip: Kein Universum ohne Mensch, in: Spektrum der Wissenschaft, Februar 1982, S. 90-99. Vgl. auch J. D. Barrow/F. J. Tipler, The Anthropic Principle, Oxford 1985

[28] Vgl. hierzu nochmals das, was über Kontingenz gesagt wurde.

[29] Kol. 1,15 f

[30] Gen 2,7

31 Zu der schwierigen Frage der Entstehung der Schöpfungsberichte und ihrer Zusammenfassung vgl. das folgende Kapitel.

32 Gen 1,26

33 Es sei ausdrücklich angemerkt, daß eine angemessene Interpretation nicht in jedem Falle mit der Intention dessen übereinstimmen muß, der den Text formuliert hat, da die Heilige Schrift «Gotteswort und Menschenwort» ist. Eine angemessene Interpretation hat also stets auch zu berücksichtigen, was der interpretierte Text als Gotteswort zu erkennen gibt.

34 Gen 2,18

35 Erst mehrere Sätze später heißt es im Vers 24: «Darum wird der Mann seinen Vater und seine Mutter verlassen und seinem Weibe anhangen, und sie werden zu einem Fleisch.»

36 In diesem Zusammenhang sei auch auf die oft zitierte Formulierung des heiligen Augustinus verwiesen: «Du hast uns, o Gott, auf dich hin geschaffen, und unruhig ist unser Herz, bis es ruht in dir».

37 Diese Erkenntnis ist nicht erst das Ergebnis moderner Hospitalismuserforschung, sondern schon der Staufer Friedrich II. gewann sie, als er versuchte, die «ursprüngliche» Sprache der Menschen zu erforschen, indem er Neugeborene Betreuerinnen übergab, welche die Anweisung hatten, die Kinder zu versorgen, jedoch nicht mit ihnen zu sprechen.

38 Nur am Rande sei vermerkt, daß angesichts der zum Wesen der Person gehörenden Bezogenheit auf andere Personen ein monistischer personaler Gott eine Art Widerspruch in sich selbst wäre. Von daher erhält die Trinität eine Art von Selbstevidenz.

39 Jacques Monod, Zufall und Notwendigkeit, dtv 1069, Seite 147

40 ebd., Seite 146

41 Selbstverständlich kann im Sinne einer Spekulation in diesem Zusammenhang auch die Vermutung Monods in die Überlegungen einbezogen werden: Die Uroffenbarung Gottes könnte sich auch im genetischen Code des Menschen niedergeschlagen haben.

42 So insbesondere von der durch W. Schmidt und W. Koppers repräsentierten «Wiener Schule»

43 Carl Friedrich von Weizsäcker, Die Tragweite der Wissenschaft, Stuttgart 1964, S. 41

44 Ebd., S. 42

45 Ebd., S. 45

46 Ebd., S. 46

47 Hugo Staudinger, Gotteswort und Menschenwort – Kritische Überlegungen angesichts der Irrwege moderner Exegese, Paderborn 1993, S. 34

48 Wie vergleichende Forschungen gezeigt haben, sind einzelne Gedanken und Formulierungen mit größter Wahrscheinlichkeit von den Autoren des Alten Testaments aus vorhandenen Texten übernommen worden.

49 ebd. S. 35

50 Hieraus ergibt sich auch eine Problematik aller Bemühungen der Wissenschaften, jeweils völlig eindeutige Begriffe zu formulieren. Die positive Bedeutung dieser Bemühungen liegt auf der Hand und bedarf keiner besonderen Erläuterung. Die Wirklichkeit ist jeweils reicher als diese Begriffsbildungen.

51 Obgleich der Mensch von nun an in vieler Hinsicht mit vollem Recht als Subjekt der Geschichte betrachtet wird, bedeutet dies jedoch nicht zwangsläufig, daß Gott dem Menschen allein die Geschichte überläßt.

52 Friedrich Schutz, Sozialordnung von Mensch und Tier, in: Naturrecht, Menschenrechte, Offenbarung, Heft 1-2/1968, S. 28.

53 Vgl. zum Gesamtzusammenhang Friedrich Schutz a.a.O. Hier sind auch Beispiele für eine gewisse Flexibilität tierischer Sozialordnungen angeführt, die es den Tieren erlauben, Störungen von außen auszugleichen.

54 Friedrich Schutz a.a.O. S. 32

55 Solche Veränderungen sind zum Teil von den Jahreszeiten abhängig, zum Teil dienen sie der Abspaltung und damit der «Gründung» neuer Staaten, zum weiteren sind sie Reaktionen auf äußere Einflüsse.

56 Selbstverständlich können die bei manchen Tieren üblichen Rivalitätskämpfe um Leitungsfunktionen nicht als revolutionäre Umgestaltungen bezeichnet werden.

57 Vgl. hierzu H. Staudinger/J. Schlüter, Wer ist der Mensch? – Entwurf einer offenen und imperativen Anthropologie, Stuttgart 1981, S. 131-296

58 Jacques Monod, Zufall und Notwendigkeit – Philosophische Fragen der modernen Biologie, dtv 1069, S. 147

59 Sophokles, Antigone 450 ff

60 Darauf, daß der Mensch diesen Spielraum nutzen kann, um dem Tier durch Dressur Verhaltensweisen beizubringen, die ihm normalerweise nicht entsprechen, braucht nicht eigens hingewiesen zu werden, da ja in diesem Falle ein Eingriff von außen das vorgegebene Verhaltensschema ändert.

61 Selbstverständlich gibt es in unserer Sprache auch den Ausdruck «Untier». Er bezeichnet jedoch keine dem «Unmenschen» vergleichbare tierische Erscheinung, sondern entweder ein besonders furchterregendes Tier oder ein reines Phantasiegebilde.

62 Gen 3,5

63 Gen 3,15

64 Arnold Gehlen, Urmensch und Spätkultur, Frankfurt ²1964, S. 230

65 Vgl. hierzu: Hugo Staudinger, Gotteswort und Menschenwort – Kritische Überlegungen angesichts der Wege und Irrwege moderner Exegese, Paderborn 1993.

66 Dt 34,10-12

67 So die «Jerusalemer Bibel» in ihrer Einleitung zum Pentateuch, S. 6 f.

68 Gen 6,8

69 Gen 9,8-11

70 Gen 13

71 Gen 12,1-3

72 Gen 17,9 f

73 Gen 17,14

74 Gen 22,15-18

75 Gen 32,29

76 Eine beachtenswerte Spekulation vermutet, daß die Israeliten in Ägypten mit den dort eingefallenen Hyksos zusammengearbeitet und sich deshalb verhaßt gemacht haben.

77 Vgl. hierzu auch das Folgende über die ägyptische Reichsideologie.
78 Ex 3,7-10
79 Ex 3,14 f
80 Ex 12,21-27
81 Ex 15,1-18 (passim)
82 Ex 20,2
83 Hier heißt es: «Als Marduk zur Rechtsordnung der Menschen... mich be-
    stellte, habe Recht und Gerechtigkeit ich eingeführt den Menschen zum Wohl-
    gefallen».
84 Ex 20,3
85 Insofern unterscheiden sich das Neunte und Zehnte Gebot von den voraus-
    gehenden grundlegend:
    Während die vorausgehenden nur das Verhalten verbieten, berücksichtigen
    das Neunte und Zehnte Gebot, daß die eigentliche Sünde im Herzen des Men-
    schen beginnt.
86 Deut 7,7-11
87 So die Formulierung der «Jerusalemer Bibel» in der Einleitung zu den Bü-
    chern Josua – Könige.
88 Jos I,1-5
89 Jos 24,13 f
90 Jos 24,13-17
91 1 Sam 8,19-22
92 1 Kön 6,12 f
93 2 Sam 7,9-16
94 1 Kön 11,4-8
95 So die «Jerusalemer Bibel» in der Einleitung zu den Weisheitsbüchern.
96 1 Kg 5,9 f
97 Weish 2,23-3,1
98 a.a.O., S, 1012
99 1 Kg 22,3-8
100 Jes 53,3-11
101 Lk 18,34; vgl. auch Mk 8,31-33
102 Lk 24,25-27
103 Ein eindrucksvolles Beispiel hierfür ist der Altar der Kirche St. Kilian in
    Korbach, der 1527 von einem unbekannten Franziskaner gestaltet wurde.
    Er zeigt – wie viele andere Altäre auch – als Hauptbild die Kreuzigung Jesu
    Christi, deren Vergegenwärtigung auf dem Altar gefeiert wird. Er zeigt je-
    doch außerdem zwischen Hauptbild und Altar auf der linken Seite das letzte
    Abendmahl Jesu mit seinen Jüngern und rechts das jüdische Passahmahl.
104 Allerdings hat Jesus Christus uns einen Fortschritt in der Erkenntnis des
    von ihm Geoffenbarten dank der Wirkung des Heiligen Geistes in der Kir-
    che verheißen.
105 Xenophanes, B 11,6 Sext. M Emp. adv. math. IX 193
106 Xenophanes, B 23, Clem. Strom. DIX
107 Protagoras B 4, Diog. Laert. IX 51
108 Anthologia, Lyrica Graeca, et. E. Diehl, Vol. I, S. 213, Nr. 6
109 Vgl. hierzu das im Kapitel 2 Gesagte

234

[110] Heute wissen wir, daß nicht einmal im Bereich des Biologischen nur das «Recht des Stärkeren» gilt, sondern es eine Anzahl von Aktions-Reaktions-Mechanismen gibt, die auch dem Schwächeren ein Überleben sichern.

[111] So formuliert Kallikles in Platos Dialog Gorgias 492 c/d

[112] Vgl. zum Zusammenhang: Hugo Staudinger/Wolfgang Behler, Grundprobleme menschlichen Nachdenkens – eine Einführung in modernes Philosophieren, Herderbücherei, 1146 S. 16

[113] Platon, Euthyphron, 6 d-7 a

[114] Bezeichnenderweise werden die Denker vor Sokrates weithin als Vorsokratiker bezeichnet. Hierin dokumentiert sich, daß die «eigentliche» Philosophie erst mit Sokrates beginnt.

[115] Hugo Staudinger/Wolfgang Behler, Chance und Risiko der Gegenwart – Eine kritische Analyse der wissenschaftlich-technischen Welt, Paderborn ²1976, S. 14 ff.

[116] Vgl. dazu W. F. Otto, Einleitung zu Herodots Historien (hrsg. von H. W. Haussig), Stuttgart ³1963

[117] Herodot, Historien, I prooem

[118] Ebd. I 21

[119] Ebd. prooem

[120] Tac. hist. IV 81; Tacitus weist also den Verdacht zurück, daß es sich um eine dem Kaiser schmeichelnde falsche Bezeugung handle.

[121] Hermann Bengtson, Grundriß der römischen Geschichte, 1. Band, München 1967, S. 316

[122] Vgl. Kapitel 1

[123] Vgl. S. 5

[124] Aristoteles' Hauptwerke, ausgewählt, übersetzt und eingeleitet von W. Nestle, Gröners Taschenausgabe, Bd. 129, Stuttgart 1963, S. 350 f.

[125] Wie schon bemerkt wurde, sind allerdings einerseits Teile des Alten Testaments schon vom griechischen Denken beeinflußt und andererseits gibt es schon eine vollständige griechische Übersetzung der Bibel.

[126] Joh 1,10 f

[127] Schalom Ben-Chorin, Jüdische Frage um Jesus Christus, in: Juden, Christen, Deutsche. Stuttgart ³1961, S. 143 ff.

[128] Vgl.: Hugo Staudinger, Die historische Glaubwürdigkeit der Evangelien, Wuppertal ⁷1995, S. 84.

[129] Mt 28,16f

[130] Mt 4,10

[131] Mt 28,18-20

[132] Vgl. S. 67ff

[133] Joh 1,1 und 14

[134] 1. Kor. 15,47-49

[135] Vgl. hierzu: Hugo Staudinger, Gotteswort und Menschenwort – Kritische Überlegungen angesichts der Wege und Irrwege moderner Exegese, Paderborn 1993, S. 85 ff.

[136] Crucifixus est dei filius; non pudit, quia pudendum est. Et mortuus dei filius; prorsus credibile est, quia ineptum est. Ex sepultu resurrexit; certum est, quia impossibile est. (De carne Chr. 5) Vgl. Ueberweg II, S. 51.

[137] Vgl. Kapitel 3

[138] Max Horkheimer, Die Sehnsucht nach dem ganz Anderen, Furche – Stunden – Bücher, Bd. 97, S. 59 f.

[139] Eph. 5,25-27

[140] Vgl. Kapitel 1

[141] Lk 24,26

[142] Angesichts der multikulturellen Bevölkerungsstruktur des damaligen Palästina ist dies durchaus keine Selbstverständlichkeit.

[143] Auf die Problematik, hier zur sprachlichen Verdeutlichung von einer «Amtskirche» zu sprechen, kann hier nicht eingegangen werden. Immerhin sei darauf hingewiesen, daß Jesus zwar im Sinne besonderer Aufträge Ämter in der Kirche geschaffen, jedoch keine «Amtskirche» gegründet hat.

[144] Lk 24,45-49

[145] Apostelgeschichte Apg 1,8

[146] Wie der griechische Text dokumentiert, ist das zu-Jüngern-machen identisch mit dem Taufen und dem entsprechenden Belehren. Daher sollte man bei der Gestaltung des deutschen Textes die Verbindung lieber durch «indem» statt durch «und» herstellen.

[147] Mt 28,19 f

[148] Did 7,1

[149] Vgl. Kapitel 4, letzter Teil

[150] Vgl. den Anfang dieses Kapitels.

[151] Apg 1,21 f

[152] Diese und andere Stellen beweisen, daß die in der Theologie der letzten 150 Jahre immer wieder versuchte Unterscheidung zwischen einem historischen Jesus und einem kerygmatischen Christus willkürlich und unangemessen ist. Vgl. hierzu Hugo Staudinger, Gotteswort und Menschenwort – Kritische Überlegungen angesichts der Wege und Irrwege moderner Exegese, Paderborn 1993, S. 36-66.

[153] Es handelt sich um das mittlere der drei großen Ernte- und Wallfahrtsfeste des Jahres. Es wird am 6. und 7. Siwan (Mai/Juni) gefeiert. Später wird es mit dem Gedenken an die Offenbarung Gottes am Sinai verbunden.

[154] Die Gegenüberstellung des Grabes von David, der im Grabe verweste, mit dem leeren Grab Jesu, der die Verwesung nicht schaute, gehörte zu dem Standard in Predigten vor jüdischen Zuhörern. Vgl.: Hugo Staudinger/Carsten Peter Thiede, Das Glaubensbekenntnis, Paderborn 1992, S. 58.

[155] Hierbei handelt es sich um eine dreistellige Zahl von Menschen, die den Heiligen Geist erwartet hatten. Vgl. hierzu Apg 1,15 dazu 1. Kor 15,6.

[156] Apg 2,29-36

[157] Bezeichnenderweise wird in dieser jüdischen Darstellung die Auferstehung nicht erwähnt. Ebenso heißt es einige Zeilen später nur recht unbestimmt «Der Glaube an Jesus und die Verkündigung seiner Lehre breiteten sich ... aus», ohne daß über den Glauben an Jesus etwas Näheres gesagt würde.

[158] Mit dem Wort «Bruder» wurde in damaliger Zeit nicht nur Brüder, sondern auch andere nahe Verwandte bezeichnet.

[159] H. H. Ben-Sasson, Gesch. des jüdischen Volkes, München 1992, S. 352 f.

[160] Apg 10,10-16

[161] Apg 10,28 f
[162] Apg 10,44-48
[163] Gal 2,6
[164] Apg 15,28 f
[165] Gal 2,3-5
[166] Apg 16,3
[167] Apg 21,20 -26
[168] Es wäre eine Untersuchung wert, wie weit dieses Klischee bewußt oder unbewußt mit einer antikatholischen Tendenz entwickelt worden ist.
[169] Lk 4,28
[170] Apg 7,55-57
[171] Joh 9,22
[172] Joh 9,35
[173] Joh 9,22 und Joh 12,42
[174] Apg 19,8f
[175] Apg 13,44-48
[176] Apg 19,23-35, vgl. zur wirtschaftlichen Motivation von Übergriffen auch Apg 16,16ff
[177] Apg 28,16 und 30f, wahrscheinlich wurde Paulus dann zunächst freigesprochen und unternahm noch eine Missionsreise nach dem Westen.
[178] Tac. ann. XV,44
[179] Vgl. hierzu: Eusebius, Kirchengeschichte II 25,8: «Daß beide Apostel zur gleichen Zeit das Martyrium erlitten haben, behauptet Dionysius, Bischof von Korinth, in einem Schreiben an die Römer.»
[180] III 5,3
[181] Da nach dem heutigen Stand der Forschung gesichert ist, daß zumindest das Markus- und das Lukas-Evangelium vor dem Jahre 70 abgefaßt wurden (vgl. Hugo Staudinger, Die historische Glaubwürdigkeit der Evangelien, Wuppertal [7]1995) ist die Hypothese, daß es sich um keine «echte» Vorhersage Jesu handelt, überholt.
[182] Hierbei handelt es sich um eine Sammelbezeichnung für ethische, rechtliche und rituelle Anweisungen.
[183] Auch hierbei handelt es sich um ein Sammelwerk von legendenhaften, erbaulichen und ethischen Darlegungen.
[184] H. H. Ben-Sasson, Gesch. des jüdischen Volkes, München 1992, S. 383
[185] Tertullian
[186] So formuliert Justin in seinem Dialogus.
[187] Tertullian «de an. 3; vgl. zu Tertullian auch: Kapitel 5
[188] Philok. 13,1
[189] So im Prozeß gegen Fructuosus
[190] Vgl. Heribert Hilgenberg u.a., Unsere Geschichte – unsere Welt, Band 1, [2]1967, S. 182.
[191] Wie inzwischen allgemein anerkannt wird, ist diese Berechnung allerdings um einige Jahre «falsch». Das ändert jedoch nichts an der grundlegenden Tatsache, daß mit dieser Datierung die Geburt Jesu Christi als das Schlüsselereignis der gesamten vorausliegenden und nachfolgenden Weltgeschichte proklamiert und anerkannt wird.

192 Eine Umrechnung auf unsere Zeitrechnung ist schwierig und kaum ohne entsprechende Tabellen möglich.

193 Vgl. hiermit die entsprechenden Stellen des Neuen Testaments

194 8. Sure 57

195 Johan Bouman, Der Koran und die Juden – Die Geschichte einer Tragödie, Darmstadt 1990, S. 93

196 Gemeint sind die Anhänger des Islam.

197 Wahrscheinlich Täufergruppen, wie sie bis heute in Teilen des Iraks zu finden sind.

198 2. Sure 59; fast wörtlich ebenso 5,73

199 5. Sure 56

200 19. Sure 91-93

201 18. Sure 4; vergleiche auch 10. Sure 70

202 39. Sure 5

203 Hierzu sei an den Hinweis im Kapitel 6 erinnert: Nach der Schließung der Akademie in Athen gingen die letzten neuplatonischen Philosophen ins Exil nach Persien, wo ihre Tätigkeit nach der Einbeziehung Persiens in den islamischen Machtbereich dessen geistiger Entwicklung zugute kam.

204 Vgl. Kapitel 6

205 Man denke z.B. an den Spruch: «Lassen Sie Ihr Geld für sich arbeiten», wobei jedoch faktisch nicht das Geld, sondern andere Menschen diese Arbeit verrichten müssen.

206 Diese Feststellung gilt grundsätzlich. Daher ist es unangemessen, daß heutige Juden sich zwar zu Recht dagegen wehren, für den Tod Jesu verantwortlich gemacht zu werden, daß sie jedoch noch die nach 1945 geborenen Deutschen für die Untaten des Dritten Reiches zur Rechenschaft zu ziehen suchen.

207 Sie enthält nach der Tradition einen Nagel vom Kreuz Jesu Christi.

208 Es kennzeichnet manche aufgeklärte, unterschwellig von antikatholischer Haltung gekennzeichneten Geschichtswerke, daß sie zwar geradezu genüßlich von den Zwangsbekehrungsmaßnahmen Karls des Großen berichten, jedoch die Proteste und die Distanzierungen Papst Hadrians und der unter Wortführung Alkuins stehenden fränkischen Bischöfe völlig ignorieren. Erfreulicherweise finden sich derartige einseitige Darstellungen neuerdings nur noch selten.

209 Vgl. zum ges. Zusammenhang Hilgenberg, a.a.O., insbesondere S. 230 f.

210 Eine mannigfaltig groteskes Beispiel dafür bietet auch der «Bilderstreit».

211 Vgl. Hilgenberg a.a.O., S. 226

212 Ihre Missionierungsgeschichte ist allerdings nicht ohne Rückschläge. Außerdem muß erwähnt werden, daß die Christianisierung des heutigen Norwegen weithin nicht vom Kontinent, sondern von England aus erfolgte.

213 Vgl. zu diesem gesamten Fragenkomplex: Fritz Kern, Gottesgnadentum und Widerstandsrecht im frühen Mittelalter, 3. Auflage, Darmstadt, 1967, insbesondere Seite 125 ff.

214 Beim unteren Teil handelt es sich um ein Geschenk des Oströmischen Kaisers Michael Dukas vom Jahre 1075.

238

215 Vorangegangen waren Erbspekulationen Kaiser Karls IV., die sich infolge eines Todesfalles anders erfüllten als erwartet. Die Polen, die sonst zu einem Nebenland Ungarns geworden, bzw. es geblieben wären, erhoben die jüngste Tochter König Ludwigs von Ungarn zu ihrer Königin und vermählten sie mit dem Großfürsten Jagiello von Litauen mit der Auflage, daß dieser sich mit seinem Volke taufen ließ. Das christliche polnisch-litauische Großreich umklammerte jetzt den preußischen Ordensstaat, dessen Missions- und Kreuzzugsaufgabe damit gegenstandslos wurde.

216 Der Begriff «Interregnum» ist allerdings umstritten, da es auch in dieser Zeit nominell Könige gab, die allerdings zum Teil miteinander konkurrierten und faktisch keine wirkungsvolle Herrschaft ausübten. Der erste, der wieder wirklich herrschte, war Rudolf von Habsburg.

217 Deutsch zitiert nach der Vorrede des Werkes in der lateinisch-deutschen Ausgabe von der Wissenschaftl. Buchgesellschaft Darmstadt, 1956, S. 3.

218 Ebd.

219 Leider ist Abälard vielen Europäern nur durch seine Liebe zu Heloise, der Nichte des Kanonikers Fulbert, bekannt, die seinem Leben eine tragische Wende gab.

220 Eine zusammenfassende Formulierung aus dem Artikel «Gottesbeweise» in der Brockhaus-Enzyklopädie, 7. Band, Wiesbaden 1969.

221 Vgl. hierzu: Herbert Grundmann, Religiöse Bewegungen im Mittelalter, Darmstadt 1977.

222 Vgl. hierzu auch Kapitel 10

223 Mit ihrem Namen ist zurecht der militärische Umschwung zugunsten des französischen Königs Karls VII. verbunden, dem sie durch die Befreiung von Orleans den Weg zur Krönungsstadt Reims öffnete, wo er in ihrem Beisein die Königssalbung empfing und dadurch nach allgemeiner Auffassung des Volkes seine Legitimität sicherte. 1430 geriet sie allerdings bei Compiegne in burgundische Gefangenschaft, wurde für eine beachtliche Geldsumme an die Engländer ausgeliefert und schließlich in einem mehrmonatigen Prozeß, an dem über fünfzig Kirchenobere und theologische Doktoren der Universität Paris beteiligt waren, als Ketzerin aus der Kirche ausgestoßen und darauf von den Engländern in Rouen verbrannt. Auf dem Kopf trug sie eine Papiermitra mit den Worten «Ketzerin, Hexe, Abtrünnige, Rückfällige». Ihre Berufung an den Papst war von den Richtern ignoriert worden. Ihre Verurteilung wurde 1456 in einem neuen kirchlichen Prozeß aufgehoben, ihre Seligsprechung erfolgte jedoch erst 1909 und die Heiligsprechung 1920. In der Literatur hat ihr Schicksal in mannigfaltiger Form – zum Teil in krassem Widerspruch zu den geschichtlichen Tatsachen – Darstellung gefunden.

224 Wie auch aus diesem Text hervorgeht, muß durchaus unterschieden werden zwischen «Strafen, welche die Kirche ... verhängt hat» und welche die Kirche dementsprechend auch erlassen kann, und der Vergebung von Sünde durch Gott, auf die vertrauen darf, wer wahre Buße hat. Leider wird beides in manchen Darstellungen heillos durcheinandergebracht.

225 Nur am Rande sei vermerkt, daß sich nach der langwierigen Belagerung bei Einnahme der Stadt eine Verbitterung entlud, die sich in Mord und Plünde-

rung dokumentierte. Darauf erfolgte ein plötzlicher Stimmungsumschwung: Man fragte sich, wie dieses Verhalten mit der frommen Begeisterung, mit der man ausgezogen war, vereinbar sei. Man hielt Bußgottesdienste ab und suchte Unrecht wieder gutzumachen oder zumindest zu lindern.

[226] Zur Frage von Zwangsmissionierungen bei den Slawen vgl. Kapitel 8.

[227] Der Zarentitel ist ebenso wie der Kaisertitel vom lateinischen «Caesar» abgeleitet und erhebt den gleichen Anspruch auf Universalität.

[228] Über die Renaissance selbst vgl. Kapitel 10 (2. Teil).

[229] An anderer Stelle heißt es erläuternd, das erste Rom sei – selbstverständlich aus der Sicht der östlichen Christenheit betrachtet – der Häresie verfallen, das zweite Rom sei den Ungläubigen in die Hände gefallen, das dritte jedoch stehe.

[230] Hilgenberg a.a.O., Band 2, S. 68

[231] Hilgenberg a.a.O., Band 2, S. 74

[232] Mit dieser Redewendung spielt Kolumbus offensichtlich an auf eine damals weitverbreitete falsche Vorstellung von der Möglichkeit, Ablaß zu gewinnen (vgl. hierzu Anm. 207).

[233] Vgl. zu diesem Fragenkomplex: Joseph Höffner, Kolonialismus und Evangelium – Spanische Kolonialethik im Goldenen Zeitalter, Trier ³1969

[234] Außerdem hat offensichtlich auch eine Marienerscheinung in Guadalupe, einem inzwischen zu Mexiko gehörenden Ort, im Jahre 1531 eine wichtige Rolle gespielt.

[235] Geschichte in Quellen, hrsg. von Wolfgang Lautemann und Manfred Schlenke, Bd. 3, München 1966, S. 67.

[236] Ebd.

[237] Vgl. hierzu auch die schon klassische romanhafte Darstellung von Reinhold Schneider: Las Casas vor Karl V.

[238] Es ist allerdings zu vermuten, daß es über kurz oder lang auch ohne den Rat von Las Casas zum Einsatz afrikanischer Sklaven gekommen wäre.

[239] Vgl. S. 134

[240] Maria, die Katholische, von England hatte 1554 König Philipp II. von Spanien geheiratet, war jedoch schon 1558 kinderlos gestorben.

[241] Diese Gebiete waren zunächst als Teile Burgunds durch die Heirat zwischen Maximilian und Maria, der Erbin von Burgund, an Habsburg gekommen. Später hatte sie Kaiser Karl V. bei der Teilung seiner Länder zwischen seinem Bruder Ferdinand und seinem Sohn Philipp II. von Spanien diesem zugeschlagen.

[242] Hierzu gehört insbesondere die Hinrichtung der schottischen Königin Maria Stuart im Jahre 1587, deren Politik und Lebensgebahren höchst umstritten gewesen waren, die jedoch wie eine Heilige vor den Henker getreten war, bereit «für die Erhaltung und Herstellung der katholischen Kirche auf dieser unglücklichen Insel zu sterben», so daß ihre Enthauptung in der katholischen Welt als eine offene Herausforderung empfunden wurde.

[243] Allerdings haben die Anhänger des Islam als Einwanderer und Gastarbeiter auch in Europa eine beachtenswerte Anhängerschaft. Bezeichnenderweise wurde sogar in Rom eine große Moschee errichtet.

[244] Der Begriff des Jobel- bzw. Jubeljahres bzw. dessen Einführung und besondere Gestaltung befindet sich bereits im Alten Testament.

[245] Hilgenberg a.a.O., Band 2, S. 38

[246] Der Name «Babylonische Gefangenschaft» ergab sich daraus, daß man die Zeit der Kirche in einer Parallele zur Geschichte Israels im Alten Testament betrachtete.

[247] Ein radikaler Teil der Hussiten, die sich dieser Einigung nicht anschlossen, wurde mit Gewalt niedergeworfen.

[248] Vgl. Kapitel 9

[249] Als Beispiel dafür sei besonders auf Rienzi hingewiesen, der 1347 die Führer der Adelsparteien aus Rom vertrieb, selbst als «Volkstribun» eine nahezu diktatorische Herrschaft übernahm, alle Großen Italiens zu einem Kongreß in die alte Hauptstadt der Welt einlud und in prunkvollen Reden die alte und die wiedererstehende Größe Roms pries. Nach einem Stimmungsumschwung mußte Rienzi allerdings Rom verlassen und bei einem späteren Versuch, Rom politisch zu gestalten, kam er im Jahre 1354 um.

[250] Den stärksten Gegensatz zur Renaissance-Malerei bieten die Ikonen. Während sich der Ikonenmaler durch Betrachtungen, Fasten und Beten auf seine Tätigkeit vorbereitet, sucht sich der Renaissancemaler auch für die Darstellung von Heiligen jeweils «irdische» Modelle. Daher ist bei den Bildern der Renaissance zuweilen kaum feststellbar, ob es sich um eine Darstellung aus dem «normalen» Leben der Menschen, aus den Stoffen von Geschichte, Mythen und Sagen oder aber um eine Darstellung von Szenen der Bibel oder aus dem Leben von Heiligen handelt.

[251] Hilgenberg a.a.O., Band 2, S. 77

[252] Vgl. N. Machiavelli, Il principe 18. Kap. vgl. K: Kluxen, Politik und menschliche Existenz bei Machiavelli, Stuttgart 1967; Th. Schieder, Machiavelle im Marxismus, in E. Heinen/H. J. Schoeps, Geschichte in der Gegenwart, Paderborn 1972.

[253] Hilgenberg a.a.O., Band 2, S. 84

[254] Röm. 1,17,

[255] Daß der Thesenanschlag damals wirklich in dieser Weise erfolgte, ist inzwischen von einigen Wissenschaftlern bestritten worden. Im Hinblick auf die Wirkungsgeschichte ist dieser Streit jedoch bedeutungslos.

[256] Hilgenberg a.a.O., S. 90

[257] Hilgenberg a.a.O., Band 2, S. 92

[258] Hilgenberg a.a.O., Band 2, S. 97

[259] In Frankreich war es vor allem ein Teil der Oberschicht, die dem Calvinismus zuneigte und ihn auch bei den von ihr Abhängigen auszubreiten suchte, während die Masse der Bevölkerung insbesondere in Paris bewußt der alten Kirche anhing. Im Laufe der Auseinandersetzung wurden von beiden Seiten planmäßige Morde und Massaker zum Mittel der Durchsetzung ihrer Überzeugungen eingesetzt.

[260] Natürlich kann man zu Recht darauf hinweisen, daß eine solche Formulierung auch als Reaktion auf die Französische Revolution und auf entsprechende Bestrebungen in Deutschland gesehen werden muß. Aber auch dann bleibt eine solche Verquickung zwischen Monarchie und Kirche umso be-

denklicher, da ja der Kirche bzw. deren Pastoren hier geradezu die Rolle eines Staatssicherheitsdienstes zugewiesen wird.

261 In mancher Hinsicht erinnern die zahlreichen der Stasi aufgeschlossenen informellen Mitarbeiter an das, was in dem zitierten Pastoreneid den Amtsinhabern von ihren Königen zugemutet wurde.

262 Katechismus des Oratoriums – Römisch-katholischer Katechismus unter Weisung der Gläubigen für die heutige Zeit, SAKA Basel 1987.

263 Vgl. Kapitel 1

264 Die oft gepriesene Toleranz Friedrichs II. bedeutet weniger eine Achtung vor der Gewissensentscheidung als eine Verachtung des einfachen Menschen. So schreibt er z.B. in einem Brief: «Der Aberglaube ist die Vernunft des Volkes, und verdient dieses blöde Volk, aufgeklärt zu werden?»

265 Hilgenberg a.a.O., Band 2, S. 176

266 Da sich immer weitere Kreise der Bevölkerung gegen diese schematische Aufklärung empörten, unterzeichnete Joseph II. vor seinem Tode, innerlich gebrochen, folgenden Erlaß: «Nun ich die Überzeugung gewann, daß das Volk die alten Zustände vorziehe, so gebe ich seinen Wünschen nach und erkläre die Verwaltungsformen, wie ich sie bei meinem Regierungsantritte vorfand, wieder zu Recht bestehend.» Nur die Bauernbefreiung und das Toleranzedikt blieben in Kraft.

267 Hilgenberg a.a.O., S. 193

268 Allerdings kann man darüber streiten, ob die englische Krone ihr Amt in dieser Hinsicht faktisch noch wahrnimmt.

269 Vgl. Kapitel 4

270 Zum Gesamtzusammenhang sei verwiesen auf: Hugo Staudinger/Wolfgang Behler, Chance und Risiko der Gegenwart – Eine kritische Analyse der wissenschaftlich-technischen Welt, Paderborn ²1976, insbesondere S. 63-72

271 Dietrich von Holbach, System der Natur oder die Gesetze der physischen und moralischen Welt, dt. Ausgabe 1841, S. 68

272 Ebd. S. 79

273 Jacques Monod, Zufall und Notwendigkeit – Philosophische Fragen der modernen Biologie, dtv. 1069, S. 151

274 Max Horkheimer/Theodor W. Adorno, Dialektik der Aufklärung, Fischer-Taschenbuch 6144, S. 7

275 Ebd. S. IX

276 Ebd. S. 11

277 Ein erheblicher Unterschieds zwischen dieser Realisierung und der Konzeption des Aristoteles besteht allerdings darin, daß in der wissenschaftlich-technischen Produktion nicht nur die Substanzen, sondern auch ein erheblicher Teil der Akzidenzien in die nivellierende Gleichschaltung einbezogen wird.

278 Ebd. S. 84

279 Ebd. S. 12

280 Ebd. S. 25

281 Ebd. S. 36

282 Ebd. S. 9

283 Ebd. S. 26

284 Ebd. S. 40
285 Theodor W. Adorno, Eingriffe – Neun kritische Modelle, edition suhrkamp 10, S. 49f
286 Max Horkheimer/Theodor W. Adorno, Dialektik der Aufklärung, Fischer-Taschenbuch 6144, S. IX
287 So formuliert Theodor W. Adorno in: Eingriffe – Neun kritische Modelle, edition suhrkamp 10, S 57
288 Max Horkheimer, Zur Kritik der instrumentellen Vernunft, Frankfurt 1967
289 Max Horkheimer/Theodor W. Adorno, Dialektik der Aufklärung, Fischer-Taschenbuch 6144, S. 1
290 Theodor W. Adorno, Negative Dialektik, stw. 113, S. 19f
291 Ebd. S. 355
292 Ebd. S. 152
293 Vgl. Hugo Staudinger/Max Horkheimer, Um die Zukunft von Aufklärung und Religion – Briefwechsel und Gespräch, BzD 11, Wuppertal/Paderborn 1991, insb. S. 85 ff
294 Carl Friedrich v. Weizsäcker, Bedingungen des Friedens, Göttingen ³1964
295 Carl Friedrich v. Weizsäcker, in: Informationen für die Truppe 12/74
296 Vgl. Kapitel 11
297 F. Capra, Wendezeit – Bausteine für ein n. Weltbild, Bern ⁶1987, S. VIII f.
298 So in: The New Age Catalogue, Doubleday, New York 1988.
299 Vgl. zu diesem gesamten Problem: Hugo Staudinger, Die Proklamierung der Wendezeit als Herausforderung an das westliche Denken, ibw Journal 1/89, S. 3-16.
300 Vgl. dazu die verschiedenen einschlägigen Veröffentlichungen z.B.: Fritz Hartung, Die Entwicklung der Menschen- und Bürgerrechte von 1776 bis zur Gegenwart, Göttingen 1964; sowie: Menschenrechte in der Welt – Konventionen, Erklärungen, Perspektiven, hrsg. vom Auswärtigen Amt, Referat Öffentlichkeitsarbeit, Bonn.
301 Vgl. zum Gesamtzusammenhang MD 5/93, S. 83ff
302 Vgl. Kapitel 5
303 Vgl. Kapitel 6
304 Zur geistesgeschichtlichen Einordnung der Rassenideologie vgl.: Georg Masuch/Hugo Staudinger, Geschöpfe ohne Schöpfer? – Der Darwinismus als biologisches und theologisches Problem, Wuppertal 1987, S. 25-46. Angesichts des unbestreitbaren Millionenmordes erscheint es völlig unannehmbar und abwegig über die genaue Zahl der Opfer zu streiten.
305 Hierauf im einzelnen einzugehen, ist in dieser Darstellung nicht möglich.
306 In jüngster Zeit sind allerdings hierin Fortschritte erzielt worden.
307 Diese Frage hat angesichts der Einheit von Religions- und Volkszugehörigkeit und der Einzigartigkeit der jüdischen Religion bei den Juden eine andere Qualität als bei «normalen» völkischen Minderheiten.
308 Das gilt sogar für viele Sprachen, die von weniger als einer Million Menschen gesprochen werden.
309 Zur Offenheit des Alten Testaments zur Dreifaltigkeit vgl.: Hugo Staudinger, Gotteswort und Menschenwort – Kritische Überlegungen angesichts der Wege und Irrwege moderner Exegese, Paderborn 1993, S. 103ff.

310 E. Haeckel, Gemeinverständliche Werke, Bd. 5, Leipzig und Berlin 1924, S. 270.
311 Zitiert nach H. Schmidt, Ernst Haeckel – Leben und Werke, Berlin 1926, S. 430 f.
312 R. Steiner, Haeckel und seine Gegner, München 1901
313 Vgl. unten
314 Wernher von Braun: Von Wissenschaft und Glaube, in: Wilfried Reuter... und bis ans Ende der Welt. Stuttgart 1974, S. 233f. Wernher von Braun bezeichnet diesen Zustand ausdrücklich als «eine unbefriedigende Lösung».
315 Max Horkheimer: Zur Kritik der instrumentellen Vernunft. Frankfurt/Main 1967, S. 230.
316 Röm 1,20
317 So berichtet z.B. Professor Dr. Herwig Schopper, bis 1988 Generaldirektor des Europäischen Zentrums für Kernforschung in Genf und inzwischen Leiter des größten Teilchenbeschleunigers LEP, über ein Gespräch mit Papst Johannes Paul II.: Dieser habe einen Konflikt zwischen neuen Ergebnissen der Wissenschaft und der Lehre der Kirche mit dem Hinweis ausgeschlossen, daß Gott zwei Bücher geschrieben habe: Die Heilige Schrift und die Natur. Gewiß wird durch diese der bleibenden Lehre der Kirche entsprechende Feststellung des Papstes die Heilige Schrift nicht zum «naturwissenschaftlichen Lehrbuch» gemacht, jedoch eine übergreifende Einheit der Wahrheit proklamiert, die einen «faulen Frieden» zwischen Theologie und Naturwissenschaften unmöglich macht.
318 Einstein/M. Besso: Correspondance 1903-1955, Paris 1972, S. 538
319 Vgl. hierzu: Hugo Staudinger, Der Wahrheitsanspruch des Offenbarungswortes in der Heiligen Schrift, Kath. Bildung, 1/94, S. 7 ff.
320 Natürlich hat es immer wieder Spekulationen gegeben, denen zufolge es auch auf anderen Himmelskörpern Lebewesen geben könne. Sie sind weder beweisbar noch widerlegbar. Sofern man sich allein an die Tatsachen hält, sollte man allerdings stets mitbedenken, daß Planetensysteme zumindest keine allzu häufigen Erscheinungen sind. Außerdem müssen wir feststellen, daß in unserem Planetensystem offensichtlich nur auf einem einzigen Planeten, nämlich unserer Erde, Bedingungen gegeben sind, unter denen sich Leben entfaltet hat.
321 Jacques Mond, Zufall und Notwendigkeit – Philosophische Fragen der modernen Biologie, dtv 1069, S. 157
322 vgl.: Hugo Staudinger/Johannes Schlüter, Die Glaubwürdigkeit der Offenbarung und die Krise der modernen Welt, Stuttgart 1987
323 vgl. oben
324 Gen 3,5
325 ro ro ro Sachbuch 7332

SIEGFRIED ERNST
Auf dem Weg zur Weltkirche
Gründe für meinen Übertritt zur katholischen Kirche
165 Seiten, 23 Fotos
Dieses Buch mit seiner Kritik an der derzeitigen evang. Kirche und manchen Entwicklungen in der kath. Kirche ist keine konfessionelle Kampfschrift. Vielmehr soll es zur Überwindung der Spaltungen beitragen durch eine Diskussion der Defizite, die einer Einheit im Wege stehen. Dazu gehören z.B. in der evang. Kirche der Verlust der biblischen Grundlagen in der Frage von Ehe, Familie, Sexualethik, das fehlende Lehramt, die ungeistlichen Kirchenstrukturen. Der «Weg zum Leben» führt über die Wahrheit, über die Bereinigung zur Einigung; dem dient diese Schrift.

CHRISTA MEVES
Wandlung durch Widerstand
189 Seiten, 1 Abbildung
Die Seelenwüste wächst. Sichtbar werden Niedergangserscheinungen, die aus der Selbstüberschätzung des Menschen resultieren. Es zeigt sich, daß sich der Mensch selbst schadet, wenn er Gott vergißt. Ch. Meves diagnostiziert nicht nur, sondern macht viele Vorschläge, wie sich der Mensch durch Einsicht wandeln kann. Sie gibt Orientierungshilfe für den modernen Menschen. Die Autorin hat das Charisma, Zeitkrankheiten zu benennen, an unser Gewissen zu appellieren und Widerstandskräfte zu wecken.

ANNA KATHARINA EMMERICH
Das erste Lehrjahr Jesu
575 Seiten, 10 Bildtafeln
A. K. Emmerich durfte die Lehrjahre Jesu als Visionärin miterleben. Wir erfahren hier Tag für Tag, was Christus gelehrt hat, welche Zeichen und Wunder er tat, wie sein Umgang mit den Menschen war, v.a. mit den Aposteln, Jüngern und hl. Frauen; wie die Pharisäer seiner Weisheit nicht widerstehen konnten, ihn aber trotzdem mit ihrem Haß verfolgten. Im ersten Band lesen wir, wie Johannes der Täufer dem Messias die Wege bereitete, bis er ihn taufen durfte. Das Buch enthält unzählige verifizierbare Fakten.

CHRISTIANA-VERLAG CH-8260 STEIN AM RHEIN

CHRISTA MEVES
Manipulierte Maßlosigkeit
41. Auflage, 404. Tsd., 236 Seiten
Mit Sachverstand ließ sich schon 1970 voraussagen: Die damaligen Trends «Befreiung zur Sexualität», schrankenlose Liberalisierung aller Lebensbereiche, der Ego-Trip im Wirtschaftswunder-Land, würden zu einer Maßlosigkeit führen, die schwere zerstörerische Auswirkungen haben würde. Ch. Meves sagte damals die neurotische Verwahrlosung, das Boomen der Raub- und Gewaltkriminalität und die Zunahme der Sexualsüchte für das Ende dieses Jahrhunderts voraus. Die Prognosen haben sich in erschreckender Weise erfüllt. Einer Umkehr in letzter Minute will die Neuauflage dieses um aktuelle Aufsätze erweiterten Bestsellers dienen.

JOHANNES PAUL II.
Evangelium vitae – *Frohbotschaft des Lebens*
Format A 5, 144 Seiten, farbiger Umschlag
Der Papst appelliert an alle Menschen guten Willens, der «Kultur des Todes», die sich in unserer Gesellschaft ausbreitet, Widerstand zu leisten. «In dieser Enzyklika zeigt sich der Papst als großer Lehrer, nicht nur der Christenheit, in einer Stunde, in der ein neuer moralischer Aufbruch notwendig ist, um der wachsenden Welle der Gewalt und der Entwürdigung des Menschen Einhalt zu gebieten» (Kardinal Ratzinger). Das Lehrschreiben ist ein leidenschaftlicher Appell: «Achte, verteidige, liebe das Leben und diene ihm!»

GERHARD ADLER
Die Engel des Lichts
2. Auflage, 158 Seiten, 16 Farbtafeln
Viele Menschen sind sich nicht bewußt, daß wir einen Großteil der Schöpfung ignorieren, nämlich die Erstlinge der Schöpfung, die Engel. Dabei hat Gott ihnen eine spezielle Mission zugedacht: «Siehe, ich sende meinen Engel, daß er vor dir hergehe und dich behüte auf dem Wege» (Ex 23, 20). G. Adler, Leiter der Abt. Literatur des Südwestfunks, legt hier ein Buch vor, das uns die Augen öffnet für die Engel, das Begeisterung weckt für die Erstlinge der Schöpfung, die an Kraft und Schönheit alles überstrahlen.

CHRISTIANA-VERLAG CH-8260 STEIN AM RHEIN

WOLFGANG KUHN
Groß sind Deine Werke
Gottes Handschrift in der Schöpfung
108 Seiten, 50 Farbtafeln, DM 25.-, Fr. 22.50
Der Biologe Wolfgang Kuhn entziffert an 50 Beispielen die brillante Handschrift des Schöpfers in der Natur. Von der ersten bis zur letzten Seite kommt man aus dem Staunen nicht heraus. Die Wunder der Schöpfung sollen aber nicht nur unsere Neugier befriedigen, sondern uns vielmehr zu neuen Erkenntnissen und Entdeckungen und letztlich zu einer Begegnung mit dem Schöpfer führen. Die Texte erläutern und regen zur Meditation an.

MAX THÜRKAUF
Die Gottesanbeterin
Zwei Naturwissenschaftler auf der Suche nach Gott
149 Seiten, 4 Abbildungen, DM 15.50, Fr. 14.-
Das Buch enthält die Substanz vieler Gespräche, die der Autor mit dem großen Gelehrten Adolf Portmann geführt hat. Deutlich stellte sich dessen Religiosität gegen den Atheismus der darwinistischen Erklärung der Schöpfung. Im Wissen, daß es keine Schöpfung ohne Schöpfer geben kann, ringen hier zwei namhafte Naturwissenschaftler um letzte Erkenntnisse.

JOHANNES PAUL II.
Glanz der Wahrheit
Format A5, 128 Seiten, farbiger Umschlag, DM 12.-, Fr. 11.-
Der Kern der Enzyklika liegt in dem Bemühen, die elementare Zusammengehörigkeit und Einheit von Freiheit, Wahrheit und Verantwortung aufzuzeigen. Sie erhellt das Verständnis für das sittlich Gute oder Böse. Woran können wir ermessen, was moralisch gut ist? Welche Prinzipien leiten uns in der Verwirrung zwischen Gut und Böse? Eine verläßliche Orientierung, so betont der Papst, eröffnet sich nur im Glauben an Gott, weil die Ausrichtung auf unseren Schöpfer die Würde der menschlichen Person schützt und umfaßt. Hier scheint der Glanz des Menschen auf, der als Ebenbild Gottes in der Wahrheit lebt und den Willen des Vaters verwirklicht.

CHRISTIANA-VERLAG CH-8260 STEIN AM RHEIN

MICHAEL M. WEBER
Psychotechniken – die neuen Verführer
2. Auflage, 275 Seiten, DM 25.-, Fr. 22.50
Das Aussehen der Kirchen hat sich rapide verändert: Esoterische
Elemente finden Anklang, das Papsttum wird als «unzeitgemäß»
kritisiert, Kirchenvolksbegehren haben Zulauf. Eine entscheidende Ursache dieses Wandels liegt in der Verbreitung von Psychotechniken in der Gesellschaft. Seelsorge- und Pfarrerausbildung
sind «gruppendynamisch» geprägt; die Methoden schüren Konflikte in der Kirche. Dieses Buch ist das Ergebnis einer fünfjähri-
gen Arbeit an der Aufdeckung der Hintergründe. Ursprung und
Ziele der Bewegung, ihre Schulen und Vertreter werden dargestellt.

EGON VON PETERSDORFF
Dämonologie
2. Aufl., 2 Bände, total 1001 Seiten, 5 Fotos, DM 84.-, Fr. 74.-
E. von Petersdorff schrieb sein Werk in der Hitler- und Nachkriegs-
zeit. Da die Mächte des Bösen heute wieder drohend unheil-
schwanger geworden sind, ist diese «Summa diabolica» erneut
notwendig. Georg Siegmund hat das Werk auf den neuesten Stand
gebracht und neue Literatur vorgestellt. «Das Buch liest sich wie
ein spannender Roman, ist aber wissenschaftlich begründet» (E.
G. Schmieder SJ). «Ein Standardwerk, die umfassende Monogra-
phie über die Dämonen, die eine Lücke in der theologischen Literatur schließt, spannend und aufregend» (Prof. Dr. F. Sasner SJ).

EDUARD GRONAU
Hildegard von Bingen
2. Aufl., 444 Seiten, Leinen, 17 Farbfotos, DM 38.-, Fr. 33.-
Die ausführlichste Biographie über die größte Mystikerin und Visionärin des Mittelalters. Die Welt staunt über ihr immenses Wissen, das sie nicht schulmäßig erworben, sondern durch übernatür-
liche Erleuchtung empfangen hat. Sie diktierte in lateinischer
Sprache ein Werk über die Größe Gottes, die Welt der Engel und
die Wunder der Schöpfung. Es gelingt Gronau, das Weltbild und
die Lehre Hildegards allgemeinverständlich darzustellen, so daß
ein christlicher Kosmos in universaler Fülle erstrahlt.

CHRISTIANA-VERLAG CH-8260 STEIN AM RHEIN